西夏学文库
第一辑
著作卷
杜建录 史金波 主编

国家社科基金青年项目黑水城出土赋役文书研究（批准号：12CMZ004）
"十三五"国家重点图书出版规划项目

国家出版基金项目
NATIONAL PUBLICATION FOUNDATION

黑水城出土赋役文书研究

潘洁 著

甘肃文化出版社

图书在版编目（CIP）数据

黑水城出土赋役文书研究 / 潘洁著. -- 兰州：甘肃文化出版社，2022.9
（西夏学文库 / 杜建录，史金波主编. 第一辑）
ISBN 978-7-5490-2383-7

Ⅰ. ①黑… Ⅱ. ①潘… Ⅲ. ①赋税－出土文物－文书－研究－额济纳旗 Ⅳ. ①K877.94

中国版本图书馆CIP数据核字(2022)第156784号

黑水城出土赋役文书研究
潘 洁 | 著

策　　划 | 郧军涛
项目统筹 | 甄惠娟
责任编辑 | 贾　莉
封面设计 | 苏金虎

出版发行 | 甘肃文化出版社
网　　址 | http://www.gswenhua.cn
投稿邮箱 | press@gswenhua.cn
地　　址 | 兰州市城关区曹家巷1号 | 730030（邮编）

营销中心 | 贾　莉　王　俊
电　　话 | 0931-2131306

印　　刷 | 西安国彩印刷有限公司
开　　本 | 787毫米×1092毫米 1/16
字　　数 | 210千
印　　张 | 17.5
版　　次 | 2022年9月第1版
印　　次 | 2022年9月第1次
书　　号 | ISBN 978-7-5490-2383-7
定　　价 | 98.00元

版权所有 违者必究（举报电话：0931-2131306）
（图书如出现印装质量问题，请与我们联系）

西夏学文库
编委会

主　任：陈育宁

委　员：（以姓氏笔画排序）
　　　　牛达生　史金波　白　滨　孙宏开　孙伯君　孙昌盛
　　　　孙继民　汤晓芳　刘建丽　杜建录　李华瑞　李范文
　　　　李进增　李　蔚　佟建荣　沈卫荣　杨　浣　杨富学
　　　　杨　蕤　林英津　罗　丰　周伟洲　周　峰　波波娃
　　　　胡玉冰　荒川慎太郎　　段玉泉　贾常业　聂鸿音
　　　　索罗宁　梁松涛　韩小忙　景永时　彭向前　薛正昌

主　编：杜建录　史金波

编　务：于光建　张笑峰　杜维民

宁夏大学西夏学研究院
中国社会科学院西夏文化研究中心
编

百年风雨　一路走来

——《西夏学文库》总序

一

经过几年的酝酿、规划和编纂，《西夏学文库》（以下简称《文库》）终于和读者见面了。2016年，这一学术出版项目被列入"十三五"国家重点图书出版规划，2017年入选国家出版基金项目，并在"十三五"开局的第二年即开始陆续出书，这是西夏学界和出版社共同努力的硕果。

自1908、1909年黑水城西夏文献发现起，近代意义上的西夏学走过了百年历程，大体经历了两个阶段：

20世纪20年代至80年代为第一阶段，该时期的西夏学有如下特点：

一是苏联学者"近水楼台"，首先对黑水城西夏文献进行整理研究，涌现出伊凤阁、聂历山、龙果夫、克恰诺夫、索弗罗诺夫、克平等一批西夏学名家，出版了大量论著，成为国际西夏学的"老大哥"。

二是中国学者筚路蓝缕，在西夏文文献资料有限的情况下，结合汉文文献和文物考古资料，开展西夏语言文献、社会历史、文物考古研究。20世纪30年代，王静如出版三辑《西夏研究》，内容涉及西夏佛经、历史、语言、国名、官印等。1979年，蔡美彪《中国通史》第六册专列西夏史，和辽金史并列，首次在中国通史中确立了西夏史的地位。

三是日本、欧美的西夏研究也有不俗表现，特别是日本学者在西夏语言文献和党项古代史研究方面有着重要贡献。

四是经过国内外学界的不懈努力，至20世纪80年代，中国西夏学界推出《西夏史稿》《文海研究》《同音研究》《西夏文物研究》《西夏佛教史略》《西夏文物》等一系列标志性成果，发表了一批论文。西夏学从早期的黑水城文献整理与西夏文字释读，拓展成对党项民族及西夏王朝的政治、历史、经济、军事、地理、宗教、考古、文物、文献、语言文字、文化艺术、社会风俗等全方位研究，完整意义上的西夏学已经形成。

20世纪90年代迄今为第二阶段，这一时期的西夏学呈现出三大新特点：

一是《俄藏黑水城文献》《英藏黑水城文献》《日本藏西夏文文献》《法藏敦煌西夏文文献》《斯坦因第三次中亚考古所获汉文文献（非佛经部分）》《党项与西夏资料汇编》《中国藏西夏文献》《中国藏黑水城汉文文献》《中国藏黑水城民族文字文献》《俄藏黑水城艺术品》《西夏文物》（多卷本）等大型文献文物著作相继整理出版，这是西夏学的一大盛事。

二是随着文献文物资料的整理出版，国内外西夏学专家们，无论是俯首耕耘的老一辈学者，还是风华正茂的中青年学者，都积极参与西夏文献文物的诠释和研究，潜心探索，精心培育新的科研成果，特别是在西夏文文献的译释方面，取得了卓越成就，激活了死亡的西夏文字，就连解读难度很大的西夏文草书文献也有了突破性进展，对西夏历史文化深度开掘做出了实质性贡献。举凡西夏社会、政治、经济、军事、文化、法律、宗教、风俗、科技、建筑、医学、语言、文字、文物等，都有新作问世，发表了数以千计的论文，出版了数以百计的著作，宁夏人民出版社、上海古籍出版社、中国社会科学出版社、社科文献出版社、甘肃文化出版社成为这一时期西夏研究成果出版的重镇。宁夏大学西夏学研究院编纂的《西夏研究丛书》《西夏文献研究丛刊》，中国社会科学院西夏文化研究中心联合宁夏大学西夏学研究院等单位编纂的《西夏文献文物研究丛书》是上述成果的重要载体。西夏研究由冷渐热，丰富的西夏文献资料已悄然影响着同时代宋、辽、金史的研究。反之，宋、辽、金史学界对西夏学的关注和研究，也促使西夏研究开阔视野，提高水平。

三是学科建设得到国家的高度重视，宁夏大学西夏学研究中心（后更名西夏学研究院）被教育部批准为高校人文社科重点研究基地，中国社会科学院将西夏学作为"绝学"，予以重点支持，宁夏社会科学院和北方民族大学也将西夏研究列为重点。西夏研究专家遍布全国几十个高校、科研院所和文物考古部门，主持完成和正在开展近百项国家和省部级科研课题，包括国家社科基金特别委托项目"西夏文献文物研究",重大项目"黑水城西夏文献研究""西夏通志""黑水城出土医药文献整理研究",教育部重大委托项目"西夏文大词典""西夏多元文化及其历史地位研究"。

研究院按照教育部基地评估专家的意见,计划在文献整理研究的基础上,以国家社科基金重大项目和教育部重大委托项目为抓手,加大西夏历史文化研究力度,推出重大成果,同时系统整理出版百年来的研究成果。中国社会科学院西夏文化研究中心也在继承传统、总结经验的基础上,制订加强西夏学学科建设、深化西夏研究、推出创新成果的计划。这与甘肃文化出版社着力打造西夏研究成果出版平台的设想不谋而合。于是三方达成共同编纂出版《文库》的协议,由史金波、杜建录共同担纲主编,一方面将过去专家们发表的优秀论文结集出版,另一方面重点推出一批新的研究著作,以期反映西夏研究的最新进展,推动西夏学迈上一个新的台阶。

二

作为百年西夏研究成果的集大成者,作为新时期标志性的精品学术工程,《文库》不是涵盖个别单位或部分专家的成果,而是要立足整个西夏学科建设的需求,面向海内外西夏学界征稿,以全方位展现新时期西夏研究的新成果和新气象。《文库》分为著作卷、论集卷和译著卷三大板块。其中,史金波侧重主编论集卷和译著卷,杜建录侧重于主编著作卷。论集卷主要是尚未结集出版的代表性学术论文,因为已公开发表,由编委会审核,不再匿名评审。著作卷由各类研究项目(含自选项目)成果、较大幅度修订的已出著作以及公认的传世名著三部分组成。所有稿件由编委会审核,达到出版水平的予以出版,达不到出版水平的,则提出明确修改意见,退回作者修改补正后再次送审,确保《文库》的学术水准。宁夏大学西夏学研究院设立了专门的基金,用于不同类型著作的评审。

西夏研究是一门新兴的学科,原来人员构成比较单一,学术领域比较狭窄,研究方法和学术水准均有待提高。从学科发展的角度看,加强西夏学与其他学科的学术交流,是提高西夏研究水平的有效途径。我国现有的西夏研究队伍,有的一开始即从事西夏研究,有的原是语言学、历史学、藏传佛教、唐宋文书等领域的专家，后来由于深化或扩充原学术领域而涉足西夏研究，这些不同学术背景的专家们给西夏研究带来了新的学术视角和新的科研气象，为充实西夏研究队伍、提高西夏研究水平、打造西夏学学科集群做出了重要的贡献。在资料搜集、研究方法和学术规范等方面，俄罗斯、日本、美国、英国和法国的西夏研究者值得我们借鉴学习，《文库》尽量把他们的研究成果翻译出版。值得一提的是，我们还特别请作者，特别是老专家在各自的著述中撰写"前言"，深入讲述个人从事西夏研究的历程，使大家深切感受各位专家倾心参与西夏研究的经历、砥砺钻研的刻苦精神，以及个中深刻的体会和所做出的突出成绩。

《文库》既重视老专家的新成果，也青睐青年学者的著作。中青年学者是创新研究的主力，有着巨大的学术潜力，代表着西夏学的未来。也许他们的著作难免会有这样那样的不足，但这是他们为西夏学殿堂增光添彩的新篇章，演奏着西夏研究创新的主旋律。《文库》的编纂出版，既是建设学术品牌、展示研究成果的需要，也是锻造打磨精品、提升作者水平的过程。从这个意义上讲，《文库》是中青年学者凝练观点、自我升华的绝佳平台。

入选《文库》的著作，严格按照学术图书的规范和要求逐一核对修订，务求体例统一，严谨缜密。为此，甘肃文化出版社成立了《文库》项目组，按照国家精品出版项目的要求，精心组织，精编精校，严格规范，统一标准，力争将这套图书打造成内容质量俱佳的精品。

三

西夏是中国历史的重要组成部分，西夏文化是中华民族文化不可或缺的组成部分。西夏王朝活跃于历史舞台，促进了我国西北地区的发展繁荣。源远流长、底蕴厚重的西夏文明，是中华各民族兼容并蓄、互融互补、同脉同源的见证。深入研究西夏有利于完善中国历史发展的链条，对传承优秀民族文化、促进各民族团结繁荣有着重要意义。西夏研究工作者有责任更精准地阐释西夏文明在中华文明中的地位、特色、贡献和影响，把相关研究成果展示出来。《文库》正是针对西夏学这一特殊学科的建设规律，瞄准西夏学学术发展前沿，提高学术原创能力，出版高质量、标志性的西夏研究成果，打造具有时代特色的学术品牌，增强西夏学话语体系建设，对西夏研究起到新的推动作用，对弘扬中国优秀传统文化做出新的贡献。

甘肃是华夏文明的重要发祥地之一，也是中华民族多元文化的资源宝库。在甘肃厚重的地域文明中，西夏文化是仅次于敦煌文化的另一张名片。西夏主体民族党项羌自西南地区北上发展时，最初的落脚点就在现在的甘肃庆阳一带。党项族历经唐、五代、宋初的壮大，直到占领了河西走廊后，才打下了立国称霸的基础。在整个西夏时期，甘肃地区作为西夏的重要一翼，起着压舱石的作用。今甘肃武威市是西夏时期的一流大城市西凉府所在地，张掖市是镇夷郡所在地，酒泉市是番和郡所在地，都是当时闻名遐迩的重镇。今瓜州县锁阳城遗址为西夏瓜州监军所在地。敦煌莫高窟当时被誉为神山。甘肃保存、出土的西夏文物和文献宏富而精彩，凸显了西夏文明的厚重底蕴，为复原西夏社会历史提供了珍贵的历史资料。甘肃是西夏文化的重要根脉，是西夏文明繁盛的一方沃土。

甘肃文化出版社作为甘肃本土出版社，以传承弘扬民族文化为己任，早在 20 多年前就与宁夏大学西夏学研究中心（西夏学研究院前身）合作，编纂出版了《西夏研究丛书》。近年来，该社精耕于此，先后和史金波、杜建录等学者多次沟通，锐意联合编纂出版《文库》，全力申报"十三五"国家图书出版项目和国家出版基金项目，践行着出版人守望、传承优秀传统文化的历史使命。我们衷心希望这方新开辟的西夏学园地，成为西夏学专家们耕耘的沃土，结出丰硕的科研成果。

史金波　杜建录
2017 年 3 月

目　录

绪　论 ……………………………………………………………001

第一章　黑水城文书反映的西夏赋税 ……………………………017
　第一节　地租 …………………………………………………017
　第二节　税草 …………………………………………………052
　第三节　其他西夏赋税 ………………………………………077

第二章　黑水城文书反映的西夏徭役 ……………………………104
　第一节　夫役 …………………………………………………105
　第二节　差役 …………………………………………………118
　第三节　兵役 …………………………………………………125

第三章　黑水城文书反映的元代赋税 ……………………………135
　第一节　税粮 …………………………………………………135
　第二节　其他元代赋税 ………………………………………175

第四章　黑水城文书反映的元代徭役 ……………………………186
　第一节　差役 …………………………………………………186
　第二节　兵役 …………………………………………………197
　第三节　站役 …………………………………………………208

小结 ·· 223

附　录 ·· 233
　　黑水城出土赋役文书叙录 ·· 233

参考文献 ·· 260

绪 论

黑水城位于内蒙古阿拉善盟额济纳旗境内,因黑水(古称弱水,今称额济纳河)而得名。西夏时期为黑水镇燕监军司所在地。元至元二十三年(1286年)设亦集乃路总管府,属甘肃行省管辖。明代由于河水断流,城池淹没于沙漠之中。

1908年和1909年,俄罗斯人科兹洛夫先后两次来到黑水城,发掘出大量珍贵的文献和文物,黑水城由此声名鹊起。科兹洛夫带回国的文献总数在10万件以上[1],由西夏文、汉文、藏文、蒙文和波斯文等文字书写而成。内容包括西夏文佛经,如《金光明最胜王经》《大方广佛华严经》;汉文经典,如《孙子兵法》《孟子》《类林》;文学著作,如《刘知远诸宫调》;法律文献,如《天盛改旧新定律令》[2]《亥年新法》;军事著作,如《贞观玉镜将》;辞书,如《文海》《同音》《番汉合时掌中珠》等。除此之外,还有土地买卖、牲畜典当、户籍登记、兵籍造册、社邑约定等涉及西夏社会生活的文书。自20世纪90年代末,这批收藏于俄罗斯社会科学院东方文献研究所的文献陆续在《俄藏黑水城文献》中公布,至今尚未完全出版。1914年英国人斯坦因来到黑水城,发掘出包括西夏文、汉文、梵文、藏文等在内的文献约4000件[3],现藏于英国国家图书馆东方部。文献内容除了大量的佛经、佛教供养人题记、发愿文以外,还有西夏文字词音韵书籍、军事法律文献、夏译汉籍、文学作品等,在《英藏黑水城文献》中公布。相比于俄藏,英藏文献较为零散,保存情况不好。1927年,瑞典人斯文·赫定和我国北京大学教务长徐炳昶组成的中瑞西北科学考察团,也曾在黑水城发掘出土了一批文书。

中华人民共和国成立后,黑水城先后划归内蒙古自治区和甘肃省管辖。1962年和1963年内蒙古文物工作队曾两次来到黑水城进行考古调查,采集了少

---

[1] 景永时:《俄国西夏学研究述评》,《西北第二民族学院学报》2003年第4期。
[2] 《天盛改旧新定律令》以下简称《天盛律令》。
[3] 谢玉杰:《英藏黑水城文献·序言》,载西北第二民族学院、上海古籍出版社、英国国家图书馆编《英藏黑水城文献》第一册,上海:上海古籍出版社,2005年,第3页。

量文书。1976年、1979年甘肃省文物工作队前往黑水城及周围地区进行考古调查,采集有少量文书。1983至1984年间,内蒙古文物考古研究所联合阿拉善盟文物工作站对黑水城进行了较大规模的考古发掘,出土了汉文、西夏文、畏兀儿体蒙古文、八思巴文、藏文、亦思替非文、古阿拉伯文文献近3000件[1]。这次考古发掘以汉文文书数量居多,约2200件,内容涉及农政、钱粮、俸禄、分例、律令、军政、票据、契约、卷宗、书信、礼仪、儒学、文史、医算、历学、堪舆地理、符占秘术、佛教等各个方面,时间主要集中在元代,为研究这一时期的历史提供了不可多得的资料。此次发掘的文献经李逸友先生整理,录文于1991年在《黑城出土文书》(汉文文书卷)中公布[2]。2008年,内蒙古文物考古研究所、宁夏大学西夏学研究院、甘肃古籍文献整理编译中心三方合力将这批文献以彩色图版的形式在《中国藏黑水城汉文文献》中出版[3],为研究提供了更为真实、可信的第一手资料,掀起了一股研究黑水城汉文文献的热潮。

一、黑水城出土赋役文书概述

赋役是赋税与徭役的合称。赋役文书在黑水城出土文献中只占极少的一部分,主要由西夏文、汉文两种文字书写,分别收藏在俄罗斯、英国、中国等地,按照记载的时间可分为西夏和元两个时期。

黑水城出土的西夏赋役文书以俄藏为主,散见于英藏,有汉文和西夏文两种文字,记录有土地税、人口税、商税、水税、夫役、差役、兵役等内容,分为法律文献和社会文书两类,其中法律文献包括《天盛律令》《亥年新法》等,社会文书包括税账、乾祐二年(1171年)材植账、大庆三年(1142年)榷场使文卷等。

法律文献《天盛律令》是西夏仁宗天盛年间颁定的法典,流传很广,现存的律令条文绝大部分由西夏文刻印或抄写。从叙述的内容中可以看出,《天盛律令》并非西夏时期的第一部法典,是在原有律令基础上的增补和修订,法典的全称《天盛改旧新定律令》也道出了编纂的目的,即"革故鼎新"。律令第十五卷为西夏土地、水利、赋役等相关问题,在《催缴租》《取闲地》《催租罪功》《春开渠事》《纳领谷派遣计量小监》等门中有部分关于土地税税额、交税时间、催纳地租,以及夫

---

[1] 李逸友编著:《黑城出土文书》(汉文文书卷),北京:科学出版社,1991年,第5页。
[2] 李逸友编著:《黑城出土文书》(汉文文书卷),北京:科学出版社,1991年。
[3] 塔拉、杜建录、高国祥编:《中国藏黑水城汉文文献》,北京:国家图书馆出版社,2008年。

役、税草、差役的规定①，在第十五卷以外，还有关于役制的零散记载，如兵役等。《亥年新法》是西夏晚期颁布的法典，现存西夏文写本，各卷内容与《天盛律令》相应卷数所载内容大致对应，第十五卷共有《租地役夫、纳领谷派遣计量小监》《赏唐徕夫役头监》《于唐徕等两条草法》《遣耕价、令上顷亩、粳稻粳米》《租地纳虚杂不入法》五门②。这些内容弥补了传统典籍中对西夏赋役记载不足的缺憾，比社会文书记载得更为系统、涉及范围更广，可从制度层面与具体实施层面相互印证，对研究西夏赋役有重要的意义。

西夏税账主要在《俄藏黑水城文献》第十二、十三、十四册中公布，包括户耕地租粮账、户耕地租役草账、人口税账、耕地水税账等不同类型。《英藏西夏文文献》也有少量文书，如Or12380-0324(K.K.Ⅱ.0285b)《人口税账》③等。这类文书基本没有纪年，多为西夏文草书写本，较于刻本，字迹相对潦草，难以辨认，为研究增加了难度。西夏学专家史金波先生陆续汉译了其中的几件，有Инв.No.4808、Инв.No.1178-2、Инв.No.1755-4、Инв.No.4067、Инв.No.5067、Инв.No.8372、Инв.No.4991、Инв.No.1454-2V、Инв.No.1781-1等，发表《西夏农业租税考——西夏文农业租税文书译释》④等文章，出版《西夏社会》《西夏经济文书研究》⑤等著作，反映了西夏的地租、夫役、税草、人口税及耕地水税。

乾祐二年(1171年)材料文书保存在《俄藏黑水城文献》第六册，为汉文写本，共有3个编号，B61《乾祐二年宁夏路总管府材植账》、ДХ2828《乾祐二年宁夏路总管府材植账》和ДХ10279《胶泥土账》⑥，第一件文书有8个残片，第二件文书有18个残片，第三件文书有4个残片。文书反映了西夏黑水城至怀远县运输材料的过程，包括发送物资处给材料到达处的照会，胶泥土账、漫土账、请求库司依数交付

---

① 图版见俄罗斯科学院东方研究所圣彼得堡分所、中国社会科学院民族研究所、上海古籍出版社编：《俄藏黑水城文献》第八册，上海：上海古籍出版社，1998年，第300—319页；汉译文见史金波、聂鸿音、白滨译注：《天盛改旧新定律令》，北京：法律出版社，2000年，第488—516页。

② 图版见俄罗斯科学院东方研究所圣彼得堡分所、中国社会科学院民族研究所、上海古籍出版社编：《俄藏黑水城文献》第九册，上海：上海古籍出版社，1999年，第192—205页；汉译文见赵焕震：《西夏文〈亥年新法〉卷十五"租地夫役"条文释读与研究》，宁夏大学硕士论文，2014年；安北江：《西夏文献〈亥年新法〉卷十五(下)释读与相关问题研究》，宁夏大学硕士论文，2017年。

③ 图版见西北第二民族学院、上海古籍出版社、英国国家图书馆编：《英藏黑水城文献》第一册，上海：上海古籍出版社，2011年，第130页；汉译文见史金波：《西夏经济文书研究》，北京：社会科学文献出版社，2017年，第489—490页，原定名《亥年新法》。

④ 史金波：《西夏农业租税考——西夏文农业租税文书译释》，《历史研究》2005年第1期。

⑤ 史金波：《西夏社会》，上海：上海人民出版社，2007年；史金波：《西夏经济文书研究》，北京：社会科学文献出版社，2017年。

⑥ 俄罗斯科学院东方研究所圣彼得堡分所、中国社会科学院民族研究所、上海古籍出版社编：《俄藏黑水城文献》第六册，上海：上海古籍出版社，2000年，第60、150—159、163页。俄藏文献定名中的"帐"统一为"账"，下文不再另外说明。

的呈领状等。其中"般驮""脚户""脚家"是专门从事运输的人员,反映了西夏的役。

大庆三年(1142年)的榷场文卷为汉文写本,共17个编号。《俄藏黑水城文献》第六册有15个编号,分别是Инв.No.307《呈状》(2-1)、Инв.No.307《呈状》(2-2)、Инв.No.308《收税文书》、Инв.No.313《收姜椒绢等文书》、Инв.No.315《文书》(2-1)、Инв.No.315《文书》(2-2)、Инв.No.316《呈状》、Инв.No.347《榷场使兼拘榷西凉府签判文书》、Инв.No.348《天庆三年呈状》、Инв.No.348V《呈状》、Инв.No.351《文书》、Инв.No.352A《呈状》、Инв.No.352B《榷场使文书》、Инв.No.353《呈状》、Инв.No.354《南边榷场使呈状》①。《英藏黑水城文献》有2个编号,分别是Or12380-3638b(K.K.Ⅱ.0253.bb.ii)《汉文绢褐姜等收支历》和Or12380-3673V(K.K.Ⅱ.0258.w)《残片》②。这组文书是对西夏榷场贸易的真实记录,反映了西夏的买卖税。

黑水城出土元代赋役文书以中国藏文献居多,零星在英藏、俄藏中,均为社会文书,可分为税粮账册、公文案卷、票据等,大多为汉文写本,有少量印本,反映了元代的土地税、牲畜税、酒醋课、契本税、差役、兵役、站役等。

元代税粮账册主要在《中国藏黑水城汉文文献》第一册"户籍与赋税文书卷"中公布,有M1·0039[F116:W548]《经女女等纳税文卷》、M1·0043[F16:W1]《管都火儿等户纳粮文卷》、M1·0044[F13:W129]《吾即玉立蒲等纳粮文卷》、M1·0045[F97:W5]《哈只吉你等交纳大小麦文书》、M1·0046[F146:W16]《吴剌住等户纳粮文书》、M1·0047[Y1:W10]《冯智通等纳粮文书》、M1·0048[84H·F68:W5/0911]《贺古剌纳粮文书》、M1·0049[84东南墙角A]《合只嵬纳粮文书》等。税粮账册上登记着各户交纳税粮的基本信息,包括户主姓名、土地数目、税粮总数、大麦数、小麦数四个部分,有的还会注明户主居住地,如玉朴渠、沙立渠、吾即渠、耳卜渠等,反映了元代亦集乃路的土地税。

公文案卷包括《大德十一年税粮文卷》《麦足朵立只答站户案卷》《也火汝足立嵬地土案卷》,以及M1·0038[F116:W562]《至元三十一年酒醋课文卷》、M1·0040[F270:W11]《至顺元年课税文书》、M1·0056[F274:W1]《泰定二年税使司文书》、M1·0057[F20:W16]《至正廿七年税使司文书》、M1·0069[F111:W58]《抽分文书》等。《大德十一年税粮文卷》在《中国藏黑水城汉文文献》的第二册"钱粮文书

---

① 俄罗斯科学院东方研究所圣彼得堡分所、中国社会科学院民族研究所、上海古籍出版社编:《俄藏黑水城文献》第六册,上海:上海古籍出版社,2000年,第279—286页。
② 西北第二民族学院、上海古籍出版社、英国国家图书馆编:《英藏黑水城文献》第四册,上海:上海古籍出版社,2005年,第295、315页。

卷",它是由15件文书组成的案卷[①],叙述了大德十一年(1307年)征收税粮的相关事宜,卷末落款时间为至大元年(1308年),有官员签名、画押,还原了征收税粮的时间,分初限、中限、末限三期,与《元史》记载一致。《麦足朵立只答站户案卷》在第四册"律令与词讼卷"中,为麦足朵立只答诉讼文书[②],内容是麦足朵立只答的父亲麦足合干布买了驱口李保,李保死后,其子亦称布等不愿意继续以驱口的身份承担站役,麦足朵立只答因此告官,从侧面反映了元代的站役。《也火汝足立嵬地土案卷》也在《中国藏黑水城汉文文献》第四册[③],也火汝足立嵬的曾祖父也火石革立嵬为亦集乃路站户,抛弃土地逃至永昌路扎剌儿站,亦集乃路将土地用作他处,至正十三年(1353年)其曾孙也火汝足立嵬要求复业,在亦集乃路继续充当站户服役。以上3组案卷均由多件文书组成,其余公文案卷多为单件,残损不一,时间涉及至顺元年(1330年)、泰定二年(1325年)、至正二十七年(1367年)、至元三年(1337年),反映了元代的酒醋课、牲畜税等。

票据有税票和契本,保存在《中国藏黑水城汉文文献》第六册中。税票是交纳税粮的凭证,有写本和刻本两种。写本票据最上方为"广积仓"三个字,接下来是今收到某人所纳小麦、大麦的数量,最后为纳粮时间,官员的签名、押印。刻本票据上面已经刻有"广积仓今收到某某年税粮""小麦""大麦""右给付本人准此""广积仓大使"等固定的格式,仅需填写地名、人名、数量、时间等基本内容,以及相关官员的签名、画押。税票上的时间有元统三年(1335年)、至正十年(1350年)、至正十一年(1351年)等。契本与税票相似,均为交税的凭证,不同的是契本本身具有价值,为商税的附属,黑水城出土的契本约有10件,均为印本,其中多数为残片,只有一件保存较为完好,从这10件契本来看,它们的格式、内容完全相同,当为官方统一刻印。

总的来说,在黑水城出土文书中税的记载较多,内容集中在土地税上,相比之下,役的记载则相对分散,有夫役、差役、兵役等。在黑水城出土西夏赋役文书中,租役草占相当比例,西夏税账和《天盛律令》中都有记载,为西夏农户的基本赋役。耕地水税、商税在税账、大庆三年(1142年)榷场文书和律令中有少量记载。人口税只有税账中有,法典中未见。夫役因承担的方式以土地顷亩数量为依据,所以多与土地税一同记载,其余几种役多见于《天盛律令》中。黑水城出土元代赋役文书中,反映税粮的账册和税票占绝大多数,其次是抽分、酒醋课和契

[①] 塔拉、杜建录、高国祥编:《中国藏黑水城汉文文献》第二册,北京:国家图书馆,2008年,第277—296页。
[②] 塔拉、杜建录、高国祥编:《中国藏黑水城汉文文献》第四册,北京:国家图书馆,2008年,第775—792页。
[③] 塔拉、杜建录、高国祥编:《中国藏黑水城汉文文献》第四册,北京:国家图书馆,2008年,第795—868页。

本税文书,数量不多,所载内容有限,差役、站役、兵役等多在案卷、政府公文中。

本文将出土于黑水城,内容与赋役相关的法律条文、公文案卷、赋税账册等不同记载形式的西夏、元代文书作为研究的对象。有些文书并非直接反映赋役问题,但因部分内容涉及赋役,在梳理材料时,也一并纳入其中,如俄藏第四册TK200《魏得又典地契》,该契是一件典型的元代典地契约,讲的是魏得又因为要钱使用,将自己的土地典于额迷渠人徐天具耕种,四年为限,典地钱杂物伍石,因其中有一句"每年承□地税小麦二斗,杂物壹斗,水□□地主魏得又承官",与地租有关,所以收录在附录中。还有一些属于黑水城出土赋役文书,但出于多方面因素的考虑,文中没有展开讨论,如一组西夏南边榷场使文书,佐藤贵保、史金波、杨富学、杜建录、孙继民等多位专家从不同的角度做了分析,研究成果已经相当成熟,文中仅做介绍,不再深入;俄藏 Инв.No.1167-5—13《户耕地租役草账》等西夏文草书,由于难以破译、释读,仅列入统计,没有探讨。

黑水城出土赋役文书虽然出土地点为黑水城,但文书反映的问题并不限于该地,因此它不仅仅是这一个地方的社会历史,准确来说,应该是包括黑水城地区,即西夏镇燕监军司、元代亦集乃路在内的赋役制度的反映。黑水城赋役文书所保存的内容,有些是传世文献中没有记载的,有些是可以得到印证的,公文案卷、税粮账册等文书是对地方活动的真实记录,其内容基本可以定位在黑水城,但法律文献《天盛律令》是辐射西夏范围内的法典,所载条文适用范围更广。因此,在正文的分析中,将会对西夏黑水城、京畿等不同地域所涉及的相关内容进行区分,同时也会将西夏与元代两个时期的同类文书拉通,通过对不同文字、不同时期、不同类型文书的比较,反映出同一时期不同地域的赋役,西夏、元代黑水城地区的赋役及二者之间的承袭或变化。对于还原历史的基本面貌、研究长时段制度变迁具有重要意义。

二、黑水城出土赋役文书研究现状

目前对黑水城出土赋役文书的研究可以大致分为整理研究和专题研究两个部分,整理研究主要是对黑水城文献的分类、叙录、定名、录文等,赋役文书包含其中。专题研究是以赋役文书为基础对西夏或元代赋役从整体或某一方面进行分析。

第一,整理研究。黑水城文献分别收藏在不同的国家,图版的公布和文书的整理均以收藏地为类别进行。

这里首先要提到的是俄国专家孟列夫1984年出版的《黑城出土汉文遗书叙

录》，这是对俄藏黑水城文献进行系统整理和介绍的第一部专著，由王克孝翻译为中文，以导言、黑水城汉文遗书叙录为主。在叙录中对俄藏ДХ2828号乾祐二年(1171年)四月至六月在怀远县采购建筑材料的文书进行了详细的描述，包括主要内容、残损情况、文书大小、所用字体、书写纸张、钤盖印章等，其中提到"残片14至18像是付给某些具体人的收据，以证明他们按合同完成了某项工作(可能就是差役)。此外，所有这些单据或是同服某种差役有关，或是直接同征税有关。最后一件残片说的是"材租交纳"[1]。此外，叙录中还提出，ДХ2828号与ДХ10279、B61号内容相同，这组文书在后来的研究中被证实的确是西夏的赋役文书。

《俄藏黑水城文献》第六册、第十四册所附《叙录》是对前十四册出版文书的集中描述，包括编号、定名、纸质、版本、主要内容、残损情况等。第六册《叙录》针对的是前六册汉文部分，相比于孟列夫的叙录，信息量更大，不仅增加了《黑城出土汉文遗书叙录》中没有的内容，而且还在原有基础上更为详尽、准确，特别是增加了文书定名，如将孟列夫文中的ДХ2828号、B61号定名为《乾祐二年宁夏路总管府材植账》，ДХ10279定名为《胶泥土账》，并说明这三个编号为同卷文书[2]。第十四册《叙录》的范围包含第七册至第十四册西夏文世俗部分，有《天盛律令》及多件西夏税账，主要是文书定名及版本的介绍。叙录内容没有第六册的丰富，这是因为Инв.No.2868-1《户耕地租役草账》、Инв.No.5223-2《人口税》、Инв.No.5943-1《买卖税账》[3]等均为西夏文草书，破译、释读难度很大，至今仅有史金波先生的成果发表，大量文书均未汉译。

孙继民先生等著《俄藏黑水城汉文非佛教文献整理与研究》共计上、中、下三册，分整理篇和研究篇。整理篇是对《俄藏黑水城文献》前六册除《宋西北边境军政文书》之外所有非佛教汉文文献的释录和校勘，包括定名、题解、录文、标点、校记、参考文献等。如乾祐二年(1171年)材植文书，利用已有研究成果，从撰写年代、文书撰拟主体、文书种类和事由等方面对原有定名进行补充，将文书ДХ2828、B61定名为《西夏乾祐二年(1171)付库司文书为材植交纳施行事》，将文书

---

[1] [俄]孟列夫著，王克孝译：《黑城出土汉文遗书叙录》，银川：宁夏人民出版社，1994年，第288页。
[2] 俄罗斯科学院东方研究所圣彼得堡分所、中国社会科学院民族研究所、上海古籍出版社编：《俄藏黑水城文献·叙录》第六册，上海：上海古籍出版社，2000年，第44、48、49页。
[3] 俄罗斯科学院东方研究所圣彼得堡分所、中国社会科学院民族研究所、上海古籍出版社编：《俄藏黑水城文献·叙录》第十四册，上海：上海古籍出版社，2011年，第52、65、68页。

ДХ10279定名为《西夏乾祐二年(1171)付库司文书为交纳胶泥土事》[①];西夏榷场收税文书Инв.No.307(1)、(2)《呈状》分别定名为《西夏南边榷场使申银牌安排官状为本府住户五斤等博买货物扭算收税事》《西夏南边榷场使申银牌安排官状为镇东住户某等博买货物扭算收税事》[②]。除了定名的补充和修订,专著还对文书进行了录文、标点,并附有相关研究成果,目的是为学术界提供一个内容全面、释读准确、要素齐全、格式规范的文本。研究篇汇集了孙先生及其团队在黑水城文献领域发表的相关成果,分为综合研究、宋代文献研究、西夏文献研究、金代文献研究、元代文献(附清代文献)研究等几个部分,与赋役有关的《西夏汉文"南边榷场使文书"再研究——西夏以西夏榷场贸易制度为中心》等文章也在其中[③]。

中国藏黑水城汉文文书方面,李逸友先生编著的《黑城出土文书》(汉文文书卷)是对1983年和1984年内蒙古文物考古研究所联合阿拉善盟文物工作站在黑水城发掘所获文献的第一次全面整理研究,出版于1991年[④]。此次整理的文书均为元代或北元时期的汉文文书,分上、下两篇。上篇为黑水城出土文书综述,在叙述亦集乃路的财政经济时,以"课税"为小标题,对亦集乃路赋税征收的基本情况做了综合性的分析,文中将亦集乃路的赋税分为田赋、抽分羊马税、酒醋课和商税契本,提出田赋在所有赋税中占重要地位,"亦集乃路以农业生产为主,田赋是地方财政收入的主要来源。遗址内出土的文书中,钱粮类文书最多。而这些钱粮类文书所包含的课税方面的文书中,又以田赋为多,其次为抽分羊马税,再其次为酒醋课和商税契本"[⑤]。此外,李先生还根据文书的记载推算出田赋、抽分所纳赋税的数额,"这份文书上所征税粮都是按每亩征税粮三升计算的,并未加有丁税成分。而从实际收到税粮的仓票来看,也都是每亩征税粮三升""从上述三项由税务司负责收纳的税款来看,抽分羊马税的税额较大,每户养羊百只以内的大致交纳四十两,二百只以下的大致交纳八十两"[⑥]。《黑城出土文书》(汉文文书卷)的下篇为录文,有十九类,赋税、大德十一年(1307年)文书集中在钱粮类,地税票据等在票据类,其余与赋役相关的文书零散分布在军政事务、站赤等类别

[①] 孙继民等著:《俄藏黑水城汉文非佛教文献整理与研究》(中),北京:北京师范大学出版社,2012年,第638、662、673页。
[②] 孙继民等著:《俄藏黑水城汉文非佛教文献整理与研究》(中),北京:北京师范大学出版社,2012年,第675—677页。
[③] 孙继民等著:《俄藏黑水城汉文非佛教文献整理与研究》(下),北京:北京师范大学出版社,2012年,第973—1007页。
[④] 李逸友编著:《黑城出土文书》(汉文文书卷),北京:科学出版社,1991年。
[⑤] 李逸友编著:《黑城出土文书》(汉文文书卷),北京:科学出版社,1991年,第23页。
[⑥] 李逸友编著:《黑城出土文书》(汉文文书卷),北京:科学出版社,1991年,第23、24页。

中。李先生的录文和研究综述具有开创性的意义，为后续研究奠定了坚实的基础，之后黑水城出土元代赋役文书的录文以此为参照，对个别字词、语句进行增减删改，研究也多以此为框架，更为细化深入。

继李先生之后，内蒙古文物考古研究所、宁夏大学西夏学研究院等单位联合出版了大型图书《中国藏黑水城汉文文献》，将1983年和1984年的考古发掘成果再次整理出版，此次出版的最大特点是公布了文书的彩图，对于录文和释读文书意义重大。杜建录先生主编的《中国藏黑水城汉文文献释录》以《中国藏黑水城汉文文献》为基础，对书中所收录的4000余件文书进行逐一录文、叙录、校勘和注释，共14册，分为农政文书卷，钱粮文书卷，俸禄与分例文书卷，律令与词讼文书卷，军政与站赤文书卷，票据、契约、卷宗与书信卷，礼仪、儒学与文史卷，医算、历学、符占秘术、堪舆地理卷，其他文书等卷。与赋税相关的部分在第一册"户籍与赋税文书"、第二册"大德十一年（1307年）税粮文卷"集中收录，并散见于各册。这是继《黑城出土文书》（汉文文书卷）、《中国藏黑水城汉文文献》公布多年后，对1983年、1984年黑水城出土元代汉文文献的一次总结性整理，录文更为准确，增加了校勘、已有研究成果及文书所涉重要内容的注释，对文书的认识和理解更为深入。以M1·0196[F116:W313]《大德十一年税粮文卷》为例，图版与录文一一对应，上图下文，方便对照，校勘中补充了《黑城出土文书》（汉文文书卷）录文中漏掉的一句，注释中的第一条为这件文书的已有研究成果，其余注释是利用史料对文书中"承奉""劄付""照得""移关"等公文用语、"首领官""司吏"等职官名称的说明，注释的末尾为文书中的俗写及其正字。

《英藏黑水城文献》是对英藏黑水城文献的一次总结，共出版有五册。全书以图版加定名的形式公布了榷场税、人口税等文书，因为公布的图版多为残损严重的西夏文献，所以文书的定名难免出现失误，如Or12380-0324RV(K.K.Ⅱ.0285.b)定名为《亥年新法》，经史金波先生考证为西夏人口税文书。瑕不掩瑜，《英藏黑水城文献》为我们了解研究英藏文献起到了重要的推动作用。敦煌学专家沙知先生与英国国家图书馆吴芳思先生联合编著的《斯坦因第三次中亚考古所获汉文文献》（非佛经部分）是对英藏汉文文献的整理和释录，其中涉及一些元代赋役文书，如OR.8212/759 K.K.0117(d)(i)《元至元六年(1340)纳税粮凭》与中国藏M1·0945[F193:W13]《票据》是同一类型的纳税粮凭证，反映了元代税粮票据的形制特征。

第二，专题研究。黑水城出土赋役文书以时间为断代分为西夏和元两部分，基于文书之上的研究也以此为界分为黑水城出土西夏赋役文书研究和黑水城出土元代赋役文书研究。

首先是黑水城出土西夏赋役文书研究。较早以黑水城出土法律文献为基础对西夏赋役问题进行研究的是杜建录先生,先生利用黑水城出土《天盛律令》汉译本,结合《宋史》《隆平集》《续资治通鉴长编》等传统典籍,以西夏人自己的记录和宋朝人对西夏的记载相互印证、相互结合的方式,从赋税制度和役制两个方面对西夏赋役进行系统的研究,阐述了包括田赋、牲畜税、工商税、兵役、夫役、差役在内的诸多方面,对每一税种的内容及征收制度做了充分的论述,这是一次对西夏赋役的全面研究,为今后的研究起到了重要的作用,其成果在《西夏赋役制度》[①]及专著《西夏经济史》[②]中收录。此后,崔红芬先生也以《天盛律令》为史料,在《西夏寺院僧人赋役问题初探》[③]一文中研究了西夏寺院僧人的赋役,她认为西夏的赋税徭役主要是租役草,租和草是政府向土地所有者征收的土地税,也是寺院、僧人交纳的主要税赋。西夏允许寺院土地自由买卖,实行"计亩输赋"的制度,一些僧人除了和世俗百姓一样要向国家纳税之外,还要负担兵役、徭役,受寺院役使承担田园务和加工役。

史金波先生凭借对西夏文多年的研究积累,将字体潦草、内容残损的西夏文草书税账翻译成汉文,并在汉译的基础上进一步对西夏土地税、人口税、耕地水税等问题展开研究,通过对社会文书与法律文献的比较,印证了法典中的记载,也为具体案例提供了法律的支撑。先生的汉译文为后续研究提供了可以借鉴的参考,同时有关黑水城赋役文书的论述对西夏学界具有重要的意义。《西夏农业租税考——西夏文农业租税文书译释》提出西夏黑水城地区以耕地的多少交纳农业税,每亩交纳粮食地租1.25升,杂粮和小麦的比例为4∶1,税草一亩地纳一束,夫役有五日、十五日、二十日、三十日、三十五日、四十日不等,人口税不分男女,每个大人纳税三斗,小人一斗半等[④]。耕地水税账是史先生最新的研究成果,《西夏经济文书研究》一书中沿用租税文书的研究方法,先汉译再分析,翻译了两件反映西夏水税的重要文书,以真实的案例证实了《天盛律令》中关于水税的记载,说明在西夏时期黑水城存在用粮食交纳水税的事实,不同的耕地所纳水税是不同的,和用水多少有直接关系[⑤]。除此之外,史先生还在买卖税、人口税、夫役、榷禁等方面有所涉及,其观点在《西夏社会》[⑥]等成果中有详细的阐述。许生根先

---

① 杜建录:《西夏赋役制度》,《中国经济史研究》1998年第4期。
② 杜建录:《西夏经济史》,北京:中国社会科学出版社,2002年。
③ 崔红芬:《西夏寺院僧人赋役问题初探》,《首都师范大学学报》(社会科学版)2008年第1期。
④ 史金波:《西夏农业租税考——西夏文农业租税文书译释》,《历史研究》2005年第1期。
⑤ 史金波:《西夏经济文书研究》,北京:社会科学文献出版社,2017年,第116页。
⑥ 史金波:《西夏社会》,上海:上海人民出版社,2007年。

生在《英藏黑水城出土西夏户籍租税账册文书初探》[①]一文中,对 Or.12380-2586 英藏户籍租税账册进行分析,讨论了纳粮种类、税额以及滞纳后的惩罚等问题。

关于西夏乾祐二年(1171年)材植账的研究主要是对文书性质的判断和文书内容的分析。杜建录先生的《西夏乾祐二年材料文书考释》[②]一文在对 B61、ДХ2828、ДХ10279 录文的基础上,认定它们是同卷文书,指出文书的年代均为乾祐二年,在俄藏定名"材植账"以外,还有"漫土账""照会"以及"呈领状",并对文书涉及的脚户、漫土、合同等问题进行了深入的探讨。张多勇、李并成、戴晓刚三位先生在《"西夏乾祐二年(1171)黑水城般驮、脚户运输文契"——汉文文书与西夏交通运输》[③]一文中,再次对这组材植账展开研究,主要的贡献在于:一是进一步将这组文书定性为脚户运输文献,并将其分为几个部分,包括发送物资处出具的财务账单以及发遣照会,由般驮或脚户在领到所运财物账单上签押或背面画押,"领材押契"指在运输完成之后接受财物的人发出的照会。二是对文书中提及的般驮、脚户、脚家等专业运输人员,以及塑匠胶、胶泥土、木板、圆木、漫土等运输材料,合同、胶土泥、漫土等内容做了更进一步的考证。三是勾勒出一条从黑水城至怀远县的运输通道。

大庆三年(1142年)榷场文书内容丰富,以此为研究对象或涉及这组文书的成果数量较多。最早对这组文书展开讨论的是日本学者佐藤贵保[④],此后我国学者史金波、杨富学、陈爱峰、赵天英、杜建录、孙继民、许会玲、杜立晖、陈瑞青[⑤]等多位先生也从不同角度对这组文书进行了研究。佐藤贵保将文书的时间由"天

[①] 许生根:《英藏黑水城出土西夏户籍租税账册文书初探》,《西夏研究》2013年第4期。
[②] 杜建录:《西夏乾祐二年材料文书考释》,《宁夏社会科学》2007年第2期。
[③] 张多勇、李并成、戴晓刚:《"西夏乾祐二年(1171)黑水城般驮、脚户运输文契"——汉文文书与西夏交通运输》,《敦煌研究》2012年第2期。
[④] [日]佐藤贵保:《ロシア藏カラホト出土西夏文〈大方広仏華厳経〉経帙文书の研究——西夏榷场使関連汉文文书群を中心に》,《東トルキスタン出土"胡语文书"の综合调查》2006年。
[⑤] 史金波:《西夏社会》,上海:上海人民出版社,2007年,第154页;杨富学、陈爱峰:《黑水城出土夏金榷场贸易文书研究》,《中国史研究》2009年第2期;许会玲:《黑水城所出西夏汉文榷场文书考释》,河北师范大学硕士论文,2009年;赵天英、杨富学:《从朝贡和榷场贸易看西夏物产》,《西北民族大学学报》(哲学社会科学版)2009年第4期;杜建录:《黑城出土西夏榷场文书考释》,《中国经济史研究》2010年第1期;孙继民:《西夏汉文乾祐十四年安排官文书考释及意义》,《江汉论坛》2010年第10期;孙继民、许会玲:《西夏榷场使文书所见西夏尺度关系研究》,《西夏研究》2011年第2期;孙继民、许会玲:《西夏汉文"南边榷场使文书"再研究》,《历史研究》2011年第4期;陈瑞青:《略论西夏的三司与榷场——以俄藏 Инв.No.348 号文为中心的考察》,《黄河科技大学学报》2013年第5期;陈瑞青:《从黑水城文献看西夏榷场管理体制》,《宁夏社会科学》2014年第1期;杜立晖:《黑水城西夏汉文南边榷场使文书补考》,《宁夏社会科学》2014年第1期;宋坤:《黑水城所出〈西夏榷场使文书〉所见川绢、河北绢问题补释》,《宁夏社会科学》2014年第2期;郭坤、陈瑞青:《交易有无:宋、夏、金榷场贸易的融通与互动——以黑水城西夏榷场使文书为中心的考察》,《宁夏社会科学》2015年第5期;陈瑞青:《从黑水城文献看西夏榷场税率》,《西夏学》(第十二辑),兰州:甘肃文化出版社,2016年;杜立晖:《黑水城西夏南边榷场使文书所见"替头"考》,《文献》2017年第3期。

庆三年(1196年)"订正为"大庆三年",自此以后的成果均以此年号为准,另外,他还复原了南边榷场使文书的格式,孙继民、杜建录等先生又在此基础上进行了补充。孙继民、许会玲两位先生在英藏黑水城文献中发现了Or12380-3638b(K.K.Ⅱ0253.bb.ii)《汉文绢褐姜等收支历》和Or12380-3673v(K.K.Ⅱ0258.w)《残片》,并依据出土位置、文书形制等因素将这两件文书归入榷场文书之列。史金波先生认为该组文书"系榷场使兼拘榷西凉签判检验商人货物,依例收税的文书"。杜建录先生引用《潞公文集》中的"官中(宋朝)止量收汉人税钱,西界自收番客税利"[1]来证明这组榷场文书就是西夏征收"番客税利"的真实记录。杨富学、孙继民等先生还对榷场税的税率进行了估算,杨富学先生认为在3%—5%之间,孙继民先生提出最高为2.5%,陈瑞青进一步提出以4%的税率最为常见。

其次是黑水城出土元代赋役文书研究。主要有日本学者松井太和国内学者马彩霞的成果发表。《黑水城出土蒙汉合璧税粮纳入簿断简》[2]以内蒙古文物考古研究所藏汉文、畏兀儿体蒙古文合璧文书为研究对象讨论元代税粮,F214:W1中畏兀儿体蒙古文旁译写汉文,但汉文并不是对畏兀儿体蒙古文的简单翻译,因为汉文部分没有收小麦的时间,而畏兀儿体蒙古文中有,为十月、十一月,反映了交纳税粮的时间。《关于黑水城所出一件元代经济文书的考释》[3]以俄藏《申亦集乃路总管府验粮文》为研究对象,通过其背面书写的北元宣光二年(1372年)正月文书及《至正廿四年司吏刘融买肉面等物呈文》,将该文书的时间推定为至正二十四年(1364年)左右,文章较早地考证了验粮文所反映的交粮时间、大小麦比例等赋税方面的问题。

上述成果反映了黑水城出土赋役文书研究已经取得的成就,勾勒出西夏或元代黑水城赋役征调的基本状况,对赋役、经济等相关问题的研究起到了重要的作用。同时我们发现,已有成果均为单篇文章,研究内容侧重于税,而较少涉及役,并且多从某一朝代、某一组文书入手,以某一收藏地作为区分,或研究西夏或研究元代,或以赋税账册为主或以官方法律文献为主,或选择俄藏或选择中国藏,隔断了文书之间原本存在的联系,不能反映出黑水城赋役文书的整体情况,以及西夏、元代赋役制度的承袭与变化。以元代赋税文书为例,俄藏《申亦集乃路总管府验粮文》、中国藏《经女女等纳税文卷》《广积仓收到沙立渠台不花税粮

---

[1] [宋]文彦博著,申利校注:《潞公文集》卷一九《奏西夏誓诏事》,北京:中华书局,2016年,第653页。
[2] [日]松井太:《黑水城出土蒙汉合璧税粮纳入簿断简》,《待兼山论丛》第31号,大阪:大阪大学文学部,1997年。
[3] 马彩霞:《关于黑水城所出一件元代经济文书的考释》,《西域研究》2004年第4期。

票据》、英藏《鲁奴等纳田粮税册》四件文书,它们收藏在三个不同的地方,文书类型有申文、税账、票据,文书所反映的税额完全一致,由于人为的原因将文书割裂开来,影响了对其内容的认识。事实上,文化、历史、社会的发展是有延续性的,黑水城出土赋役文书研究,就是要打破时间、文字、收藏地等界限,分析西夏、元代赋役制度,在此基础上揭示它们之间的联系,同时反映不同时期赋役制度的特点及变化的原因。

三、研究内容

本文是以黑水城出土文书为切入点,充分利用学界已有翻译、研究成果,参考《续资治通鉴长编》《宋史》等传统典籍,比照敦煌出土文书,对法典、税账、官方公文、票据等进行分析,揭示包括黑水镇燕监军司、西夏京畿、元代亦集乃路在内不同时期、不同地域的赋役制度,在此基础上对黑水城文书进行拉通研究,比较西夏、元代的赋役变化,发现其深层的社会历史渊源。

黑水城出土赋役文书大致分为赋税和徭役两部分。赋税主要包括土地税、抽分、酒醋盐课、契本税等。土地税在西夏、元代各类税种中占重要地位。西夏土地税有地租和税草两种,以土地为课税对象,按照顷亩数量征纳粮食或草橛,涉及纳税作物品种、交纳时间、每亩纳税数量、催缴过程、收纳凭据及税草用途等。西夏京畿按土地肥瘠分五等交纳大小麦、黄麻、豌豆、秋、粟、糜等粮食作物,上等一斗、次等八升、中等六升、下等五升、末等三升。黑水镇燕监军司地租为亩税1.25升,由于土地、水利等自然条件的差异远远低于京畿五等地租中的最末等。西夏地租分夏秋两季征收,夏苗自七月初一,秋苗自九月初一,至十月末交纳完毕,若有剩余,从十一月开始由转运司指挥各地郡县催缴,磨勘司负责簿册审计,至二月仍有遗留者,上报中书,视不同情况给予处罚或再定最后交纳期限。税草有两种不同情况。一是法律条文所载,税草的种类包括冬草、条橛、麦草、粟草、蓬子、夏蒡、蒲苇、红柳、梦萝等,其中麦草每一顷五十亩纳七束、粟草每一顷五十亩纳三十束,每束束围四尺五寸,以麦糠三斟入束内,蒲苇、柳条、梦萝每十五亩纳一束,四尺围,其余种种草每亩纳一束,五尺围,这些草主要用于仓窖的铺设、渠道的修护,还有官马饲养、牢舍垫草等。另一种是税账所载,反映了黑水城地区的税草,不分种类一律每亩一束。相比之下《天盛律令》中纳草的种类更丰富,税额依据草的不同有所变化。

黑水城出土元代赋役文书中的土地税只有田赋一种,税账中保存了关于税粮种类、时间、税额、税票等方面的记录。通过对文书的复原和归纳,亦集乃路每亩纳粮三升，大麦一升，小麦二升，纳粮时间分三限，初限十月终，中限十一月终，末限十二月终。亩税三升的土地税税额与交税时间与《元史》记载相一致。西夏黑水镇燕监军司和元代亦集乃路的税粮品种均集中在大、小麦上，这与当地自然环境、粮食作物的种植等密切相关，元代亩税三升的税额看似高于西夏的每亩1.25升，实际上元代与西夏的亩大小不同，抛开亩制的差别，黑水城地区西夏与元代粮食税税额大致相同。

黑水城出土的若干元代税票反映出纳税的最后一个环节，为开具一式两份的纳税凭据。元代税票有印本，有写本，印本税票分"官"和"仓"两种，官方一份留底，收粮机构广积仓一份留存，税票中一些内容为提前刻印，仅需填写所纳粮食数等信息，钤盖官印，官员签名画押。在甘肃武威亥母洞遗址中保存有两件西夏文乾定酉年（1225年）增纳草捆文书，刻印年月日以及官职名称，墨笔书有纳税数量等内容，大字写有"官""户"二字，其上还有官员画押，钤盖官印，"官"文书官方一份留底，"户"文书纳税户一份留存。西夏、元代文书虽出土地点不同，时间有先后，但均为纳税之后官方发放的记录有已纳赋税的凭据，作为完税的证明，一式两份。

土地税之外，西夏、元代还征收其他赋税。抽分是元代按照牧养牲畜数量抽取一定比例的牲畜税，这项政策最初在蒙古草原地区实行，后来推广至元代各路，亦集乃路作为甘肃行省的一个下路，具体纳税情况在黑水城出土抽分文书中有所保留，为三十至一百只纳钞四十两，低于三十只不纳。酒、醋、盐为官府的禁榷品，由官府垄断，统一售卖，收取赋税。黑水城出土文书中材料不多，酒、盐等在西夏《天盛律令》中有零星记载，元代仅有个别涉及酒解、盐引及酒醋课征收的文书，从中可以窥见西夏、元代纳税的大致情形。商税是黑水城赋役文书中重要的组成之一。西夏的商业税从牲畜、土地、布帛的买卖中抽取，买卖契约末尾的买卖税院官印证明西夏设有专门收取商税的机构。元代的契本税是商税的附属，一切买卖交易都须赴税务机构纳税，由税务机构发给契本，如无契本，便作匿税论罪。每道契本收中统钞三钱，皇庆元年（1312年）改为至元钞三钱，黑水城文书中发现有数件契本的刻本，及一件似为征收契本税的官方往来公文，为了解元代契本税提供了重要的信息。除此之外，西夏还征收人口税和耕地水税，人口税无论男女，按人头征收，大口纳税三斗、小口减半，耕地水税是用水浇灌农田的费用，以粮食交纳，地多税多，地少税少。

黑水城出土文书中的徭役主要包括夫役、差役、兵役、站役。夫役为出人工服力役，是每个纳税农户所要承担的赋役之一，与地租和税草合在一起组成了西夏的基本赋役——租役草。西夏在春季开渠清淤之际，征调大量沿渠用水户无偿劳动，《天盛律令》和西夏税账中均有夫役的记载，法律文献与迁溜税账相互印证，证实西夏按照农户占有的土地顷亩计算服役的天数，总计不得超过四十日。这种征调沿渠用水户承担修渠义务的服役方式在敦煌文书中也有记载，如渠河口作等。

差役在西夏和元代文书中均有记载。西夏的差役体现在两方面：其一，与农田水利有关，在灌水时节，从节亲、官员、税户家主、寺院及官农主等用水户中轮流抽派渠头、渠主、渠水巡检等，负责沿渠巡视。《天盛律令》农田水利相关条文中对于渠头等人员的派遣、职能的限定，以及违律后的处罚有详细的规定。其二，在基层组织迁溜中，小甲、小监、农迁溜负责编户管理、赋税征收、土地普查等工作。元代的差役既有官府日常差遣方面的内容，也有基层组织的管理，提领所当差、牢子、坊长、巷长、社长、俵水等，都可以认定为差役。随着亦集乃路渠道功能的增加，西夏时期的迁溜、渠头被元代的社长、俵水所取代，社长为渠社之长，管理基层组织、劝农，俵水负责分俵水利。

兵役在西夏和元代都有记载。西夏奉行全民皆兵的政策，《天盛律令》规定十五至七十岁成丁男子登记入籍，以此作为征发兵役的基础，战时为兵，平时为民，粮饷由官方配给、自备等方式获得，出土文书中的迁溜集中体现了寓兵于民的特点。元代的军事制度经历了一个发展完善的过程，在黑水城文书中有宿卫军和镇戍军两大系统，分怯薛、新附军等，服军役的家庭为军户，自备马匹、武器等，男丁世代世袭，不得更改，元代一件《至元五年军政文卷》揭露了元代擅放军役的问题。站役是元代驿站所需劳役，由站户承担，由于地处漠北与中原沟通的重要枢纽，亦集乃路共设有八个驿站，文书中多有站户服役的记录，因站役负担沉重，元朝规定免除四顷耕地的赋税，《赡站地典押案》和《赡站地典与阔阔歹耕种案》中都提到了赡站地。

本文是对多年从事的黑水城出土赋役文书整理工作的一次全面总结，通过文书与史料的互证，可以看出黑水城地区赋役的征调既有共性的体现，也反映了西夏、元代不同历史时期的特点，以及黑水城在两个时间段里城市功能的变化。农业税在西夏、元代占据重要位置，其次是牲畜税、商税，从侧面体现了黑水城地区经济发展的基本格局，以农业作为赖以生存的经济部门，畜养牲畜成为其发展的必要补充，同时兼有商业贸易，完善了当地的经济结构。除此之外，由于材料的缺乏和零散，以往研究偏重赋税而忽略了徭役，文中在夫役、兵役、差役、站役等方面有更多的梳理和补充。方法上，在分析黑水城出土西夏、元代赋役文书的基础上，注重比较，既体现在同一时期不同地域之间的比较，也反映在西夏、元两个时期同类赋役文书的比较上，同时还将唐、宋、金文献纳入其中，弥补了单个以西夏或元代、俄藏或中国藏为研究中心的不足，可以更好地联系不同文字、不同时期、不同收藏地、官方和民间文书中的黑水城文献，揭示以往史料中缺乏记载的重要问题，力图为黑水城地区社会历史及相关问题研究提供更为全面的素材。

第一章　黑水城文书反映的西夏赋税

黑水城出土文书中反映的西夏赋税有土地税和其他赋税两种。土地税在黑水城出土赋役文书中占有相当比重，以土地为征税对象，按照土地等级、顷亩数量等计算，包括地租和税草。地租是以粮食为征收对象的土地税。律令文书中京畿地区七郡县以土地优劣分上、次、中、下、末五等交纳大麦、小麦、黄麻、豌豆、秫、粟、糜，税额自一斗至三升不等。税账中黑水城地区每亩纳杂粮、小麦或大麦、小麦共计1.25升，远远低于京畿地区的最末等。地租征收的时间分夏秋两季，夏苗自七月初一，秋苗自九月初一，十月末交纳完毕。十一月至来年的正月为催缴的周期，由郡县、转运司、磨勘司负责，至二月仍有遗留者，上报中书，视不同情况，给予处罚或再定最后期限。

税草是以草、椽为征收对象的土地税。在律令文书中，椽的部分内容缺失，仅保存有春开渠急需用椽时，减夫一人，转而纳细椽三百五十根，每根长七尺。草分麦草、粟草、蒲苇、红柳、梦萝等，不同的草税额不同，捆式大小并不一致。一项五十亩一幅地纳麦草七束、粟草三十束，每束束围四尺五寸，蒲苇、柳条、梦萝十五亩纳草一束，四尺围，其余种种草每亩当纳一束，五尺围，每五十日库检校前去检察草束的捆扎情况。出土税账中登记的税草统统为草，没有律令条文区分得那么详细，每亩交纳一束。税草的主要用途是铺设仓窖和牢舍、维修渠道、饲养官马等。

除土地税外，黑水城出土文书中还有盐酒税、买卖税、人口税、耕地水税等其他赋税的记载，内容虽然有限，但反映了西夏赋税的大致情况。

第一节　地租

一、租与税

西夏地租中的"租"并非租赁之意，而是在具备土地所有权前提下交纳的赋税,相关记载主要来源于黑水城出土法律文献和税账,以往西夏文的翻译有租有税,在研究成果中还出现了耕地税、租役草、土地税等。因此,梳理不同的译法、界定地租的概念是我们讨论西夏赋税首先要解决的问题。

"𗤒"在西夏时期汉译的佛教文献和世俗文献中既可作"租",也可当"税"。《过去庄严劫千佛名经》中以"𗗚𗤻𘎑𘄒𘊐𗤒𘕕𗧘"译"或窃没租估偷度关税"①,其中"𘕕𗤒"对译"关税"。《类林研究》中以"𘈩𗏁𗤒𘋥𗕘𗧘,𗗿𘜶𘎃𗉘𗟲𘊼𗤒"译"减半年租税,天下百姓皆利"②,其中"𗤒"对译"租税"。佛经和《类林研究》是先有汉文文献,再有西夏文译本,用西夏文翻译汉文,文中以"𗤒"分别对译"税"和"租税",说明当时的翻译者对租、税并没有明确的区分。

时至今日,西夏文黑水城文献中"𗤒"的译法也不尽相同。《天盛律令》卷十五中"𗤒"均译为"租",如"𗤒𗕄𘆪𗥤"《催缴租门》、"𗤒𗑠𗥤"《租地门》是该卷中两门的名称。《催缴租门》的内容包括"缴地租法及催促磨勘""不缴租米""缴冬草条椽""交簿册迟""簿册导送迟""磨勘越期""未遗租催促迟""出摊派""笨工行法"。《租地门》的内容包括"地脚拓展取禾穗""卖地边接聚围""开生地种纳租""节亲主常住地等买纳租""渠落家主劝护"③。这两门的名称及其主要内容均与土地税相关,"催缴租""租地"中的"租"不是租种他人土地,而是针对个人所有土地征收的粮食、冬草、条椽等。

法律文献中除了"𗤒",还有一个与之相关的"𗤒𗳦𘆚",时常作为固定词组出现,以往律令条文译为"租佣草",可改为"租役草"。《天盛律令》载:"税户家主有种种地租役草,催促中不速纳而住滞时,当捕种地者及门下人,依高低断以杖罪,当令其速纳。"④税户家主种种地上的租役草,如催促仍未能按时交纳,以杖罪处罚种地者及门下人,文中所要交纳的租役草就是土地税。"𗤒𗳦𘆚"租役草可以合在一起,也可以将其拆开,"𗤒""𗳦""𘆚"分别代表其中的一种。"𗤒"租,代表交粮食的土地税,律令文书在讲到开垦个人所有土地旁边的生地时,规定"三年毕,堪种之,则一亩纳三升杂谷物,役草依边等法为之"⑤,文中将"三升杂谷物"和"役草"区分开来,而"一亩纳三升杂谷物"就是租役草中的"租",进一步明确了租是

---

① 王静如:《过去庄严劫千佛名经考释》,《西夏研究》第一辑,台北:"中央研究院"历史语言研究所,1932年,第139页。
② 史金波、黄振华、聂鸿音:《类林研究》,银川:宁夏人民出版社,1993年,第188页。
③ 史金波、聂鸿音、白滨译注:《天盛改旧新定律令》,北京:法律出版社,2000年,第81—83页。
④ 史金波、聂鸿音、白滨译注:《天盛改旧新定律令》,北京:法律出版社,2000年,第508页,"税户"原作"租户","租役草"原作"租佣草",下文均改。
⑤ 史金波、聂鸿音、白滨译注:《天盛改旧新定律令》,北京:法律出版社,2000年,第496页,"役草"原作"佣草",下文均改。

以土地数量为依据征收粮食的赋税。"𦳝"草,代表交草橡的土地税,在《催缴租门》中有"税户家主自己所属地上冬草、条橡等以外,一顷五十亩一幅地,麦草七束、粟草三十束"①,说明在粮食之外,税户家主还要纳草,同样按照土地顷亩的多少交纳。"𢿳"役,代表出人工的夫役,原多译为"佣",这两个字有做事之意,都能体现"𢿳"的本意,区别在于是否直接出力,"佣"并非直接出力或服役,如雇佣以及唐代赋役制度中的输佣代役,而"役"却是直接出人、出力,西夏《天盛律令》中是直接服役,所以将"佣"改为"役"。有关春季挖渠所用人工的条文中提到"当依顷亩数计日,先完毕当先遣之"②,可见"役"和"租""草"都是履亩计算的。

杜建录先生在《西夏赋役制度》一文中提到"'地租'因译文表述问题,当为土地税""西夏的土地税主要有谷物和冬草"③。史金波先生在《西夏农业租税考——西夏文农业租税文书译释》一文中将耕地税与租役草分开,认为"西夏的税收远不止耕地粮税,还有租役草"④,并以4808、1755/4、1178/1号仅记载粮食税额的黑水城文书为例探讨耕地税,得出了每亩地纳粮1.25升,其中杂粮1升,小麦0.25升,大麦或杂粮是小麦4倍的结论,又以4067、5067、8372等既有耕地税又有草、役的文书为例讨论租役草,得出了耕地地租税税率与前述考证结果相同的结论。从两位先生的论述中我们可以看出对于地租的不同认识,前者认为地租为土地税,包括粮食和冬草,后者认为耕地粮税和租役草是两种不同的赋税,同时也提出耕地粮税与租役草中的租税税率相同,事实上,之所以会有相同的税率是因为耕地粮税就是租役草中的租。

黑水城出土社会文书中的"𢿳"被译为"税"。4067号《户耕地租役草账》梁吉祥交纳的赋税有"𢿳"税、"𥹥"杂、"𥻧"麦、"𢿳"役、"𦳝"草,按照土地的顷亩数量征收。这件税账中记载的"十亩地"就是这几种赋税征调的基础,其中"𢿳"税一斗二升半为杂和麦的总和,即交纳粮食的那部分土地税,"𢿳"役为出人工的天数,共计五日,"𦳝"草为纳草十束,因此,税、役、草就是法律条文中的租、役、草。

一户梁吉祥有册上十亩地,税一斗二升半
　　杂一斗　麦二升半

---

① 史金波、聂鸿音、白滨译注:《天盛改旧新定律令》,北京:法律出版社,2000年,第490页,"幅"原作"块","束"原作"捆",下文均改。
② 史金波、聂鸿音、白滨译注:《天盛改旧新定律令》,北京:法律出版社,2000年,第497页。
③ 杜建录:《西夏赋役制度》,《中国经济史研究》1998年第4期。
④ 史金波:《西夏农业租税考——西夏文农业租税文书译释》,《历史研究》2005年第1期,"役"原作"佣"。

佣五日　草十捆[①]

黑水城出土土地买卖契约中"䄻"也译为"税"。Инв.No.5124-2《天庆寅年正月二十四日邱娱犬卖地契》中土地所有者邱娱犬将自家位于渠尾左渠一块撒二十石种子的熟生地及宅舍院落四间,卖与普渡寺粮食经手人梁那征茂及喇嘛,契约中特别强调有"税五斗中麦一斗"[②]。"税五斗中麦一斗"中的"税",西夏文为"䄻",是所卖土地的粮食税。土地所有权转让的同时附着在该块土地之上的租役草也随地转让,不仅邱娱犬卖地契,多件西夏文卖地契中均有田赋随土地而变更的记载,Инв.No.4194《天庆庚申年小石通判卖地房契》在契约正文中明确约定"其地上租佣草等三种由守护铁承担",守护铁为新买主。因此,卖地契约中的税就是租役草中的租。

尽管黑水城出土《天盛律令》中的"䄻"、税粮账册中的"䄻"、卖地契约中的"䄻"译法不尽相同,但所代表的含义都是一致的,指的是交粮食的土地税,即地租。《说文》曰:"租,田赋也。从禾,且声。"《说文通训定声·泰部》载:"税,税有三:《孟子》'粟米之征',即《周礼》旅师之锄粟,此田税也;'力役之征',即《周礼》乡大夫之'辨其可任者……皆征之',此丁税也;'布缕之征',即《周礼》太宰之嫔贡,此宅税也。……后世有关税、牙税、契税及芦课、茶课、矿课之类,亦税也。"可见,税的范围比租更广,泛指所有的赋税,包括粟米之征、力役之征、布缕之征等,粟米之征即田税或田赋,就是"租"。

西夏的"租"相当于敦煌文书中的"地子"。编号P.3214背《唐天复七年(907)高加盈出租土地充折欠契》载:

> 天复柒年丁卯岁三月十一日,洪池乡百姓高加盈先负欠僧愿济麦两硕、粟壹硕,填还不办。今将宋渠下界地伍亩,与僧愿济贰年佃种,充为物价。其地内所著官布地子柴草等,仰地主祗当,不忓种地人之事。中间或有识认称为地主者,一仰加盈觅好地伍亩充地(衍)替。两共对……[③]

P.3155背《唐光化三年(900)前后神沙乡令狐贤威状(稿)》载:

[①] 史金波:《西夏农业租税考——西夏文农业租税文书译释》,《历史研究》2005年第1期,"佣"即"役",同一个西夏字。
[②] 史金波:《黑水城出土西夏文卖地契研究》,《历史研究》2012年第2期。
[③] 唐耕耦、陆宏基编:《敦煌社会经济文献真迹释录》第二辑,北京:全国图书馆文献缩微复制中心,1990年,第27页。

神沙乡百姓令狐贤威。
　　　　右贤威父祖地壹拾叁亩,请在南沙上灌进
　　渠,北临大河,年年被大河水漂,并入大河,寸
　　畔不贱(见)。昨蒙
　　　　仆射阿郎给免地税,伏乞与后给免所
　　　　著地子布草役夫等,伏请公凭
　　　　裁下处分。
　　光化三年庚申岁十二月六日……①

第一件敦煌契约中有"其地内所著官布地子柴草,仰地主祗当,不忓种地人之事";第二件呈状中有"免所著地子布草役夫等"。两件文书的共同特点在于:官布、地子、柴、草以及地子、布、草、役夫等均为附着在土地上的赋役,从两件文书所载时间来看,此时唐代的租庸调制已经发生了变化,由以人丁为征税基础的赋税制度发展成为以土地为标准的征税制度。刘进宝先生认为地税是大概念,地子是小概念,地子的范围比地税小,只是土地上的收获物——粮食。地子、官布、柴、草均为地税,此外还有一些附着于土地上的劳役,如烽子、渠河口作及其他役夫等②。刘先生在这个问题上的认识与我们对西夏租役草、地租的理解一致,租役草是土地税,地租的概念比土地税的概念小,只是其中交纳粮食的那一部分。

在土地所有权逐渐明晰之后,租、税有了更丰富的内涵。《金史》载:"金制,官地输租,私田输税。"③租和税的区分在于是官地还是私地,官地纳租,私地纳税。《辽史》与《金史》有类似的界定,载:"太平七年(1027年)诏,诸屯田在官斛粟不得擅贷,在屯者力耕公田,不输税赋,此公田制也。余民应募,或治闲田,或治私田,则计亩出粟以赋公上。十五年,募民耕滦河旷地,十年始租,此在官闲田制也。又诏山前后未纳税户,并于密云、燕乐两县,占田置业入税,此私田制也。"④租税的区别在于,耕官地闲田者纳租,置私地者入税,体现在土地所有权的辨析上。

---

① 唐耕耦、陆宏基编:《敦煌社会经济文献真迹释录》第二辑,北京:全国图书馆文献缩微复制中心,1990年,第293页。"右贤威父"原为"右贤威又","免所"原为"多少","著地子"原为"著帖子",录文参照陈国灿:《从敦煌吐鲁番文书看唐五代地子的演变》,载《敦煌学史事新证》,兰州:甘肃教育出版社,2002年,第292—293页。
② 刘进宝:《唐宋之际归义军经济史研究》,北京:中国社会科学出版社,2007年,第92—99页。
③ [元]脱脱等:《金史》卷四七,北京:中华书局,2013年,第1055页。
④ [元]脱脱等:《辽史》卷五九,北京:中书书局,2016年,第1028页。

从这个角度来看，西夏的租役草都是在个人所有土地基础上承担的纳税义务，当统称为税，与我们之前的认识并不违和。

说清楚了"𘜶"，我们再来看黑水城出土《天盛律令》中经常出现，且与赋役征收密切相关的一个词"𘜶𗉜"，以往译本中多作"租户"。《催租罪功门》载："诸租户所属种种地租见于地簿，依各自所属次第，郡县管事者当紧紧催促，令于所明期限交纳完毕。"①《催纳租门》载："租户家主自己所属地上冬草、条椽等以外，一顷五十亩一幅地，麦草七束，粟草三十束。"②《春开渠事门》载："畿内诸租户上，春开渠事大兴者，自一亩至十亩开五日。"③从以上三条律令中可以看出，"𘜶𗉜"需承担交纳地租和草椽、春开渠时开工服役等义务，是租役草的主要承担者，通过对租、税范围的分析认为"𘜶𗉜"应是"税户"，而不是"租户"。

宋代也有税户，宋代的税户有两个特点：一是有常产之人，二是纳税户，税户也称主户，以区别于无产侨居的客户。《宋会要》乾道七年（1171年）十月一日，司农少卿、总领淮东车马钱粮蔡洸言："镇江共管三邑，而输丁各异，有所谓税户，有所谓客户。税户者，有常产之人也，客户则无产而侨寓者也。"④西夏的税户与宋代近似，是有耕地的纳税农户⑤。这里面包含两层含义，一是有耕地，黑水城出土Инв.No.5124-7、8《天庆寅年正月二十九日恶恶显令盛卖地契》中有"天庆寅年正月二十九日文状为者恶恶显令盛等，将自属渠尾左渠灌撒八石种子地一块，及二间房、活树五棵等，自愿卖与普渡寺中粮食经手者梁那征茂及梁喇嘛等"⑥，契约中通常以西夏文表示"属有"的"𗖻"来说明恶恶显令盛的土地所有权。黑水城出土律令文书中同样强调，税户是私地的所有者。通过律令条文中所载顷亩数量，可以对西夏税户做一个大致的判定。

> 畿内诸税户上，春开渠事大兴者，自一亩至十亩开五日，自十一亩至四十亩十五日，自四十一亩至七十五亩二十日，七十五亩以上至一百亩三十日，一百亩以上至一顷二十亩三十五日，一顷二十亩以上至一顷五十亩一整

---

① 史金波、聂鸿音、白滨译注：《天盛改旧新定律令》，北京：法律出版社，2000年，第493页，"地簿"原作"地册"，下文均改。
② 史金波、聂鸿音、白滨译注：《天盛改旧新定律令》，北京：法律出版社，2000年，第490页。
③ 史金波、聂鸿音、白滨译注：《天盛改旧新定律令》，北京：法律出版社，2000年，第496页。
④ 刘琳、刁忠民、舒大刚、尹波等校点：《宋会要辑稿》食货一二之一九，上海：上海古籍出版社，2014年，第6240页。
⑤ 史金波：《西夏社会》，上海：上海人民出版社，2007年，第76页；潘洁：《税户家主考》，《宁夏社会科学》2016年第2期。
⑥ 史金波：《黑水城出土西夏文卖地契研究》，《历史研究》2012年第2期。

幅四十日。当依顷亩数计日,先完毕当先遣之。其中期满不遣时,夫役小监有官罚马一,庶人十三杖。①

文中税户所有土地自10亩至150亩不等。黑水城出土的卖地契约中记录家庭耕地数量时以撒多少石种子计算,史金波先生在论证重量标准的基础上,推算出撒1石种子约为10亩地,黑水城出土部分土地买卖契约中的私地亩数分别为200亩、150亩、80亩、100亩、100亩、50亩、50亩、30亩②,其中200亩是官员小石通判所卖土地。据此我们认为律令中规定的10亩至150亩当为西夏税户普遍持有的土地数。根据漆侠先生研究,宋代占田百亩以下,产钱一贯上下约为自耕农民的上层或富裕农民,占田30亩以下为半自耕农,那么,西夏10亩约合宋朝的4.2亩,150亩约合62.5亩,这样算下来,与宋同时期的西夏税户均为自耕农和半自耕农③。

西夏税户的另一层含义是纳税户,这个问题从字面就能看出来,所以不必多做解释,这里我们需要说明的是当土地所有人发生变化后的纳税情况以及税户以外的土地所有者是否纳税。黑水城出土土地买卖契约 Инв.No.5124-2《天庆寅年正月二十四日邱娱犬卖地契》中,土地所有者邱娱犬将自属位于渠尾左渠一块撒二十石种子的熟生地及宅舍院落四间,卖与普渡寺粮食经手人梁那征茂及喇嘛,税五斗中麦一斗随地转让,说明税户所有的个人私地买卖时,赋税随土地一并转让。对此,唐代也有规定,宣宗大中四年(850年)制文:"又青苗两税,本系田土。地既属人,税合随去。从前赦令,累有申明。富豪之家,尚不恭守,皆是承其急切,私勒契书。自今已后,勒州县切加觉察,如有此色,须议痛惩。"④

在黑水城出土法律文献中还反映了税户不纳税的情况。

税户家主有种种地租役草,催促中不速纳而住滞时,当捕种地者及门下人,依高低断以杖罪,当令其速纳。⑤

税户家主应纳税草如不能及时交纳,种地者和门下人将受到惩罚。税户是

---

① 史金波、聂鸿音、白滨译注:《天盛改旧新定律令》,北京:法律出版社,2000年,第496页,"夫役小监"原作"伕事小监",下文均改。
② 史金波:《黑水城出土西夏文卖地契研究》,《历史研究》2012年第2期。
③ 杜建录:《西夏经济史》,北京:中国社会科学出版社,2002年,第299页。
④ [宋]王溥:《唐会要》卷八四《租税下》,北京:中华书局,1960年,第1544页。
⑤ 史金波、聂鸿音、白滨译注:《天盛改旧新定律令》,北京:法律出版社,2000年,第508页。

有耕地的纳税户，家主也是土地的所有者，二者同为赋税的承担者，未能如期纳税，理应接受惩罚，但条文中以杖罪惩罚的却是种地者和门下人。那么，这里的种地者和门下人应该是土地的实际耕种者，税户家主与种地人、门下人分别是田主和佃户，然而二者并非普通的租佃关系。黑水城出土 Инв.No.5124-8《寅年正月二十九日梁老房酉等租地契》中梁老房酉以地租二石八斗麦及三石六斗杂粮从普渡寺梁喇嘛处包租到一块撒八石种子的土地，租地人仅向所有者交纳租价，并未提到租役草等赋税。

> 寅年正月二十九日立契人梁老房酉等，今将
> 普渡寺中梁喇嘛属八石撒处地一块包租，
> 地租二石八斗麦及三石六斗杂粮等议定，
> 日限八月一日当还。日过不还为时，一石还二石。
> 本心服。
>
> 　　　　　　　　　　立契人梁老房酉（押）
> 　　　　　　　　　　同立契人梁老房茂（押）
> 　　　　　　　　　　知人平尚讹山（押）
> 　　　　　　　　　　知人梁老房□（押）[①]

刘进宝先生在其《唐宋之际归义军经济史研究》一书中强调"归义军时期，土地的出租是个体农民之间的私事，政府并不多加干预。政府所关注的主要是赋税征收，而土地在户籍上属谁，即在政府的档案中土地属谁，政府就向谁征收地子。即使在土地出租以后，地子也只是土地所有者（即地主）承担，租佃人只向所有者（即地主）负担租价"[②]。吐鲁番文书中，麴氏高昌时期，"田赋是计田输租，徭役是计田承役"当民户的田地出租时，"佃田人只向田主交纳地租，其他全不管，国家赋役由田主承担"[③]。敦煌文书S.3905背《年代不详奴子租口分地与王粉堆契抄》中明确表示，交割完毕，两无相欠，所有附着在土地上的草布、地子、差科等，由地主承担，不关租地人王粉堆事，载：

---

① 史金波：《黑水城出土西夏文租地契研究》，载《吴天墀教授百年诞辰纪念文集》，成都：四川人民出版社，2013年，第91页。
② 刘进宝：《唐宋之际归义军经济史研究》，北京：中国社会科学出版社，2007年，第101页。
③ 程喜霖：《吐鲁番文书所见的麴氏高昌的计田输租与计田承役》，载文化部文物局古文献研究室编《出土文献研究》，北京：文物出版社，1985年。

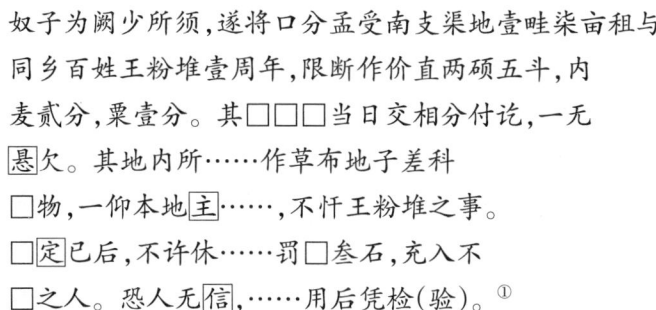

由此可见，租佃土地，佃户仅向地主支付地价，并不承担赋役。西夏的种地者、门下人并非一般意义上的佃户，而是依附更强的租佃关系，需要替地主承担赋税。《宋史》载：

> 川峡豪民多旁户，以小民役属者为佃客，使之如奴隶，家或数十户，凡租调庸敛，悉佃客承之。②

在川陕等地，有豪宗大族役属小民如奴隶，从表面上看二者是租佃关系，但实际上"使之如奴隶""凡租调庸敛，悉佃客之"，反映了比租佃更强的依附关系。条文中西夏的税户家主与种地人、门下人之间体现的正是这样一种依附性租佃关系。

官地、寺院土地不纳地租。《天盛律令》载："僧人、道士、诸大小臣僚等，因公索求农田司所属耕地及寺院中地、节亲主所属地等，诸人买时，自买日始一年之内当告转运司，于地簿上注册，依法为租役草事。"③这是一条关于土地转让的律令，文中土地的主人依次有僧人、道士、诸大小臣僚、农田司、寺院、节亲主及诸人，最初的经营者是农田司、寺院和节亲主，土地性质为官地、寺院土地、贵族大地主土地，僧人、道士、大小臣僚等因公索取，土地的主人发生了变化，诸人买僧道等因公索取的土地，主人再次变更，完全转化为私有的性质，重点在于这样的土地自买之日起一年之内，当于地簿上注册，依法交纳租役草。说明在此之前无论是农田司、寺院、节亲主，还是僧人、道士、大小臣僚，土地都没有在地簿上登记，并未承担赋役，其中农田司所属耕地可以确定是划归官地的范围，寺院中地

---

① 沙知：《敦煌契约文书辑校》，南京：江苏古籍出版社，1998年，第332页，"布"原作"币"。
② [元]脱脱等：《宋史》卷三○四，北京：中华书局，2014年，第10064页。
③ 史金波、聂鸿音、白滨译注：《天盛改旧新定律令》，北京：法律出版社，2000年，第496页。

为寺院占有,可见,官地、寺院土地不交税,只有卖给普通农户,即条文中的"诸人"时,才开始交纳租役草。史金波先生据此认为:"农田司所属耕地、寺院中地、节亲主所属地,不同于普通纳税耕地。农田司所属耕地的收获除留种子、耕种者所用外,全部上缴国家;节亲主所属地类似赏赐地,收获全归节亲主;寺院中地收获全归寺院,都是不纳税的耕地。"①《亥年新法》是黑水城出土的西夏晚期法律文献,其中多处有承担役草的记载,说明这个时期的西夏官地和寺院土地仍不交纳地租。以农田司为例,"农田司属三百七十二顷九十二亩半:三百三十二顷二十六亩半受耕,八十一顷地补,二百五十一顷二十六亩半应受役草,四十顷六十六亩闲有"②,条文中农田司共有官地372.925顷,其中已耕地为332.265顷,闲置40.66顷,纳役草252.265顷,没有提到地租。祐国寺有部分土地役草未纳,令补,其中也没有提及地租,载:"祐国寺所属六十七顷二十八亩半,二十三顷六十一亩地次,九顷五十亩耕地次,十四顷十一亩界泊地减半分,四十七顷六十七亩半昔役、草二种不全,新补之。"③

综上,通过分析黑水城出土赋役文书,我们对西夏的租税问题有了清晰的认识。西夏的"𘗽"可解释为租和税,既体现出租与税涵盖范围的区分,也反映了土地所有权的概念,当表示土地税时,这时的"𘗽"是一个大概念,包括基于土地顷亩之上征收的各种赋税,应译为税,如"𘗽𘛢"税户,当表示交纳粮食的土地税时,这时的"𘗽"是一个小概念,译为"租"更合适,如"𘗽𘟂𘉞"租役草。

二、地租的种类和税额

黑水城出土《天盛律令》卷十五《催缴租门》对于京畿地区交纳地租的种类有详细的官方规定。同时 Инв.No.1178-1《户耕地租粮账》、Инв.No.1755-4《户耕地租粮账》、Инв.No.4808《迁溜租粮计账与户租粮账》、Инв.No.8372《户耕地租役草账》为西夏黑水镇燕监军司真实的赋税账册,登记有地租、税草、夫役等信息。律令条文与西夏税账相互比照,反映了不同区域西夏地租征收的异同。

《催缴租门》载:

> 麦一种,灵武郡人当交纳。

---

① 史金波:《西夏社会》,上海:上海人民出版社,2007年,第564页。
② 赵焕震:《西夏文〈亥年新法〉卷十五"租地夫役"条文释读与研究》,宁夏大学硕士学位论文,2014年,第25页。
③ 赵焕震:《西夏文〈亥年新法〉卷十五"租地夫役"条文释读与研究》,宁夏大学硕士学位论文,2014年,第19页。

> 大麦一种,保静县人当交纳。
> 黄麻、豌豆二种,华阳县家主当分别交纳。
> 秫一种,临河县人当交纳。
> 粟一种,治源县人当交纳。
> 糜一种,定远、怀远县人当交纳。①

灵武郡、保静县、华阳县、临河县、治源县、定远县、怀远县交纳地租的粮食品种分别是小麦、大麦、黄麻、豌豆、秫、粟、糜。这七个郡县为西夏的京畿地区,在黑水城出土《天盛律令》中记作"京师界"。《事过问典迟门》中京师界包括七郡县,数量刚好与上文一致,载:"京师界七种郡县派水种地纳税利额。"②《误殴打争斗门》中京师界的范围有中兴府、南北二县、五州各地县司八处,载:"京师界:中兴府,南北二县,五州各地县司。"③中兴府,为西夏都城,位于今宁夏回族自治区银川市兴庆区。五州各地县司即灵武郡、定远县、怀远县、保静县、临河县,本为唐代灵州所辖,西夏占领灵州前,北宋在银川平原设置河外五镇,西夏时均升至州一级行政区划——顺州、定州、兴州、怀州、静州,但仍保留了原来郡、县一级的机构设置。灵武郡即唐代灵州,大致在今宁夏吴忠、永宁之间,定远县大致在今宁夏平罗县姚伏镇,怀远县在今银川市,临河县在今银川市东南黄河西岸,保静县在今宁夏永宁县东北黄河西。除灵武郡、保静县、临河县、定远县、怀远县以外,还有治源县和华阳县地望无从考证,当为南北二县,杨蕤先生认为位于宁夏北部石嘴山庙台乡的省嵬城疑为南北二县中的北县④。尽管尚有二县地望无法确定,但七郡县在大的范围上被限定在西夏京畿地区,从西夏版图可知,以都城中兴府为中心的周边产粮区,均为平原,特别是兴、灵一带,为西夏重要的粮仓。

《催缴租门》在明确了京畿所辖七个郡县各自交纳的农作物之后,又进一步详细规定秫、粟二种在交地租时交谷物,而不须纳米。

> 前述租谷物中秫粟二种,管事之人令纳米者,地租一律或纳谷物,或令纳米,原法已成不同。此后税户家主人不须纳米,实当纳秫粟。为官碓米者

---

① 史金波、聂鸿音、白滨译注:《天盛改旧新定律令》,北京:法律出版社,2000年,第489页,"黄麻、豌豆"原作"麻褐、黄豆",下文均改。
② 史金波、聂鸿音、白滨译注:《天盛改旧新定律令》,北京:法律出版社,2000年,第319页。
③ 史金波、聂鸿音、白滨译注:《天盛改旧新定律令》,北京:法律出版社,2000年,第485页。
④ 杨蕤:《西夏地理研究》,北京:人民出版社,2008年,第136页。

不在，则当于获罪亡人中分拨，令立班而碓之。若违律令纳租之人纳米时，局分大小一律二年。①

从律令的规定可以知道，秋、粟二种谷物原来交地租时有纳谷物、纳米两种，《天盛律令》在原有基础上进行修改，一律纳谷物。谷物和米的区别在于脱不脱壳，不脱壳在律令中称之为谷物，脱壳之后在律令中称之为米，《天盛律令》条文修订后，令临河、治源二县人交纳秋粟二种不脱壳的谷物，这样就增加了纳官后谷物加工的工作量，因此，律令提出了解决的办法，是从获罪服役人中分出一部分人为官碓砶。"碓"为谷物加工工具，西夏文作"𗰖"，《番汉合时掌中珠》有"𗰖𗤒"作"碓砶"②。碓发明于西汉时期，最早的记载见于西汉史游编撰的《急救篇》，榆林窟第3窟中西夏时期绘制的五十一面千手观音变中有一幅名为《踏碓图》的壁画，生动地描绘了将谷物加工去皮成为米的踏碓场面，在西夏临河、治源二县就是通过碓的方式给交纳上来的秋、粟去壳的。

京畿七郡县所交大小麦、黄麻、豌豆、秋、粟、糜为当地普遍种植的粮食作物，文献中记载较多。《宋史·夏国传》中记西夏适宜种植水稻和小麦，载："其地饶五谷，尤宜稻麦。"③由于播种季节与生长周期不同，小麦可分为冬春两种，大致一年一熟地区，春分为种，处暑后收，名春麦，两年三熟地区，白露前种，芒种后收，名冬麦，西夏正好处于一年一收的春麦区④。

《辽史》和《隆平集》中西夏物产匮乏，以大麦等作物为主要口粮，《辽史》载："(西夏)土产大麦、荜豆、青稞、𪏭子、古子蔓、咸地蓬实、苁蓉苗、小芜荑、席鸡草子、地黄叶、登厢草、沙葱、野韭、拒灰条、白蒿、咸地松实。"⑤《隆平集·西夏传》曰："西北少五谷，军兴，粮馈止于大麦、荜豆、青麻子之类。其民则春食鼓子蔓、酿蓬子，夏食苁蓉苗、小芜荑，秋食席鸡子、地黄叶、登厢草，冬则畜沙葱、野韭、拒霜、灰条子、白蒿、酿松子，以为岁计。"⑥

秋、粟、糜耐瘠耐旱，也是西夏境内重要的农作物。黑水城出土西夏文《碎金》中粟、秋成熟略晚，载："来牟豆长大，粟黍秋熟迟。"⑦宋夏沿边葭芦、米脂一带

---

① 史金波、聂鸿音、白滨译注：《天盛改旧新定律令》，北京：法律出版社，2000年，第490页，"碓"原作"舂"。
② 俄罗斯科学院东方研究所圣彼得堡分所、中国社会科学院民族研究所、上海古籍出版社编：《番汉合时掌中珠》(乙种本)，载《俄藏黑水城文献》第十册，上海：上海古籍出版社，1999年，第32页。
③ [元]脱脱等：《宋史》卷四八六，北京：中华书局，2014年，第14028页。
④ 杜建录：《西夏经济史》，北京：中国社会科学出版社，2002年，第133页。
⑤ [元]脱脱等：《辽史》卷一一五，北京：中华书局，2016年，第1676页。
⑥ [宋]曾巩撰，王瑞来校证：《隆平集校证》卷二〇，北京：中华书局，2012年，第603页。
⑦ 聂鸿音、史金波：《西夏文本〈碎金〉研究》，《宁夏大学报》(社会科学版)1995年第2期。

的粟最为出名,《宋史》有:"葭芦、米脂里外良田,不啻一二万顷,夏人名为'真珠山''七宝山',言其多出禾粟也。"①西夏人将全国土地分为山林、坡谷、沙窝、平原、河泽五种类型,并说明了每一种类型土地的农作物情况,其中粟、糜多种在山林地带。第一山林,土山种粮:待雨种稻,地多不旱,糜、粟、麻、荞相宜。第二坡古,向柔择种:坡古地向柔,待雨宜种荞麦也。第三沙窝,不种禾熟:沙窝种处不定,天赐草谷,草果不种自生。第四平原,迎雨种地:平原地沃,降雨不违农时,粮果丰也。第五河泽,不种生菜:草泽不种谷粮,夏菜自长,赈济民庶②。

黄麻、豌豆以往翻译有误。黄麻在《天盛律令》中西夏文作"𗗚𗡽",因西夏字字形之误,曾译为麻褐,其西夏文似取"𗗚𗡽"。麻褐作为一种织物,与该处律令规定所交粮食税不同类,且有关西夏的文献中没有出现麻褐一词。汉文《杂字》中将黄麻与大小麦、豌豆等归入斛斗部,载:"大麦、小麦、豌豆、黍稷、黄麻。"③黑水城出土编号为Инв.No.6331的《大般涅槃经卷》第八中以西夏文"𗗚𗡽𗍊"对译佛经中的"胡麻油"④,而"𗗚𗡽𗍊"三个字分别作"麻""黄""油",所以黑水城出土法律文献中的黄麻即胡麻,胡麻的主要通途就是用胡麻子榨油。《8—10世纪敦煌的物价》中黄麻为油料,文章将八十多种物件分成十二类,按年次辑录,其中第二大类油和油料价中,有油、麻子、油和麻子折比等,黄麻位列麻子之属,并解释说黄麻即黄麻子、麻子⑤。

黄麻是唐宋以来西北地区经常种植的品种,在传世文献和敦煌出土文书中多有记载。敦煌出土文书《长安三年(703年)三月敦煌县录事董文彻牒》曰:"其桑麻累年劝种,百姓并足自供,望请检校营田官,便即月别点阅絮子及布,城内县官自巡,如有一家不缉绩者,罚一回车驮远使。"⑥《现存我国四柱结算法的最早实例——吐蕃时期沙州仓曹状上勾覆所牒研究》反映的是吐蕃占领敦煌时期,在801—803年的仓库结算方式,文书所记的粮物有麦、大麦、粟、䔲豆、豌豆、胡枣、

---

① [元]脱脱等:《宋史》卷一七六,北京:中华书局,2014年,第4269页。
② 克恰诺夫、李范文、罗矛昆著:《圣立义海研究》,银川:宁夏人民出版社,1995年,第57页。
③ 俄罗斯科学院东方研究所圣彼得堡分所、中国社会科学院民族研究所、上海古籍出版社编:《俄藏黑水城文献》第六册,上海:上海古籍出版社,2000年,第139页。
④ 俄罗斯科学院东方研究所圣彼得堡分所、中国社会科学院民族研究所、上海古籍出版社编:《俄藏黑水城文献》第二十三册,上海:上海古籍出版社,2014年,第185页。
⑤ 唐耕耦:《8—10世纪敦煌的物价》,载陈国灿、陆庆夫元主编《中国敦煌学百年文库》(历史卷2),兰州:甘肃文化出版社,1999年,第240—259页。
⑥ 郑学檬:《从敦煌文书看唐代河西地区的商品货币经济》,载韩国磐主编《敦煌吐鲁番出土经济文书研究》,厦门:厦门大学出版社,1986年,第319—343页。

荞麦、黄麻、黑豆、麻子、白面、麨、油、麦饭、米、床等①。五代时期，黄麻继续广泛种植。《新五代史·四夷附录》中载甘州回鹘生活的区域适宜种植黄麻等作物，"其地宜白麦、青稞麦、黄麻、葱韭、胡荽，以橐驼耕而种"②。西夏时期，上述地区归入西夏境内。

黄麻作为地租，在敦煌归义军时期的文书中有所保留。S.2214号《年代不明纳支黄麻地子历》为乾符六年（879年）文书③，记载了黄麻、粟、麦作为地子的征收情况，是归义军早期征收地租的代表。文书共残存23行，第7—12行专录黄麻的收、支情况，计量单位采用蕃制：

十月十八日黄麻叁斗，廿二日黄麻两驮廿三日已前零
河？黄麻壹驮半　二四日黄麻壹驮　廿六日纳黄麻壹驮
二廿七日黄麻壹驮　廿八日纳黄麻壹驮　廿九日黄麻半驮
闰十月三日黄麻壹驮　九日黄麻两驮　十一日黄麻肆驮？
官计十一驮半　廿四日黄麻贰斗　十一月十六日外支黄
麻壹驮分付长史④

豌豆《天盛律令》中西夏文作"𗟲𗍳"，以往译作"黄豆"，但从形、音、意三个方面来看，律令中的"𗟲𗍳"与《番汉合时掌中珠》中"𗟲𗍴"豌豆，第一个西夏字完全一致，第二个西夏字"𗍳"与"𗍴"形近、音同、意同，故而认为，律令中的"𗟲𗍳"也作"豌豆"⑤。豌豆为一年生或越年生作物，《本草纲目》载："其苗柔弱宛宛，故得豌名。种出胡戎，嫩时青色，老则斑麻，故有胡戎、青斑、麻累诸名。"黑水城出土西夏文献中多有关于豌豆的记载。如，《番汉合时掌中珠》中记载了十多种农产品，包括"麦、大麦、荞麦、糜、粟、稻、豌豆、黑豆、荜豆"⑥等。启蒙教材汉文《杂字》"斛斗部"中也有"赤谷、赤豆、豌豆、菉豆、大豆、小豆、豇豆、荜豆、红豆"⑦。豌豆

---

① 杨际平：《现存我国四柱结算法的最早实例——吐蕃时期沙州仓曹状上勾覆所牒研究》，载韩国磬主编《敦煌吐鲁番出土经济文书研究》，厦门：厦门大学出版社，1986年，第162—187页。
② ［宋］欧阳修：《新五代史》，北京：中华书局，1992年，第916页。
③ 雷绍锋：《归义军赋役制度初探》，台北：洪叶文化事业有限公司，2000年，第52页。
④ 唐耕耦、陆宏基编：《敦煌社会经济文献真迹释录》第二辑，北京：全国图书馆文献缩微复制中心，1990年，第422页，"廿"原作"二十"，据图版改。
⑤ 潘洁：《黑水城文献中的豌豆小考》，《西夏学》第八辑，上海：上海古籍出版社，2011年。
⑥ 俄罗斯科学院东方研究所圣彼得堡分所、中国社会科学院民族研究所、上海古籍出版社编：《番汉合时掌中珠》（甲种本），载《俄藏黑水城文献》第十册，上海：上海古籍出版社，1999年，第8页。
⑦ 俄罗斯科学院东方研究所圣彼得堡分所、中国社会科学院民族研究所、上海古籍出版社编：《俄藏黑水城文献》第六册，上海：上海古籍出版社，2000年，第139页。

与黄麻一样,不仅在西夏时期有所种植,而且从唐以来一直是西北主要的农作物,上文提到的《现存我国四柱结算法的最早实例——吐蕃时期沙州仓曹状上勾覆所牒研究》一文中,不仅把黄麻作为仓库结算的粮食品种,而且还记录了豌豆、麦、大麦、粟、荜豆、麻子等[①]。《从敦煌文书看唐代河西地区的商品货币经济》一文,根据池田温《中国古代籍账研究》所录文书211号、219号,辑录出了唐天宝年间河西部分商品的物价,其中粟每石210文、270文、320文、340文,小麦每石320文、370文、490文,麻每石500文,豌豆每石290文、340文、350文[②],从一侧面体现了作物的产量和供求关系。

把豌豆作为纳税的作物,在后唐、辽时期的文献中已有记载。《五代会要》后唐天成四年(929年)五月户部规定,幽定、镇沧、晋隰、慈密、青邓、淄莱、邠宁庆衍七处"节候尤晚"的地区,夏税的征收期限乃是豌豆"六月十日起征,至九月纳足"[③]。《辽史拾遗》卷一五引《宣府镇志》:"契丹统和十八年(1000年),诏北地节候颇晚,宜从后唐旧制,大小麦、豌豆,六月十日起征,至九月纳足。"[④]辽从后唐旧制,把豌豆作为租税种类,为西夏以此征税提供了先例。

西夏的地租除了交纳粮食作物,还有其他作物的征调。

> 无官方谕文,不许擅自于税户家主收取钱物、花红、麻皮等种种及摊派杂事。若违律摊派时,已纳官库内,则依纳租法判断,自食之则与枉法贪赃罪比较,从重判断。[⑤]

律令中说无官方谕文不许擅自征收,言下之意,花红等需走正常的征收途径。花红,即红花,又名红蓝,具有抗旱、耐寒、耐盐碱的特性,以土层深厚、排水良好、肥沃、中性反应的沙质壤土或黎质壤土为上,红花用途广泛,常用作药物和植物染料。西夏土产红花,灵州地区是西夏境内重要的红花种植区。《新唐书》载:"灵州灵武郡,大都督府。土贡:红蓝、甘草、花苁蓉、代赭、白胶、青虫、雕、鹘、白羽、麝、野马、鹿革、野猪黄、吉莫靴、鞟、毡、库利、赤柽、马策、印盐、黄牛臆。"[⑥]

[①] 杨际平:《现存我国四柱结算法的最早实例——吐蕃时期沙州仓曹状上勾覆所牒研究》,载韩国磐主编《敦煌吐鲁番出土经济文书研究》,厦门:厦门大学出版社,1986年,第162—187页。
[②] 郑学檬:《从敦煌文书看唐代河西地区的商品货币经济》,载韩国磐主编《敦煌吐鲁番出土经济文书研究》,厦门:厦门大学出版社,1986年,第319—343页。
[③] [宋]王溥:《五代会要》卷二五,北京:中华书局,1998年,第306页。
[④] [清]厉鹗:《辽史拾遗》,载《丛书集成初编本》卷一五,上海:商务印书馆,1936年,第328页。
[⑤] 史金波、聂鸿音、白滨译注:《天盛改旧新定律令》,北京:法律出版社,2000年,第491页。
[⑥] [宋]欧阳修:《新唐书》卷三七,北京:中华书局,1987年,第972页。

《元和郡县图志》载灵州贡赋："开元贡：甘草，青虫子，鹿皮，红花，野马皮，鸟翎，鹿角胶，杂筋，麝香，花苁蓉，赤柽，马鞭。"[1]敦煌文献中也保留了许多种植红蓝的簿册，如，S.10547《乙未年二月十四日法幷等合种蓝契》、P.3396《年代未详（公元十世纪）沙州诸渠诸人粟田历》等都是关于敦煌地区种植红蓝的文书，其中P.3396中均把"蓝"写成了"南"，这是受唐五代以来西北方音的影响[2]。甘州、敦煌后来归西夏管辖，到西夏时期，已经有了悠久的红花栽培历史。宋景德四年（1007年）于保安军置榷场，与西夏开展大规模的榷场贸易，《宋史·食货志下》载：宋"以缯帛、罗绮易驼马、牛羊、玉、毡毯、甘草，以香药、瓷漆器、姜桂等物易蜜蜡、麝脐、毛褐、羱羚角、硇砂、柴胡、苁蓉、红花、翎毛"[3]。《册府元龟》中还有将红花作为赋税上交的记载。周太祖广顺三年（953年）正月敕："（青州）其课额内，有红花、紫草、菜、淀、麻等，据时估纳钱，折丝绢。亦不得其系官桑土、牛具、什物并赐见佃人，为永业。"[4]

麻皮是苴麻的皮。《天盛律令·催缴租门》中提到两种与麻相关的作物，一种是黄麻，另一种就是麻皮。黄麻即胡麻，茎直立，果实成熟时采收，晒干、打下种子备用，主要用于榨油。苴麻长势高，秋天成熟季节割下，晒干后通过人力使其种子与秸秆分开，将秆用水浸泡数日，再将皮剥下，即成麻皮，结实坚韧，可用作捆绳等。胡麻、苴麻在宁夏等地至今仍有种植。胡麻籽粒黄棕色，呈扁卵圆形，用于榨油，为当地普遍食用的胡麻油，苴麻的秆可制成麻皮，搓成麻绳，籽粒当地称麻子，同绿豆大小，外壳薄脆，肉质香，炒制后是一种受欢迎的休闲食品。

上文所述小麦、大麦、秋、粟、糜、豌豆、黄麻是黑水城出土律令文书中西夏京畿七郡县所交地租，由于这些作物在北方地区种植较为广泛，在唐宋以来的传世文献和敦煌文书中记载较多。除了西夏的京畿，黑水城出土文书还反映了西夏边陲镇燕监军司地租的交纳情况。总的来看，这部分内容主要保留在西夏税账中，地租品种没有京畿地区那么丰富，仅为麦、杂、大麦。

编号为Инв.No.4808的《迁溜租粮计账与户租粮账》长卷，共有西夏文草书255行，由4段粘连而成。文书第一、第二段多是纳粮统计账，第三、第四段为各户纳粮账籍，下面的译文均属后者，在同一税账中交纳地租的品种不尽相同，有大麦、麦和杂、麦。

---

[1]〔唐〕李吉甫撰，贺次君点校：《元和郡县图志》，北京：中华书局，1983年，第93页。
[2]刘进宝：《唐五代敦煌种植"红蓝"研究》，《中华文史论丛》2006年第3辑。
[3]〔元〕脱脱等：《宋史》卷一八六，北京：中华书局，2014年，第4563页。
[4]〔宋〕王钦若等编纂，周勋初等校订：《册府元龟》卷四八八，南京：凤凰出版社，2006年，第5541页。

一户罗般若乐
　　大麦一石一斗五升　麦二斗[八升七合半]
一户正首领？盛曼
　　大麦四斗三升　麦一斗七合[半]
一户叔嵬西九铁
　　大麦六斗七升　麦一斗六升半
一户嵬移□茂
　　大麦一斗五升　麦三升七[合半]
一户麻则金？吉
　　大麦六斗七升　麦一斗八升七[合半]

一户地宁吉祥有
　　杂二斗　麦五升
一户嵬悉丑盛
　　杂一斗　麦二升半
一户嵬移□子
　　杂一石五斗　麦三斗七升半
一户嵬移容颜戏
　　杂七斗　麦一斗七升半
一户嵬移容颜丑
　　杂六斗　麦一斗五升二合[1]

　　第一部分文书交纳的小麦是大麦的四分之一,第二部分文书中除第五户嵬移容颜丑麦多出二合之外,麦也是杂的四分之一,因此,史金波先生认为西夏税账中的麦为小麦,杂即杂粮,很可能就是指大麦,如果是这样的话,黑水镇燕监军司的地租仅有大麦和小麦两种。从黑水城出土元代文书可知,黑水城地区除了大小麦,还种植糜子、豌豆等, M1·0989[F13:W106]《戴四哥等租田契》中租田以糜为课,载:"唐来渠西兀检师官人闲荒草□,东至唐来为界,南至民户地为界,西至草地为界,北至本地为界,四至分明,租课天雨汗种壹年,承纳糜……叁硕,平

---

[1] 史金波:《西夏农业租税考——西夏文农业租税文书译释》,《历史研究》2005年第1期。[ ]中文字为史先生补充,下文同。

旧方大斗刮量,不致短少。"①编号为M1·0233[F13:W116]的《支放口粮文书》中本应放支三个月的口粮,依例为黄米小麦相兼放支,实际需扣算"大麦莞豆相兼支付者"②。虽然这些均为元代文书,但以此可推西夏,糜、豌豆在西夏时期的黑水城也有种植,而且糜子也作为赋税交纳。编号为M1·0044[F13:W129]的《吾即玉立蒲等纳粮文卷》载,"糜子六石""十二日收本人糜子二石七斗""□日收本人糜子一石四斗""同日又收糜子九斗""又收糜子五石"③,除了这件纳粮文卷,黑水城出土元代文书还有一件M1·0047[Y1:W10]《冯智通等纳粮文书》中有"纳糜弍石"的记载④。当然,记有交纳糜、豌豆文书的数量远远少于记有交纳大麦和小麦的文书数量,说明在元代,尽管黑水城种植糜子、豌豆,但是在种植的广泛程度和交税的比例上,大、小麦占据重要位置。

西夏地租的征收以土地为准,土地上种植的作物决定地租征收的品种,除此之外,土地的肥瘠、开发的程度决定地租征收的数量,黑水城出土文书中不同区域的地租高低不等。

《天盛律令》中京畿所辖七郡县按照土地肥瘠分为五等纳租,上等一斗、次等八升、中等六升、下等五升、末等三升。五等地租的税额不见于《天盛律令》的俄译本和三种汉译本。《天盛律令》俄译本是俄罗斯著名西夏学专家克恰诺夫的译本,书名《天盛改旧新定律令(1149—1169 年)》⑤,共四册,第一册为研究篇,是他对法典的研究成果,第二、第三、第四册为法律条文的俄文翻译和20世纪80年代以前识别出的《天盛律令》西夏文刻本影印件。俄译本卷十五公布的图版从第四册第337页第二页的B面开始(见下图右面)⑥,缺少第一页和第二页的A面。这段西夏文在卷十五第一门《催缴租门》的开篇部分,没有保存。

---

① 塔拉、杜建录、高国祥编:《中国藏黑水城汉文文献》第六册,北京:国家图书馆出版社,2008年,第1259页。
② 塔拉、杜建录、高国祥编:《中国藏黑水城汉文文献》第二册,北京:国家图书馆出版社,2008年,第333页。
③ 塔拉、杜建录、高国祥编:《中国藏黑水城汉文文献》第一册,北京:国家图书馆出版社,2008年,第81页。
④ 塔拉、杜建录、高国祥编:《中国藏黑水城汉文文献》第一册,北京:国家图书馆出版社,2008年,第83页。
⑤ [俄]克恰诺夫译著:《天盛改旧新定律令(1149—1169年)》,莫斯科:莫斯科科学出版社,1987—1989年。
⑥ [俄]克恰诺夫译著:《天盛改旧新定律令(1149—1169年)》,莫斯科:莫斯科科学出版社,1989年。

第一章　黑水城文书反映的西夏赋税　>>　035

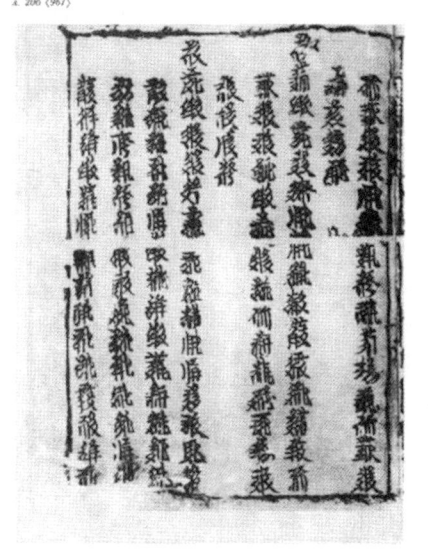 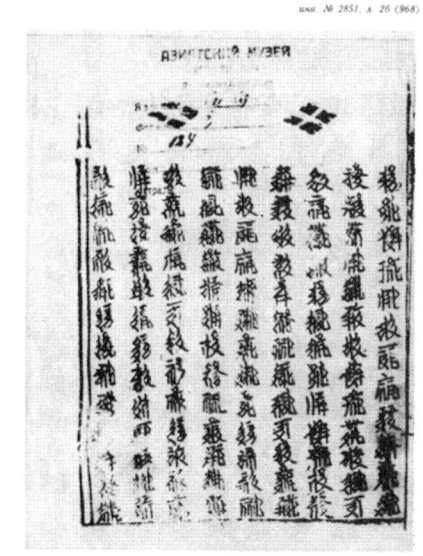

左面:《天盛改旧新定律令(1149—1169年)》卷十四末尾206
右面:《天盛改旧新定律令(1149—1169年)》卷十五开篇26

　　三种汉译本分别是宁夏社会科学院李仲三先生的译本以及中国社会科学院史金波、聂鸿音、白滨三位先生前后两次的译本。李仲三先生将克恰诺夫俄译本的第二册转译为中文,出版了《西夏法典——〈天盛年改旧定新律令〉》(1—7章)[①],卷十五并不在其中。中国社会科学院专家史金波、聂鸿音、白滨据克恰诺夫二、三、四册所附刻本图版,将西夏文直接汉译,于1994年在《中国珍稀法典集成》中出版,题名《西夏天盛律令》[②]。由于翻译的底本完全来自俄译本,缺漏亦如俄本。

　　1998年《俄藏黑水城文献》第八、第九册出版,书中刊布的《天盛律令》照片均从俄藏原件中直接拍摄,另补入克恰诺夫未曾刊出的《名略》两卷,以及近年来新识别出的《天盛律令》刻本零叶和写本照片百余帧[③]。史先生等依据此对1994年出版的《西夏天盛律令》进行补充,修订本名为《天盛改旧新定律令》,于2000年出版[④]。《俄藏黑水城文献》卷十五相比于之前的俄、汉译本所用图版,增加了保存完

---

①　[俄]克恰诺夫著,李仲三汉译,罗矛昆校:《西夏法典——天盛改旧新定律令》(1—7章),银川:宁夏人民出版社,1988年。
②　史金波、聂鸿音、白滨译:《西夏天盛律令》,北京:科学出版社,1994年。
③　史金波、聂鸿音、白滨译:《天盛改旧新定律令》,北京:法律出版社,2000年,第6页。
④　史金波、聂鸿音、白滨译:《天盛改旧新定律令》,北京:法律出版社,2000年。

整的两页,这两页内容正好能够补充《催缴租门》第一页和第二页A面,但是修订本中并没有相应的译文。

俄藏39-1,是卷十五的开篇,左右两面各9行,可补充以往所缺第一页,内容包括卷十五各门名称、京畿七郡县上等和次等土地的税额。

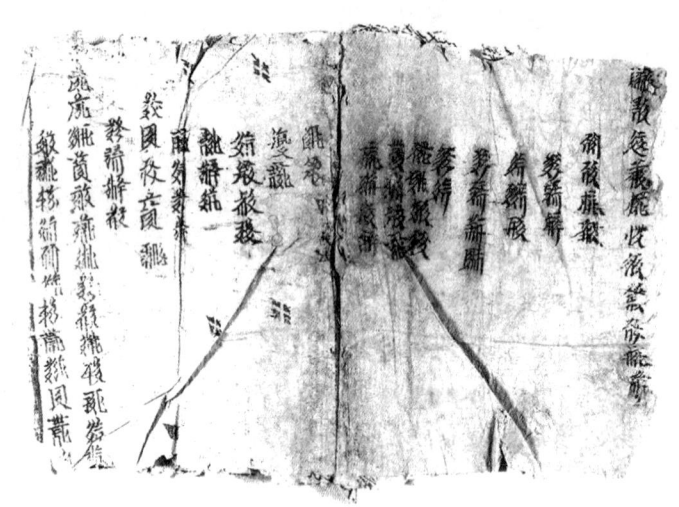

《俄藏黑水城文献》卷十五39-1

A面:
1 𗗠𗗑𗣼𗗴𗄊𗫡𗗅𗗴𗋅𗿒　　　　　天盛旧改新定律令十五第
2 　𘆝𘉋𗗅　　　　　　　　　　　合十二门
3 　𗤒𗢭𗐱　　　　　　　　　　　租催纳
4 　𘒏𗗅𘆝　　　　　　　　　　　地闲取
5 　𗤒𗢭𘃸𗴂　　　　　　　　　租催罪功
6 　𗤒𗢭　　　　　　　　　　　　租地
7 　𗥦𗢭𘃸𗗅　　　　　　　　　　春渠开事
8 　𗊢𘃸𗤒𗴂　　　　　　　　　　养草水监
9 　𗫡𘃸𗰖𗐱　　　　　　　　　　冬草条纳

B面:
1 　𘍞𗴂　　　　　　　　　　　　渠水
2 　𗉛𗨳　　　　　　　　　　　　桥道

第一章　黑水城文书反映的西夏赋税 >> 037

3　𗧊𗥤𗼕𗣼𗤶　　　　　　　　　　　地水杂事
4　𗼃𗥤𗖻𗕿　　　　　　　　　　　　谷纳请
5　𗄼𗤶𗧊𗤋𗴂　　　　　　　　　　　未地租纳
6　𗤋𘎳𗤋𗤶𘟂　　　　　　　　　　　分八十七条
7　𗤋𗫡𗴂𗴂　　　　　　　　　　　　租催纳门
8 𗴂𗤋𘃎𘎳𗤋𗖻𗤶𘟂𗤋𗴂𗖻𗄼𗴂　　　一京师城七处郡县税户家主上地好
9 𗄼𗫡𗴂𗄼𗫡𗴂𗫡𗼕𘎳𘟂𗴂　　　　坏〈 〉一亩之上一斗次八升 甲

已公布图版中卷十五从俄藏39-2开始，为残存的左半页，以往译文受图版制约，也是从B面开始翻译的。39-15是《俄藏黑水城文献》新增的一页，置于同卷的《春开渠事门》，经过与39-2比较，当为同一版本，刚好能够补充俄译本第二页即39-2A面所缺内容，并与上、下文缀合，反映了京畿七郡县中等、下等、末等土地的税额、交税时间，以及催缴环节中十一月月末以前的工作。

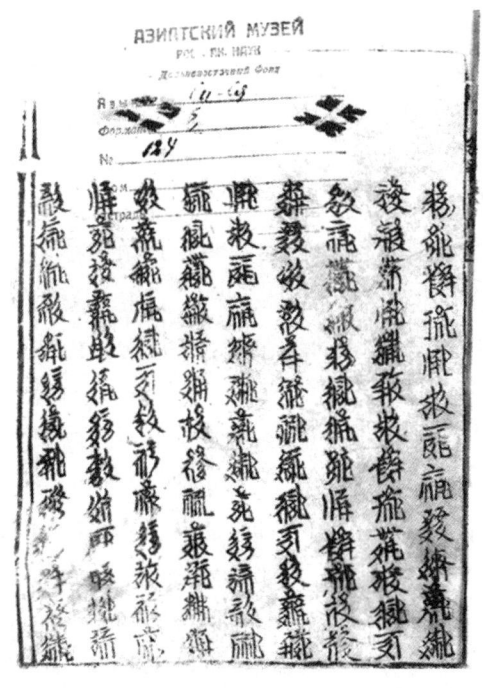

《俄藏黑水城文献》卷十五39-2

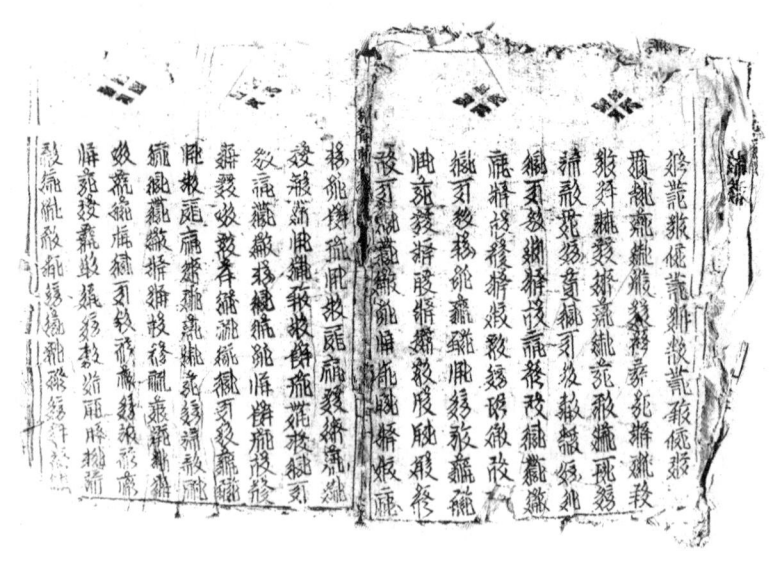

《俄藏黑水城文献》卷十五39-15

A面：

1	西夏文	六升下五升尾三升等五等
2	西夏文	谷物郡县所分为各自纳〈〉下
3	西夏文	方在依所有郡县人熟时上使
4	西夏文	催促夏苗七月初一及秋苗九
5	西夏文	月初一日纳乃自为十月月末至
6	西夏文	皆纳乃毕凭据数使收敛十一
7	西夏文	月初一都转运司院使告转运
8	西夏文	司人所纳未纳多数登记簿愿为
9	西夏文	十一月月末至周期内簿册凭据皆

新增《催缴租门》两页与之前已有译文缀合为：京畿七郡县税户家主，视土地优劣每亩纳地租上等一斗、次等八升、中等六升、下等五升、末等三升等五等。各郡县所纳谷物如下，成熟时各郡县人当催促，夏苗自七月初一，秋苗自九月初一，至十月底交纳完毕，收取凭据，十一月初一当告都转运司，转运司人登记应纳未纳数，至十一月月末簿册、凭据当引送都磨勘司，所属郡县管事、大人、司吏等当往磨勘。自腊月初一至月末，一个月期间当磨勘完毕，所遗尾数当明之。正月初一转运司当引送，令催促所属郡县人，令至正月末毕其尾数。若其中有遗尾数

者,二月初一当告中书,遣中书内能胜任之人,视地程远近、所催促多少,以为期限①。

"京畿七郡县"为上文中的灵武郡、保静县、临河县、定远县、怀远县、治源县和华阳县。这些郡县以土地肥瘠划分交税的等级,有上、次、中、下、末五等,上等每亩地交纳一斗,次等每亩交八升,中等每亩交六升,下等每亩交五升,末等每亩交三升。"各郡县谷物如下"指的"麦一种,灵武郡人当交纳。大麦一种,保静县人当交纳。黄麻、豌豆二种,华阳县家主当分别交纳。秫一种,临河县人当交纳。粟一种,治源县人当交纳。糜一种,定远、怀远县人当交纳。"②"成熟时各郡县人当催促"反映了地租随熟随交的特点。"夏苗自七月初一,秋苗自九月初一,至十月底交纳完毕",是地租交纳的时间,分夏、秋两季,至十月底结束。"收取凭据"是纳税之后,法律规定需给纳税人发放完税凭据,同时官方也有一份留底,这里收取的是官方用来统计已纳地租数的凭据,目的是掌握应纳、未纳地租,以便催缴。从"十一月初一当告都转运司,转运司人登记应纳未纳数,至十一月月末簿册、凭据当引送都磨勘司"开始叙述催缴的过程。文中前有都转运司、都磨勘司,后为转运司、磨勘司,二者职能相同,设置在京畿的是前者。十月底纳税期结束后紧接着进入催租的环节,从十一月至来年正月催缴租的主体是地方,由郡县、都转运司、都磨勘司负责,仍有剩余者,来年二月交由中央,由中书派遣官员进行收尾。

黑水城出土西夏账册反映了黑水镇燕监军司的土地税税额,为每亩地交纳1.25升,其中小麦0.25升,其税额远远低于《天盛律令》所载京畿七郡县五等租的最末等。西夏税账1755/4号文书中的第四户土地、税粮、小麦数保存完整,可以据此算出杂粮数和每亩所交税粮数。

　　[一顷五十亩税一石八斗七升半](1)
　　[杂一石]五斗　麦三斗七升半
　　……[三]十亩税三斗七升半(2)
　　[杂三]斗　麦七升半
　　……山[三]十亩税三斗七[升半](3)
　　[杂三]斗　麦三七升半

---

① 文中加粗字体为已有译文,见史金波、聂鸿音、白滨译注:《天盛改旧新定律令》,北京:法律出版社,2000年,第489页。"大人"原译文未识,今补。
② 史金波、聂鸿音、白滨译注:《天盛改旧新定律令》,北京:法律出版社,2000年,第489页。

……一顷五十亩税一石八斗七(4)
　　　　　　升半
　　[杂一]石五斗　麦三斗七升半
　　……吉七十亩税八斗七升[半](5)
　　[杂七]斗　麦一斗七升半
　　……一顷三十九亩税一石(6)
　　[七斗三升七合半]
　　[杂一石三斗九升　麦三斗四升七合半]

无独有偶，1178/1号每亩纳杂粮、小麦数等，均与1755/4号文书中的税额一致。

　　……[杂一]石五斗　麦三斗七升半(1)
　　……乐一顷四十八亩税一石[八斗](2)
　　　五升
　　[杂一石]四斗八升　麦三斗七升……
　　……死续子般若盛一顷四十三(3)
　　　亩税一石七斗八升七合[半]
　　[杂一石]四斗三升　麦三斗三升二
　　……吉二十八亩税三斗五升(4)
　　[杂二]斗八升　麦七升
　　……有七十二亩税九[斗](5)
　　[杂七]斗二升　麦一斗八升①

同是黑水城出土文献，《天盛律令》中的五等地租明确规定的适用范围是京畿地区，包括灵武郡、保静县、华阳县、临河县、治源县、定远县、怀远县，西夏税账为黑水城地区即镇燕监军司农户交纳地租的登记册，由于土地、灌溉、降雨量等差异，所纳地租出现了较大的差异。

西夏境内大致分为河套灌溉农业区、荒漠与半荒漠牧区、农牧相兼的半农半

---

① 史金波：《西夏农业租税考——西夏文农业租税文书译释》，《历史研究》2005年第1期。括弧内系史先生所加各户顺序号，下同。其中1178/1号文书第四户译文中补为"[杂一石]斗八升"，税粮数减去小麦数，当为"二斗八升"。

牧区。京畿地区属于河套灌溉农业区，大致位于兴灵平原，以贺兰山作为屏障，有黄河水灌溉，是西夏境内最适宜进行农业生产的区域之一。《续资治通鉴长编》载："夏国赖以为生者，河南膏腴之地，东则横山，西则天都、马衔山一带，其余多不堪耕牧。"①这是宋臣吕大忠在哲宗元祐年间所上奏章中的一段话，概括了西夏的农业生产区，主要分布在河南以及夏境的东面和西面，河南的膏腴之地指的就是黄河以南的兴灵一带。此外，《续资治通鉴长编》还说灵州"地方千里，表里山河，水深土厚，草木茂盛，真牧放耕战之地"②。

作为西夏的农业产区，兴灵平原不仅自然环境适宜耕种，而且有多条渠道用于灌溉。秦家渠、汉延渠、艾山渠、七级渠、特进渠、唐徕渠等历朝历代修建的水利设施在西夏时期加以浚通，为农业生产提供了重要的保障。特别是汉延、唐徕两条引黄灌渠，从开凿之日起就成为支撑兴灵地区农业发展的重要水利工程，发展至西夏，《天盛律令》中更将其认定为"官渠"，渠道由官方统一维修，水源由官方统一调配。

凭借肥沃的土地和充足的水源，京畿一带成为西夏重要的粮食产区。距灵州不远的鸣沙川被誉为西夏的"御仓"。元丰四年（1081年），北宋泾源兵欲至灵州，备粮不足，取道鸣沙，得窖藏米百万。刘昌祚曰："离汉时运司备粮一月，今已十八日，未到灵州，倘有不继，势将若何？吾闻鸣沙有积粟，夏人谓之御仓，可取而食之，灵州虽久，不足忧也。"既至，得窖藏米百万，为留信宿，重载而趋灵州③。都城兴庆府周围之摊粮城也储藏有数量众多的粮食。重熙十九年（1050年）七月，辽军进至兴庆府周围，纵兵大掠，攻破贺兰山西北之摊粮城，抢劫西夏仓粮储积而去。

黑水镇燕监军司为汉代居延海，地处偏远，周边是沙漠，风沙大，降雨少，相比于京畿地区所在的兴灵平原，黑水城属于环境较为恶劣的荒漠半荒漠区。编号为M1·0083[F257:W6]的元代《屯田栽树文书》载："本处地土多系硝碱沙漠石川，不宜栽种。"④编号为M1·0632[F116:W242]的《麦足朵立只答站户案卷》载：黑水城"地土大半硝碱不堪耕种"⑤。《元史》中也有类似的记载，"亦集乃路，下。在甘州北一千五百里，城东北有大泽，西北俱接沙碛"⑥，城东北的大泽指的就是黑

---

① [宋]李焘：《续资治通鉴长编》卷四六六，元祐六年九月壬辰条，北京：中华书局，2012年，第11129页。
② [宋]李焘：《续资治通鉴长编》卷四四，咸平二年六月戊午条，北京：中华书局，2012年，第947页。
③ [宋]李焘：《续资治通鉴长编》卷三一八，元丰四年十月辛巳条，北京：中华书局，2012年，第7697页。
④ 塔拉、杜建录、高国祥编：《中国藏黑水城汉文文献》第一册，北京：国家图书馆出版社，2008年，第123页。
⑤ 塔拉、杜建录、高国祥编：《中国藏黑水城汉文文献》第四册，北京：国家图书馆出版社，2008年，第782页。
⑥ [明]宋濂等：《元史》卷六〇，北京：中华书局，1983年，第1451页。

水,黑水城的生产和生活主要依赖发源于祁连山的黑水。尽管这些记载都来自元代,但从黑水城出土西夏卖地契约、租地契约以及户籍文书中数量众多的大、小渠道,如自属渠尾左渠、普刀渠、灌渠、四井坡渠、自属酪布坡渠、官渠、普渡寺属渠尾左渠、新渠、律移渠、习判渠、阳渠、刀砾渠、七户渠①等,就可以看出,黑水城渠道的规模不大,没有出现兴灵一带诸如唐徕渠、汉延渠这样流程远、辐射广、规模大的干渠。通过比较,黑水镇燕监军司无论是自然环境还是水利设施与京畿都还存在着一定的差距,使得农作物的生长受到限制,所纳地租数量也会相应减少。

西夏境内除了不同区域交纳地租有多有少以外,土地开发的程度也会对农作物的收获和地租的征收有所影响。黑水城出土西夏卖地契约中往往有土地熟生的记载,《天庆寅年正月二十四日邱娱犬卖地契》中卖地人邱娱犬将自属渠尾左渠相接一块撒二十石种子熟生地及宅舍院全四舍房以杂粮十五石、麦十五石的价格出卖。通常认为熟地是已经开发的土地,生地是未开垦的土地。契约中的熟生地刚好与《天盛律令》中的内容相互印证。

> 诸人地簿上之租地边上,有自属树草、碱地、泽地、生地等而开垦为地者,则可开垦为地而种之。开自一亩至一顷,勿为租役草,当以为增旧地之工。有开地多于一顷者,除一顷外,所多开大小数当告转运司。三年毕,堪种之,则一亩纳三升杂谷物,役草依边等法为之。彼诸人新开至一顷之地,不许告举取状。若违律告举取状,导助者等有官罚马一,庶人十三杖。若多开于一顷以上,依边等法,与逃避租役草同样判断。已告日毕,局分处不过问,察量者之租等级以顷亩低入高时,与边等占据闲地,逃避租役草,入虚杂之罪状同样判断。②

土地的熟、生是影响土地买卖、赋税交纳的一个因素,因此,官方在制定赋税政策时也会有这方面的考虑。自属树草、盐碱地、泽地、生地等属于尚未开垦的闲荒土地,且树草等土壤条件不好,影响农作物的生长,开垦为耕地后,收获的数量短时间内少于其他耕地。因此西夏法律规定开垦一亩至一顷不用交纳租役

---

① 史金波:《黑水城出土西夏文卖地契研究》,《历史研究》2012年第2期;《黑水城出土西夏文租地契研究》,载《吴天墀教授百年诞辰纪念文集》,成都:四川人民出版社,2013年;《西夏户籍初探——4件西夏文草书户籍文书译释研究》,《民族研究》2004年第5期。

② 史金波、聂鸿音、白滨译注:《天盛改旧新定律令》,北京:法律出版社,2000年,第495页,"碱地"原作"池地"。

草,多于一顷,超过的部分三年之后作物长势稳定,每亩纳三升杂谷物,役草依边等法。若在法律允许范围内告举取状或多开土地,都要受到相应的处罚,若局分处不过问,逃避租役草时,与入虚杂罪同样判断。律令中"一亩纳三升杂谷物"与京畿末等地租税额一致,是充分考虑到土壤条件后制定的粮食税征纳标准。除了自属闲荒土地,还有两种土地,西夏法律也有这方面的考量。

> 诸人无力种租地而弃之,三年已过,无为租役草者,及有不属官私之生地等,诸人有曰愿持而种之者,当告转运司,并当问邻界相接地之家主等,仔细推察审视,于弃地主人处明之,是实言则当予耕种谕文,著之簿册而当种之。三年已毕,当再遣人量之,当据苗情及相邻地之租法测度,一亩之地优劣依次应为五等租之高低何等,当为其一种,令依纳地租杂细次第法纳租。①

文中有两种类型的土地:一是无力种租地而弃之,三年已过,无为租役草者,可以定义为抛荒地;另一种是不属官私之生地,即为生地,这两种土地开垦为耕地后,以时间为限,三年之内不纳租役草,期满后,按照农作物的长势参照相邻土地的赋税征收等级给这块土地定级,为上、次、中、下、末五等之一等,正常交纳租役草。同样是新开垦的土地,由于个人私地旁边的树草、碱地、泽地、生地等土地情况不如抛荒地或官私以外生地,即使开垦为熟地之后,树草、碱地的作物收获量仍然不高,因此减免赋税的力度更大。而抛荒地或官私以外生地,开垦三年之后,与其他的土地并无区别,故而依据正常的标准交税。

三、征税时间和催缴

西夏京畿地区实行的是两税,分夏、秋两季征收赋税。上文新补充的俄藏黑水城《催缴租门》载:京城七郡县交纳地租的时间是夏苗七月初一,秋苗九月初一,至十月末交纳完毕。通常遵循随熟随交的原则,农作物的收获期决定交税的时间。《天圣令》中交税的时间主要取决于收获的早晚以及路程险易远近,即"本州收获讫发遣""随熟即输"。

> 诸租,准州土收获早晚,斟量路程险易远近,次第分配。本州收获讫发

---

① 史金波、聂鸿音、白滨译注:《天盛改旧新定律令》,北京:法律出版社,2000年,第492页。

遣,十一月起输,正月三十日纳毕。其输本州者,十二月三十日纳毕。若无粟之乡输稻麦者,随熟即输,不拘此限。纳当州未入仓窖及外配未上道,有身死者,并却还。①

黑水城出土西夏《月月乐诗》描述了西夏人的耕作时间,七月开始稻谷逐渐成熟,将近九月已经收割完毕,收税人开始走动,一家一家收税。文中稻谷成熟的时间刚好与《天盛律令》"夏苗七月一日"的交纳时间吻合。

七月里:
各种各样的禾谷成堆,家畜野禽都变肥体壮。……时光流逝,渐进八月。山岗平原洒满阳光,金灿灿的稻谷渐渐成熟。锦绣大地上成长着稻谷,在田野中静静伫立。收税人开始四处走动,一家家地收税。……人们在追捕鹿群,收割稻谷。

八月里:
山岗草原洒满金黄的阳光,五谷已经成熟。……人们在追捕鹿群,收割粮食。……时光流逝,将近九月。稻谷已收割完毕。

九月里:
田野上的收割已经结束。高的地方已降了霜。……各种蔬菜都已成熟。日常饮食中最需要的几种蔬菜,都以各种方法储存过冬。浓妆艳抹,梳妆打扮,音乐声响彻入云,国内欢声阵阵。丰收了白花花的大麦,黄灿灿的小麦。粮袋装满——肚子和内心都得到满足!时光流逝,将近十月。屯满库足,聪明的人在休息。②

在西夏所应交纳的种种粮食作物中,小麦大致成熟于七月。P.4021号《庚子年(公元940年?)某寺寺主善住领得历》记录的是归义军时期瓜沙地区麦子收割后,租种寺院厨地的常住百姓或者俗间民户向寺主纳租的事,时间在七月以后,有麦、黄麻两种粮食作物,曰:"庚子年七月已后,寺主善住领得诸渠厨田抄录,谨

---

① 天一阁博物馆、中国社会科学院历史研究所天圣令整理课题组校证:《天一阁藏明钞本天圣令校证:附唐令复原研究》(下),北京:中华书局,2006年,第269页。
② 克恰诺夫、李范文、罗矛昆:《圣立义海研究》,银川:宁夏人民出版社,1995年,第17—18页。

具如后:于千渠张谮奴手上领得麦伍硕,黄麻陆斗。于大让张胡胡手上领得麦壹硕壹斗。"[1]敦煌研究院藏卷001+董希文藏卷+P.2629号《年代不明(公元964年?)归义军衙内酒破历》第54、61、64行也记载了七月割麦酿酒的事,载:"三日,城西庄刈麦酒壹瓮""十二日,南沙刈麦酒壹瓮""廿日,官圈刈麦酒壹瓮。"[2]

大麦九月收割,糜成熟于八月。在黑水城出土西夏文文献《圣立义海·九月之名义》中有:"粳稻、大麦,春播灌水,九月收也。"[3]《山之名义》载:"焉支上山,冬夏降雪,炎夏不化。民庶灌耕,地冻,大麦、燕麦九月熟。"[4]《八月之名义》中,糜的收获季节是八月,载:"国人收庥,八月时凉,庥熟,国人收割。"[5]

粟大致的成熟期在十月。汉晋唐史专家张泽咸先生说,"从唐代载籍中所见大量有关粟的资料,得知当时所种粟谷可分早、晚两个品种,早粟在六、七月收获,晚粟通常在八、九月乃至十月初才收获"[6],西夏境内的粟应该属于晚熟粟,《碎金》中所说"来牟豆长大,粟黍秌熟迟"[7]。《续资治通鉴长编》神宗元丰三年(1080年)闰九月,辛亥条下记:"泾原路督总管司、走马承受梁安礼奏,本路粟、麻、荞麦、大豆等丰熟。"[8]泾原路属宋夏沿边,既然泾原路的粟闰九月成熟,那么西夏境内的也应大致在这个时间,也就是十月份前后。

地租至十月末交纳完毕后,进入催缴阶段。催缴的时间从十一月初至来年二月,由所属郡县、都转运司、都磨勘司和中书负责,其中所属郡县、都转运司、都磨勘司为催缴过程中的主要负责机构。所属郡县为地方基层管理机构,是征缴工作最直接的负责人。都磨勘司的职能是审核地租簿册、纳税收据。都转运司在催缴的过程中,不仅要做好上传下达的工作,并且要参与到催缴的工作中来,登记所余数额,催促、监督郡县人。中书是最上层的管理机构,只有在地租几经催促不果的情况下,中书才会派遣人员进行催促。西夏京畿催缴地租各个阶段的工作安排如表1所示:

---

[1] 唐耕耦、陆宏基编:《敦煌社会经济文献真迹释录》第三辑,北京:全国图书馆文献缩微复制中心,1990年,第130页。
[2] 唐耕耦、陆宏基编:《敦煌社会经济文献真迹释录》第三辑,北京:全国图书馆文献缩微复制中心,1990年,第274页。
[3] 克恰诺夫、李范文、罗矛昆:《圣立义海研究》,银川:宁夏人民出版社,1995年,第53页。
[4] 克恰诺夫、李范文、罗矛昆:《圣立义海研究》,银川:宁夏人民出版社,1995年,第59页。
[5] 克恰诺夫、李范文、罗矛昆:《圣立义海研究》,银川:宁夏人民出版社,1995年,第52页。
[6] 张泽咸:《唐五代赋役史草》,北京:中华书局,1986年,第21页。
[7] 聂鸿音、史金波:《西夏文本〈碎金〉研究》,《宁夏大学报》(社会科学版)1995年第2期。
[8] [宋]李焘:《续资治通鉴长编》卷三〇九,神宗元丰三年闰九月辛亥条,北京:中华书局,2012年,第7498页。

表 1　西夏京畿催缴租时间表

时间	负责机构	主要工作	惩罚
至十月末	所属郡县	征收地租、收取凭据	告交地租簿册、凭据迟缓,自一日至二十日,杖十三至徒一年不等
十一月	都转运司	依据交税凭据和簿册,登记已纳、未纳地租数额	引送磨勘司延误,与上述罪状相同
十二月	都磨勘司	审计地租簿册、注明遗留尾数	磨勘逾期,与上述罪状相同
正月	都转运司、郡县	都转运司再催促郡县人交纳剩余地租	
二月	中书	遣能胜任之人,视地程远近、所遗数额,重新判断期限,若确为缓交,逾期处罚,因库门开迟,再定期限	

郡县是西夏的基层机构,负责征税、催缴,都转运司、都磨勘司并不直接参与催税,仅仅负责簿册的统计和磨勘。黑水城出土文书《催租罪功门》中都转运司的任务是指挥、催促郡县,而非下到基层催征,言下之意,郡县作为地方的管理机构,是催缴的第一线,直接负责催征,载:"都转运司大人、承旨勿入催促地租中,当紧紧指挥、催促所属郡县内人。"①在规定交税的期限之内,郡县在十一月初一前将已经登记有交纳地租信息的簿册、纳税凭据交至都转运司,载:"所属郡县局分大小人交纳种种地租多少,十一月一日于转运司不告交簿册、凭据,迟缓时罪:自一日至五日十三杖,五日以上至十日徒三个月,十日以上至二十日徒六个月,二十日以上一律徒一年。"②郡县送达纳税簿册、凭据,经都转运司统计、都磨勘司复核过后,如果没有足额交纳,催缴的任务再次返回郡县。

转运司是地方财税的监管者,西夏的转运司主要在赋税、土地方面负有责任。《催缴租门》所载催税内容主要由都转运司负责,都转运司是西夏设置于京师的机构,转运司是设置于地方的机构,二者在机构设置、内部官员数量上稍有差别,都转运司在赋税征收的过程中有催缴赋税、登记纳税簿册、发放缴税凭据、检校白册、监督税草捆扎式样、管理地簿等职能。在催缴过程中,都转运司充当地

---

① 史金波、聂鸿音、白滨译注:《天盛改旧新定律令》,北京:法律出版社,2000年,第494页。
② 史金波、聂鸿音、白滨译注:《天盛改旧新定律令》,北京:法律出版社,2000年,第490页。

方与中央的纽带,向下指挥郡县,向上某种程度对中书负责,同时接受都磨勘司的监督。地方的催征到都转运司为止,若仍有遗留,上报中央,由中书派遣官吏再行催促。从十一月至来年二月,都转运司主要负责两个周期的工作:第一个周期是在十一月,都转运司将郡县上递的簿册、收据进行汇总,载:"诸郡县转交租,所属租役草种种当紧紧催促,收据当汇总,一个月一番,收据由司吏执之而来转运司。"①从十一月初一至月末都转运司利用地租簿册和纳税收据,统计、登记已纳地租数和未纳数,并于十二月一日送至都磨勘司,载:"转运司人将簿册、凭据种种于十一月一日至月末一个月期间引送磨勘司不毕,逾期延误时,大人、承旨、都案、案头、司吏等一律与前述郡县局分大小误期罪状相同。"②第二个周期是在来年正月,都磨勘司将审计复核后的簿册返回,都转运司依据簿册注明遗留尾数,继续指挥郡县人催税,至正月末交纳所余尾数,如仍未交足当告中书。

都磨勘司为西夏的审计机构,在某种程度上类似于宋代的三司都磨勘司或者都磨勘司,负责账籍审计事宜,对地方财税机构转运司起监督的作用。已纳、未纳地租数经都转运司统计后,由都磨勘司再度复核,自腊月初一至月末,一个月间磨勘完毕,载:"磨勘司人腊月一日持来簿册、凭据,至腊月末一个月期间磨勘不毕而逾期时,大人、承旨、都案、案头、局分人之延误罪依转运司局分大小罪状法判断。"③磨勘后的簿册注明所余尾数,返回都转运司,由都转运司在正月一个月的周期内指挥郡县再行催促。

中书是催缴工作的最后一棒。经过了郡县、都转运司、都磨勘司,再由都磨勘司、都转运司到郡县,时间从十一月初至来年二月初,催缴的工作由基层上升到了中央,层层催促之后仍有未足额交税者,由中书选任能胜任之人,视地程远近、催促数量的多少,判断最终的期限。因缓交逾期,责令处罚,若因库门迟开,依据库门开迟的天数,再划定期限。至此,催租工作基本结束,在这个系统的催缴过程中,每一个环节工作一个整月,法律明确规定了相关负责机构、职能及惩罚措施,目的是保证税收及时、足额的征收。

地租催缴工作结束后,西夏官方针对催征官员的完成情况,制定了详细的奖惩措施。将应纳地租数分为十分,对十分全不纳、九分纳一分纳、十分全纳等十一种情况,一一做了奖惩规定,既给催缴官员增加了压力,也充分调动了他们工作的积极性,为地租征收工作的完成提供了制度上的保障。黑水城出土《催租罪

---

① 史金波、聂鸿音、白滨译注:《天盛改旧新定律令》,北京:法律出版社,2000年,第507页。
② 史金波、聂鸿音、白滨译注:《天盛改旧新定律令》,北京:法律出版社,2000年,第490页。
③ 史金波、聂鸿音、白滨译注:《天盛改旧新定律令》,北京:法律出版社,2000年,第491页。

功门》规定：

> 催促租之大人，于税户种种地租期限内已纳未纳几何，于全部分为十分，其中九分已纳一分未纳者勿治罪，八分纳二分未纳当徒六个月，七分纳三分未纳徒一年，六分纳四分未纳徒二年，五分纳五分未纳徒三年，四分纳六分未纳徒四年，三分纳七分未纳徒五年，二分纳八分未纳徒六年，一分纳九分未纳徒八年，十分全未纳徒十年。若十分全已纳，则当加一官，获赏银五两，杂锦上衣一件。①

黑水城出土西夏文卖地契从侧面反映了西夏地租交纳的问题。目前已经汉译的12件黑水城出土西夏文卖地契中，立契时间详细到月的有11件，仅Инв.No.5010《天盛二十二年寡妇耶和氏宝引等卖地契》没有月份，其余均有确切的时间。在保存有立契月份的契约中，仅Инв.No.4199天庆丙辰年（1196年）梁善因熊鸣卖地契立契时间是六月十六日。也就是说12件已经汉译的卖地契中，10件的立契时间集中在正月、二月（见表2）。以往在解释原因时，认为正月、二月正是农村青黄不接的时期，土地是农民赖以生存的基本生产资料，除非万不得已不会轻易出卖，这些卖地契约反映出一部分生活困难、缺乏口粮度日的贫民只能靠出卖土地换取口粮。这些卖地契显示出当地在正月、二月便有不少农户缺乏粮食，也可能在前一年有特殊的天灾等异常情况发生，使粮食减产，从而导致农民秋收后不到半年便断粮，不得已卖地换粮②。在分析了催缴租税的程序之后，我们再来看这个问题。正月、二月是催缴地租的最后期限。正月是都磨勘司审核已纳、未纳数后返回都转运司，由都转运司指挥郡县再行催促的周期。从正月初至正月末是地方催缴的最后期限，如若仍有未完结数上报中书，由中书视情况而定，是仓库开迟的原因，还是税户迟迟未缴，因库门开迟则可再宽限数日，若为缓交逾期者，则对税户有所惩罚。因此，逾期未交的税户会竭尽全力赶在受罚之前交足地租。

---

① 史金波、聂鸿音、白滨译注：《天盛改旧新定律令》，北京：法律出版社，2000年，第493页，"杂锦上衣一件"原作"杂锦一匹"。
② 史金波：《黑水城出土西夏文卖地契研究》，《历史研究》2012年第2期。

表2　邱娱犬等卖地契信息表

编号	立契人	立契时间	卖地数	地租
Инв.No.5124-2	邱娱犬	正月二十四日	撒20石种子地及宅舍	五斗中麦一斗
Инв.No.5124-1	梁老房酉	正月二十九日	撒15石种子地及房屋、树等	二石，其中有四斗麦
Инв.No.5124-7、8	恶恶显令盛	正月二十九日	撒8石种子地及房、树	五斗，其中有一斗麦
Инв.No.5124-9、10	梁势乐酉	二月一日	撒10石种子的地及房舍	五斗，其中有一斗麦
Инв.No.5124-4	庆现罗成	二月一日	撒10石种子的地及房屋、农具、树园	一石，其中有二斗麦
Инв.No.5124-5、6、1	梁势乐娱	二月二日	撒5石种子地	七斗，其中有一斗四升麦
Инв.No.5124-12、13	每乃宣主卖地契	二月二日	撒5石种子地	五斗，其中一斗麦
Инв.No.5124-16	平尚岁岁有	二月六日	撒3石种子地及房舍	八斗杂粮、二斗麦
Инв.No.4193	麻则老父子	正月五日	23亩及院落	
Инв.No.4194	小石通判	二月二十二日	撒100石种子地及院舍	

注：资料来源于史金波：《黑水城出土西夏文卖地契研究》

图表的"立契时间"一列中，时间多在正月末或二月初，为了足额交纳，不惜卖掉土地，而对于有些农户来说，所卖土地为唯一的生活来源。Инв.No.5124-1的立契人梁老房酉在卖掉土地的同一天签订了另一份租佃契约——黑水城出土Инв.No.5124-3租地契，也就是说梁老房酉在卖掉了土地和房舍之后紧接着又租种了一块土地维持生计。

图表的"地租"一列中，可以看出卖地的10件契约中，有8件标有地租，这些地租是与土地一起转让的，而地租连同土地一起转让并非西夏的硬性规定，Инв.No.5010天盛二十二年（1170年）寡妇耶和氏宝引卖地契中在醒目的位置明确标记"税已交"。将租税情况写在契约中是为了避免日后的争讼，所以我们更有理由相信能让这些小土地所有者集中卖掉赖以生存的土地、房舍的原因，可能是他们经历战争、天灾之后，眼看到了收获的季节收成欠佳，但催缴的期限已到，所属郡县一次次遣人来催，税户无力承担地租，为避免被罚，不得不将拖欠的地租连同土地一同转让，由新买主交税，同时换取粮食，维持生计，或者租佃土地，由自耕农沦落为佃农。

这里要特别强调的是 Инв.No.4194 契约中的卖地人小石通判,他的立契时间为二月二十二日,从催缴的环节来看,已经超出了地方催缴的时间,理应由中书遣人催交。但他的卖地情况与其余几户并不相同。从图表"卖地数"一列可见,除小石通判外,其余8户均为小土地所有者,所卖土地从撒3石种子的土地至撒20石种子的土地不等,而小石通判所卖土地为撒100石种子的土地,地价200石杂粮,故而推断,他并非小土地所有者,而是地主,卖地原因或许不能用无力交税来解释。

西夏税户所纳地租须送至官库。《纳领谷派遣计量小监门》形象地描绘了一幅纳租入库的场面:每当纳租时节,负责计量的小监与负责监督的巡察者同坐于库门口,按照登记的簿册,逐一念纳粮者的名字,被叫到名字后,纳粮者依数称粮、入库,纳完之后,取回记有斛斗总数和计量小监手记的收据,作为凭证。

> 纳种种租时节上,计量小监当坐于库门,巡察者当并坐于计量小监之侧。纳粮食者当于簿册依次一一唤其名,量而纳之。当予收据,上有斛斗总数、计量小监手记,不许所纳粮食中入虚杂。计量小监、局分大小之巡察者巡察不精,管事刺史人中间应巡察亦当巡察。若违律,未纳而入已纳中,为虚杂时,计未纳粮食之价,以偷盗法判断。受贿则与枉法贪赃罪比较,从重者判断。未受贿,检校未善者,有官罚马一,庶人十三杖。[①]

除了原有簿册,计量小监根据所纳粮食数造一新册,纳粮完毕时,以新、旧簿册核对,相同无差,然后为清册一卷,附于状文之后,送至中书。中书处再次核校新、旧簿册。

> 计量小监人除原旧本册以外,依所纳粮食之数,当为新册一卷,完毕时以新旧册自相核校,无失误参差,然后为清册一卷,附于状文而送中书。中书内人当再校一番,有不同则当奏,依有何谕文实行。同则新旧二卷之册当藏中书,新簿册当还之,送所管事处往告晓。[②]

入库的粮食要做到两点:精、干。精,是指经过充分簸扬,去除尘土、瘪子等,粮食的品质好。干,是指经过足够晾晒,去除多余的潮气,粮食干燥。这样既能

[①] 史金波、聂鸿音、白滨译注:《天盛改旧新定律令》,北京:法律出版社,2000年,第513页。
[②] 史金波、聂鸿音、白滨译注:《天盛改旧新定律令》,北京:法律出版社,2000年,第514页。

保证纳粮的质量,同时入库后能够更长久地保存。《纳领谷派遣计量小监门》载:"地边、畿内来纳官之种种粮食时,当好好簸扬,使精好粮食、干果入于库内。"①宋代《仓库令》中也有类似的规定,要求粮食干、净,并划分等次,同次第者,先远后近,载:"诸受税,皆令干净,以次第收牓。同时者,先远后近。"② 执库小监、出纳等三年迁转,迁转前与新局分从十月十一日起开始交接,交接时需簸扬粮食,若其中有尘土、不堪簸扬,损毁计入前执库小监、出纳,从现存粮食的总额中减去损毁数,不足,则当赔偿。官库中的粮食是允许有损耗的,"诸库局分人粮食库三年当迁转,种种粮食一斛依前可耗减七升、五升、三升"③。具体是"掌库者一斛可耗减五升""马院予马食者簸扬,则一斛可耗减七升""米、谷二种,一斛可耗减三升"④。

粮食出库计量所需人工与库局分人数相关,若粮食多,司衙、刺史等根据粮食等次、交接时间等,分派人工,工作完毕当遣散,交接的期限依据粮食的数量而定,按规定:

  一千斛以下十日。
  一千斛以上至二千斛十五日。
  二千斛以上至五千斛一个月。
  五千斛以上至一万斛四十日。
  一万斛以上至一万五千斛五十日。
  一万五千斛以上至二万斛六十日。
  二万斛以上至二万五千斛七十日。
  二万五千斛以上至三万斛八十日。
  三万斛以上至三万五千斛九十日。
  三万五千斛以上至四万斛一百日。
  四万斛以上至五万斛一百十五日。
  五万斛以上至六万斛一百三十日。
  六万斛以上至七万斛一百四十五日。
  七万斛以上至十万斛一百六十日。

---

① 史金波、聂鸿音、白滨译注:《天盛改旧新定律令》,北京:法律出版社,2000年,第510页。
② 天一阁博物馆、中国社会科学院历史研究所天圣令整理课题组校证:《天一阁藏明钞本天圣令校证:附唐令复原研究》(下),北京:中华书局,2006年,第277页。
③ 史金波、聂鸿音、白滨译注:《天盛改旧新定律令》,北京:法律出版社,2000年,第556页。
④ 史金波、聂鸿音、白滨译注:《天盛改旧新定律令》,北京:法律出版社,2000年,第547页。

十万斛以上一律一百八十日。①

地租出库时,库局分依次先出旧粮食,不许给新粮食,若枉法留旧予新、徇情索贿时,"当自共计新旧之价,新者所高之价依做错法罪情条款承罪,所超出数当还库内,领者以库局分之从犯法判断,若受贿,则与枉法贪赃罪比较,从重者判断。自一缗至五缗七杖,自六缗至十缗八杖,自十一缗至十五缗十杖,十五缗以上至二十缗十三杖,二十缗以上至二十五缗三个月,二十五缗以上至三十缗六个月,三十缗以上至三十五缗一年,三十五缗以上至四十缗二年,四十缗以上一律三年"②。领粮食之大人、承旨、习判、都案、案头、司吏、库监、小监、出纳等徇情,令予新粮食时,与上述库局分同样断罪。

第二节 税草

一、税草的征收

税草,最迟在秦、汉时期已经出现。《淮南子》卷一三《氾论训》载:"秦之时,……入刍藁。"高诱注云:"入刍藁之税,以供国用。"汉元帝时,《贡禹传》载:农夫"己奉谷租,又出稿税。"③东汉永元十四年(102年),兖、豫、荆州水灾,诏:"其令被害什四以上皆半入田租、刍藁"④,这里的刍、藁是指喂马的饲料,税草的目的是解决官马的饲料。至唐代,税草作为一项赋税制度始于太宗贞观年间,《事物纪原》载:"税草起自唐太宗也。"⑤《新唐书》载:"贞观中,初税草以给诸闲,而驿马有牧田。"⑥唐代的税草不仅为中央闲厩提供马料饲养官畜,而且还被用于各地仓窖,用途更加广泛。唐令载:"诸输米粟二斛,课稿一围;围长三尺。围皆准此。三斛,橛一枚。米二十斛,篷簟一番;粟四十斛,苫一番。长八尺,广五尺大小。麦二斛,稿一围;三斛,橛一枚;二十斛,篷簟一番;七十斛,越一斛。麦饭二十斛,篷簟一番。并充仓窖所用,即令输人营备。"⑦稿草、橛、篷簟、苫为修建仓窖所用,

---

① 史金波、聂鸿音、白滨译注:《天盛改旧新定律令》,北京:法律出版社,2000年,第510页。
② 史金波、聂鸿音、白滨译注:《天盛改旧新定律令》,北京:法律出版社,2000年,第511页。
③ [东汉]班固:《汉书》卷七二,北京:中华书局,1983年,第3075页。
④ [宋]范晔:《后汉书》卷四,北京:中华书局,2000年,第190页。
⑤ [宋]高承撰,[明]李果订,金圆、许沛藻点校:《事物纪原》卷一,北京:中华书局,1989年,第48页。
⑥ [宋]欧阳修:《新唐书》卷五一,北京:中华书局,1987年,第1343页。
⑦ 天一阁博物馆、中国社会科学院历史研究所天圣令整理课题组校证:《天一阁藏明钞本天圣令校证:附唐令复原研究》(下),北京:中华书局,2006年,第282页。

橛是木桩,篷篛乃苇席,苫为草帘子。随着税草需求的增加,至开元年间,税草已经成为一项重要的国家财政收入。《乾符二年南郊赦》中免除内庄宅使巡官及人户所欠大中十四年(860年)至咸通八年(867年)以前包括税草在内的各种职田上的征纳,载:

> 内庄宅使巡官及人户等,应欠大中十四年已前至咸通八年已前诸色钱六万二千三百八十贯三百文、斛一十万三千七十四石九斗、丝二十二万七千五百八两、麻二千四百七十斤、草二十六万五千八百五十五束,念其累岁不稔,人户贫穷,徒有鞭笞,终难征纳,并宜放免。①

关于唐代税草的性质,张泽咸先生认为史书中常见的草税并不见于赋役令,它无疑是地租的附加税②。李锦绣先生在其《唐代财政史稿》中将税草分为两个阶段,唐代前期税草是地税的附加税③,《唐大诏令集》载:"关内百姓,宜免一年庸调及租并地子税草,其当道诸县,特免二年。"④李先生认为这里的地子即为地税,地税是义仓税,虽然税草是按田亩征收,但税草与地税相连,它并不是附加于田租之上的,而是与地税相关联,在勾征地税时,税草也要因之被勾征。建中以后,税草制度仍存未废,这时的税草成为两税的附加税,随两税斛斗据田亩数夏秋两征,这是正税草⑤。刘进宝先生对晚唐五代归义军时期的税草进行了分析,认为这个时期的地子税不能与地税之间画等号,地税是指田亩税,主要包括四个部分,官布、地子、税柴和税草,税草是"田亩之税"即地税的内容之一⑥。五代时期,仍旧税草。后唐长兴元年(930年)三月十三日敕:"天下州府受纳秆草,每束纳钱一文足。一百束纳拘子四茎,充积年供使,枣针一茎,充稕场院。其草并柴蒿一束,纳钱一文。"⑦

西夏时期,出于对草的需求,法律将税草作为征调的税种之一,在黑水城出土西夏法律文书和税账中多有记载。

---

① [宋]宋敏求编:《唐大诏令集》卷七二,上海:商务印书馆,1959年,第401页。
② 张泽咸:《唐五代赋役史草》,北京:中华书局,1986年,第17页。
③ [宋]宋敏求编:《唐大诏令集》卷七九,上海:商务印书馆,1959年,第450页。
④ 李锦绣:《唐代财政史稿》(上),北京:北京大学出版社,1995年,第572页。
⑤ 李锦绣:《唐代财政史稿》(下),北京:北京大学出版社,1995年,第717页。
⑥ 刘进宝:《唐宋之际归义军经济史研究》,北京:中国社会科学出版社,2007年,第93、133页。
⑦ [宋]王溥撰:《五代会要》卷二五,北京:中华书局,1998年,第307页。

>　　税户家主自己所属地上冬草、条椽等以外，一顷五十亩一幅地，麦草七束、粟草三十束，束围四尺五寸，束内以麦糠三斛入其中。①

条文中"自己所属地上冬草、条椽""一顷五十亩一幅地，麦草七束、粟草三十束"体现出税草征纳的基础是土地，履亩而征。草椽与地租都是与土地密切相关的两种赋税，管事者登记西夏境内所有农户纳税土地的顷亩、交纳地租税草数量及时间，载："边中、畿内税户家主各自种地多少，与耕牛几何记名，地租、冬草、条椽等何时纳之有名，管事者一一当明以记名。"②前述土地税是以土地为征税对象，按照顷亩数量核定税额的赋税，草、租都是土地税，地租是土地税中交纳谷物的那一部分，而税草是土地税中交纳草、椽的那一部分，因此，西夏的税草与地租同属正税，是西夏地税的主要内容。黑水城出土法律文献《天盛律令》经常把"租役草"作为一个固定词组概括税户家主所要承担的赋役，如今后不得注销耕地为林场，当纳租役草，载："诸人租地中已为林场，除先已注销以外，此后不许注销，当依租役草法为之。"赋税账册中以"租""役""草"三部分作为每户交纳的基本税种。4067号纳粮草税账中，税户梁吉祥以册上土地为准，承担有杂、麦、役和草，其中杂麦是土地税中交纳粮食的那部分，即地租，草为土地税中纳草的这部分，即税草。

既然税草是土地税的一部分，那么占有土地的人纳草，没有土地的人不纳，税户家主是西夏税草的承担者。

>　　沿诸渠涨水、下雨，不时断破而堵之时，附近未置官之备草，则当于附近家主中有私草处取而置之。当明其总数，草主人有田地则当计入冬草中，多于一年冬草则当依次计入冬草中。未有田地则依捆现卖法计价，官方予之。若私草已置而不计入冬草中，不予计价等，有官罚马一，庶人十三杖。③

由于涨水、下雨等原因渠道断破，本应以官草堵之，但附近并未准备，当于附近家主中有私草处临时征调，征调时需登记所取私草的数量，对于有土地的草主人要从来年税草的总数中减除，多出的部分累积记入下一年，直到减完为止。当

---

① 史金波、聂鸿音、白滨译注：《天盛改旧新定律令》，北京：法律出版社，2000年，第490页，"束围"原作"捆绳"，"束内"原作"捆袋内"，下文均改。
② 史金波、聂鸿音、白滨译注：《天盛改旧新定律令》，北京：法律出版社，2000年，第514页。
③ 史金波、聂鸿音、白滨译注：《天盛改旧新定律令》，北京：法律出版社，2000年，第507页。

然这是针对有田地的人，即条文中"草主人有田地"，对于没有田地的草主人，则依时价由官方给付。若已经征调了私草，但并未计入来年减少的数量中，或者未按量计价给付，有官罚马一，庶人十三杖。那么究竟谁是有田地的草主人呢？上一条律令中有"税户家主自己所属地上冬草、条橡"，税户家主有属于自己的耕地，地上出产冬草、条橡，符合本律令中"草主人有田地则当计入冬草中"的记载。

同为黑水城出土的法律文献，《亥年新法》成书时间晚于《天盛律令》，律令中西夏寺院、官地虽不交地租，但需税草。载：

> 祐国寺所属六十七顷二十八亩半，二十三顷六十一亩地次，九顷五十亩耕地次，十四顷十一亩界泊地减半分，四十七顷六十七亩半昔役、草二种不全，新补之。

> 农田司属三百七十二顷九十二亩半：三百三十二顷二十六亩半受耕，八十一顷地补，二百五十一顷二十六亩半应受役草，十四顷六十六亩闲有。[1]

新法中，祐国寺所属土地为寺院土地，农田司等所属土地为官田，二者均未交纳地租，但需纳草服役。类似的情况在吐鲁番文书中也有记载，《唐西州高昌县出草账》的时间大致是晚于神龙元年(705年)早于开元二十五年(737年)，记录了税户、寺院、道观等交纳草的数量。

> 龙兴观柒束　大宝寺叁束半　崇宝寺拾肆束……
> 龙兴寺贰拾肆束半　遵戒寺贰拾壹束　……柒束
> 证圣寺贰拾壹束　开觉寺叁拾五束　索善端叁束
> 索善欢柒束
> 康守相贰亩柒束　大女□小绿贰亩柒束　张元感壹亩半肆束半
> 汜和敏贰亩柒束　樊申陋贰亩柒束　马葱元壹亩半
> 孙元敬贰亩柒束　□□寺贰拾捌束　□元寺贰拾贰
> 普昭寺柒束　……拾捌束　静虑寺柒束

---

[1] 赵焕震：《西夏文〈亥年新法〉卷十五"租地夫役"条文释读与研究》，宁夏大学硕士学位论文，2014年，第19、25页。

静虑寺叁束半　崇圣寺柒束　普昭寺肆束①

文中节录了这件草账的其中一部分。交草者除了康守相、张元感、汜和敏这样的纳税户，还有龙兴观、崇宝寺、龙兴寺、遵戒寺、证圣寺、开觉寺、普昭寺、静虑寺、崇圣寺等道观和寺院，而在这个时期，寺、观是不课租调的。

税草的数量以土地顷亩为依据。早在秦代，入刍、稿以其受田之数，顷入刍三石，稿二石，云梦秦简《田律》中载：

入顷刍、稿，以其受田之数。无垦不垦，顷入刍三石，稿二石，……入刍、稿，相输度，可也。②

唐长庆年间（821—824年），元稹为同州刺史，同州百姓的土地每亩税草四分（0.4束），而职田每亩税草三束。《当州京官及州县官职田公廨田并州使官田驿田等》载：

臣当州百姓田地，每亩只税粟九升五合，草四分，地头榷酒钱共出二十一文已下。其诸色职田，每亩约税粟三斗，草三束，脚钱一百二十文。③

归义军时期，一件编号为P.2222背的《受田簿残片》中按土地顷亩交纳一定数量的草束。

宋刚刚　受田贰拾玖亩　　纳草□束
史屯奴　受田壹拾伍亩半
烧丑奴　受田壹拾贰亩
吕荣奴　受田柒拾贰亩
梁盈盈　受田伍拾肆亩　掉逍卅亩　纳草叁束
索清子　受田壹顷壹拾贰亩　纳草陆拾柒束
梁德子　受田陆拾柒亩　掉逍二十亩　纳草拾贰束

---

① 国家文物局古文献研究室、新疆维吾尔自治区博物馆、武汉大学历史系编：《吐鲁番出土文书》第九册，北京：文物出版社，1990年，第23—24页。
② 睡虎地秦墓竹简整理小组：《睡虎地秦墓竹简》，北京：文物出版社，2001年，第21页。
③ [清]董诰等编：《全唐文》卷六五一，北京：中华书局，1983年，第6619页。

□□良　受田壹顷肆亩　掉逍二十亩　纳草□束①

宋政和五年(1115年)十一月,提举熙河兰湟路弓箭手何灌申请将汉人在蕃部置买田地者招募为弓箭手,并使纳租税,以土地顷亩为准,每亩纳租三斗五升、草二束。边防司奏:

汉人买田常多,比缘打量,其人亦不自安,首陈已及一千余顷。若招弓箭手,即可得五百人;若纳租税,每亩三斗五升、草二束,一岁间亦可得米三万五千石、草二十万束。今相度欲将汉人置买到蕃部土田愿为弓箭手者,两项已上刺一名,四项已上刺两名;如愿者,依条立定租税输纳。其巧为影占者,重为禁止。②

金制计亩纳秸,每亩一束,每束十五斤。《金史》载:

夏税亩取三合,秋税亩取五升,又纳秸一束,束十有五斤。③

黑水城出土法律文献中税草的种类包括冬草、条橡、麦草、粟草、蓬子、夏蒡、蒲苇、红柳、梦萝等,这里面有一些名称是确定的,如麦草、粟草,还有一些草名尚待进一步的考证,如梦萝等,税草遵循履亩纳税的原则,根据土地顷亩的多少交纳,不同的草税额有所区别,束围有大有小。

税户家主自己所属地上冬草、条橡等以外,一顷五十亩一幅地,麦草七束、粟草三十束,束围四尺五寸,束内以麦糠三斛入其中。袋囊中二袋,各自依地租法当交官之所需处,当入于三司库。逾期时与违纳租谷物之纳利相同。④

麦草、粟草为西夏文直译。"𘕘𘜶"作麦草,"𘕘𘜶"作粟草,分别为麦、粟的秸秆。上文《金史》中秋税除了粮食税外,还纳"秸",每亩一束,每束十五斤。金朝

---

① 唐耕耦、陆宏基编:《敦煌社会经济文献真迹释录》第二辑,北京:全国图书馆文献缩微复制中心,1990年,第372页,"掉道"原作"掉直"。
② [元]脱脱等:《宋史》卷一九〇,北京:中华书局,2014年,第4723页。
③ [元]脱脱等:《金史》卷四七,北京:中华书局,2013年,第1055页。
④ 史金波、聂鸿音、白滨译注:《天盛改旧新定律令》,北京:法律出版社,2000年,第490页。

的秸与西夏的麦草、粟草都属于农作物的秸秆,不同的是西夏规定草束的大小,金朝按重计量。条文中"一顷五十亩一幅地,麦草七束,粟草三十束",按一亩土地折算,每亩交纳麦草不到0.05束,粟草0.2束,束围均为四尺五寸。粟草、麦草之外,还交纳蒲苇等,律令有载:

> 诸税户家主除冬草、蓬子、夏荞等以外,其余种种草一律一亩当纳五尺围一束,十五亩四尺束围之蒲苇、红柳、梦萝等一律当纳一束。前述二种束围当为五寸围头,当自整绳中减之。使变换冬草中蓬子、夏荞及条为纳杂草等时,纳者及敛者一律当计量所纳草及应纳条,未足者计价,以偷盗法判断。①

条文中提到了两类草的税额:一是除冬草、蓬子、夏荞以外的其余种种草,每亩一束,束围五尺。冬草、蓬子、夏荞虽不在规定的税额之内,但却是税户家主应纳的税草。

西夏文"藏聯"对译"冬草",《番汉合时掌中珠》中西夏文"䅽䍏䍐䅽"作"春夏秋冬"②,其中"藏"对"冬"。聂鸿音先生认为冬草是一种俗称"白刺"的植物③。敦煌出土交税文书中记有白刺,S.6306《归义军时期破历》载:"七月六日修大查白刺一车,枝十五束,栓八笙,柽十束,羊皮四张。"④P.5032《甲申年(984年)二月廿四日渠人转帖》载:"上件渠人,今缘水次逼近,切要通底河口,人各锹䦆壹事,白刺三束,枝两束,拴一茎。帖至,限今月廿二日卯时,于票子口头取齐。"⑤文中白刺用作通底河口。同卷《甲申年(984年)二月廿九日渠人转帖》与二十四日渠人转帖内容相似,只是这里的白刺用作修治泻口,"今缘水次逼近,切要修治泻口,人各白刺五束,壁木叁茎,各长五尺、六尺,锹䦆壹事"⑥。无论是哪一种,白刺的主要用途都与修渠相关,与西夏税草的目的有相同之处。

---

① 史金波、聂鸿音、白滨译注:《天盛改旧新定律令》,北京:法律出版社,2000年,第503页,"五尺围一束"原作"五尺捆一捆","四尺束围"原作"四尺背","红柳"原作"柳条","二种束围"原作"二种绳捆","围头"原作"捆头"。
② 俄罗斯科学院东方研究所圣彼得堡分所、中国社会科学院民族研究所、上海古籍出版社编:《番汉合时掌中珠》(乙种本),载《俄藏黑水城文献》第十册,上海:上海古籍出版社,1999年,第24页。
③ 聂鸿音:《西夏水利制度》,《民族研究》1998年第6期。
④ 唐耕耦、陆宏基编:《敦煌社会经济文献真迹释录》第三辑,北京:全国图书馆文献微缩复制中心,1990年,第291页。
⑤ 唐耕耦、陆宏基编:《敦煌社会经济文献真迹释录》第一辑,北京:书目文献出版社,1986年,第404页。
⑥ 唐耕耦、陆宏基编:《敦煌社会经济文献真迹释录》第一辑,北京:书目文献出版社,1986年,第404页。

西夏文"󰀀󰀁"对译"蓬子"。《新集锦合辞》中"󰀀󰀁"作为草名出现,"󰀂󰀃󰀄󰀅󰀆󰀇󰀈󰀉󰀊󰀋󰀌󰀍"①,《夏汉字典》译"骆驼吃刺,不怕刺颚,皆因习惯",《西夏谚语》译"草料已切,骆驼吃(萨胡),不刺颚"②,二者虽未译出"󰀀󰀁"的含义,但从中可知这是一种带刺的草。《类林研究》中"蓬子余一斗时",西夏文对译"󰀀□□󰀎󰀏"③,汉文"蓬子"对应西夏文"󰀀□",其中第二个字缺失,将其与《新集锦合辞》中的"󰀀󰀁"相比,二者同为草名,第一个字相同,《类林研究》中缺的这个西夏字有可能是"󰀁",《救荒本草》载蓬子叶生叉刺,曰:"蓬子菜,生田野中,所在处处有之。其苗嫩时,茎有红紫线楞,叶似碱蓬叶微细,苗者结子,叶则生出叉刺,其子如独扫子大,苗叶味甜。"这样看来,《新集锦合辞》中带刺的草"󰀀󰀁"应该就是蓬子,《类林研究》中"󰀀□"所缺的字当为"󰀁"。另外,西夏境内生长蓬子,《宋史》中李元昊点兵于蓬子山,山名或许与蓬子有关,载:"宋宝元元年(1038年),表遣使诣五台山供佛宝,欲窥河东道路。与诸豪歃血约先攻鄜延,欲自德靖、塞门砦、赤城路三道并入,遂筑坛受册,即皇帝位,时年三十。遣潘七布、昌里马乞点兵集蓬子山,自诣西凉府祠神。"④《明史》记齐之鸾曾在宁夏做官,遇饥民以蓬子为食,载:"屡迁宁夏佥事。饥民采蓬子为食"⑤,宁夏曾经在西夏版图范围之内。

西夏文"󰀐󰀑"音译"夏庞",西夏文《杂字》作"夏泮"⑥,《同音》没有解释,只给出了这组词的性质,为"草名"⑦,《天盛律令》汉译本中为"夏莠",该草名有待进一步考证。

条文中的第二类草包括蒲苇、红柳、梦萝,十五亩纳一束,每亩约0.07束,每束四尺围。西夏文"󰀒󰀓"对译"蒲苇",黑水城出土《番汉合时掌中珠》中有夏汉对译⑧。"梦萝"西夏文写作"󰀔󰀕",沿用了《天盛律令》中的译法,名称有待进一步考证。

红柳,俄藏《天盛律令》中西夏文为"󰀖󰀗",汉译本中为"柳条","󰀖"作"柳"讲,"󰀗"在现有字典中没有收录,"󰀘"或"󰀙"与之形似,释"红",因此,黑水城文献

---

① 俄罗斯科学院东方研究所圣彼得堡分所、中国社会科学院民族研究所、上海古籍出版社编:《新集锦合辞》(甲种本),载《俄藏黑水城文献》第十册,上海:上海古籍出版社,1999年,第337页。
② 陈炳应:《西夏谚语》,太原:山西人民出版社,1993年,第18页。
③ 史金波、黄振华、聂鸿音:《类林研究》,银川:宁夏人民出版社,1993年,第33页。
④ [元]脱脱等:《宋史》卷四八五,北京:中华书局,2014年,第13995页。
⑤ [清]张廷玉:《明史》卷二〇八,北京:中华书局,1974年,第5492页。
⑥ 李范文、中岛干起:《电脑处理西夏文杂字研究》,东京:日本国立亚非语言文化研究所,1997年,第80页。
⑦ 李范文:《同音研究》,银川:宁夏人民出版社,1986年,第416页。
⑧ 俄罗斯科学院东方研究所圣彼得堡分所、中国社会科学院民族研究所、上海古籍出版社编:《番汉合时掌中珠》(乙种本),载《俄藏黑水城文献》第十册,上海:上海古籍出版社,1999年,第27页。

中的"緂蕤"很可能是红柳[1]。红柳广泛分布在宁夏、甘肃等西夏故地，具有防风固沙的作用，也就是文献中的赤柽[2]，唐代灵州土贡有赤柽，《新唐书》载："灵州灵武郡，大都督府。土贡：红蓝，甘草，花苁蓉，代赭，白胶，青虫，雕，鹘，白羽，麝，野马，鹿革，野猪黄，吉莫靴，鞾，毡，库利，赤柽，马策，印盐，黄牛臆。"[3]《元和郡县图志》载灵州贡赋："开元贡：甘草，青虫子，鹿皮，红花，野马皮，鸟翎，鹿角胶，杂筋，麝香，花苁蓉，赤柽，马鞭。"[4]敦煌出土文书 S.3728《乙卯年(955)二、三月押衙知柴场司安祐成状并判凭》中以柽为柴，载："准旧例支太子柽捌车各柒拾柒束，刺两车各伍拾伍束，内院柽捌车各柒拾柒束，北宅柽拾车，各柒拾柒束，鼓角楼僧柽叁车各柒拾柒束，四城上僧共柽壹伯贰拾束，南城上火料柽柒拾柒束，西城上火料柽柒拾柒束。"[5]P.5032《甲申年(公元984)某月十七日渠人转帖》中以柽修渠，载："今缘水次逼近，切要修治沙渠口，人各柽壹束，白刺壹束，柒尺掘壹笙。"[6]

  黑水城出土赋税账册中的税草只有"𮦉"草，并未有法律文书中不同名称的区分，税额也完全统一，每亩土地交纳一束。8372号迁溜税账分为三部分：第一部分是迁溜所辖五十四户交纳租役草的总数，共纳地租三十六石六斗三升七合半，服役五十四人，税草二千九百三十一束；第二部分是五十三户的纳税情况，纳地租三十六石二斗六升二合半，服役五十三人，税草二千九百一十束；第三部分是一户吾移纳税的情况，共有地租七斗五升，出工二十日，草六十束。账册中在第三部分明确记有土地六十亩，草六十束，据此计算出，税额为每亩纳草一束，第一部分中，五十四户共纳草二千九百三十一束，则应有土地二千九百一十亩，如上文所述，黑水城地区每亩土地交纳地租一升二斗半，则五十四户地租当为三十六石六斗三升七合半，与账册数额一致。只是五十三户杂、麦、地租总和略有出入，与草束、地租交纳比例有所不同，但黑水城出土其他税草文书中，税额基本为每亩纳草一束。

  迁溜吾移□宝共五十四户税

---

① 聂鸿音先生认为"条椽"极有可能是今俗称"条子"或"荆条"的红柳枝，见《西夏水利制度》，《民族研究》1998年第6期。
② [东汉] 班固：《汉书》卷九六，北京：中华书局，1983年，第3876页，记：鄯善"多葭苇、柽柳、胡桐、白草"。颜师古注："柽柳，河柳也，今谓之赤柽。"
③ [宋] 欧阳修：《新唐书》卷三七，北京：中华书局，1987年，第972页。
④ [唐] 李吉甫撰，贺次君点校：《元和郡县图志》，北京：中华书局，1983年，第93页。
⑤ 唐耕耦、陆宏基编：《敦煌社会经济文献真迹释录》第三辑，北京：全国图书馆文献微缩复制中心，1990年，第619页。
⑥ 唐耕耦、陆宏基编：《敦煌社会经济文献真迹释录》第一辑，北京：书目文献出版社，1986年，第405页。

三十六石六斗三升
　　　七合半
　　杂二十九石三斗一升
　　麦七石三斗二升七合半
　　佣五十四人
　　草二千九百三十一捆
　　五十三户农□人有杂细共三十六石
　　　二斗六升二合半
　　杂二十九石一斗
　　麦七石二斗五升二合半
　　佣五十三人
　　草二千九百一(十)捆
　　一户吾移□奴册上有□十亩地与□□全
　　　□□还大小□之十亩已
　　　又六十亩已留，税七斗五升
　　杂六斗　麦一斗五升
　　佣二十日　草六十捆
　　五亩　　渠接
　　　东与鸟□(接)　　南与……(接)
　　　西与六月盛□□(接)　　北与吾移□讹(接)①

除了麦草、粟草、蒲苇、红柳、梦萝以及其余种种草，西夏税户家主还需纳椽。

　　大都督府转运司所属冬草、条椽等，京师税户家主依法当交纳入库。若未足，则彼处转运司人当量之，当于税户家主征派使纳。其所纳数已毕，有超出数当还属者，不治罪。若不还而自己食之时，计价以偷盗法判断，已入官库则与做错罪相同。②

西夏文"𘜶𘑲"对译"条椽"，《金光明最胜王经》"𘜶𘎝𘅞𘃡𘝞𘙴𘆄"意"折取

---

① 史金波：《西夏农业租税考——西夏文农业租税文书译释》，《历史研究》2005年第1期。
② 史金波、聂鸿音、白滨译注：《天盛改旧新定律令》，北京：法律出版社，2000年，第503页。

枝叶，为作荫凉"①，其中"敊"取"枝条"之意。"萧"作"椽"，《番汉合时掌中珠》中"萧𦓀"对译"椽榱"②。条文中没有明确条椽交纳的数量，仅在"减役夫纳椽条"中提到，如急需用椽，于春开渠的百夫中减一夫，转而纳细椽三百五十根，每根长七尺③。

黑水城文书中所纳税草需捆扎成大小不同的束围。麦草、粟草每束围四尺五寸，蒲苇、红柳、梦萝束围四尺，其余种种草束围五尺。束围指的是每束草的周长。"束""围"二字对应西夏文"𧗇""𗴂"，西夏文"𧗇"以往译为"捆"，在西夏人翻译的汉文典籍《类林》中以该西夏字来对应"束"，为"稿草一束"④。刘进宝先生在《唐五代"税草"所用量词考释》一文中详细地考证了"束"。他说西北地区，在夏收时节，将小麦捆为一捆一捆，每十捆再拢为一拢，即八捆以金字塔形立起，两捆作为盖子盖在上面，这样既可以防雨，又可以防潮。待晒干农闲时，将其拉到场上碾草打粮。故而，这里的"捆"实际上就是"束"，因为这类量词原本都是动词的借用，现代汉语动词用的是"捆"而不是"束"，所以量词当然也跟着用"捆"，而不用"束"⑤。律令中西夏字的译法当遵循典籍用"束"而非"捆"。

西夏文"𗴂"与"𧗇"在《同音》中搭配成一个词组⑥，《同音研究》汉译为"械索"⑦。《天盛律令》原译文为"捆绳四尺五寸"，指的是捆绳的长度，其实就是每束草的周长，文献中多用"围"表示。阿斯塔那506号墓《唐上元二年(761年)蒲昌县界长行小作具收支饲草数请处分状》中饲草分为上、中、下三等：上等每束三尺三围，中等每束三尺一围，下等每束二尺八围⑧。"围"作为量词讲，是说两只胳膊合拢起来的长度，人们在捆麦、粟时，并不需要专门的绳子，而是用两手直接把麦或者粟的两头接在一起，起到绳子的作用，捆的过程会有一个两手合抱的动作，所以"围"这个动作逐渐发展成了量词⑨，因此上文中将"捆绳四尺五寸"改为"束围

---

① 王静如：《金光明最胜王经卷九夏藏汉合璧考释》，载《西夏研究》第三辑，台北："中央研究院"历史语言研究所，1933年，第290页。
② 俄罗斯科学院东方研究所圣彼得堡分所、中国社会科学院民族研究所、上海古籍出版社编：《番汉合时掌中珠》(乙种本)，载《俄藏黑水城文献》第十册，上海：上海古籍出版社，1999年，第30页。
③ 史金波、聂鸿音、白滨译注：《天盛改旧新定律令》，北京：法律出版社，2000年，第503页。
④ 史金波、黄振华、聂鸿音：《类林研究》，银川：宁夏人民出版社，1993年，第78、197页。
⑤ 刘进宝：《唐五代"税草"所用计量单位释义》，《中国史研究》2003年第1期。
⑥ 俄罗斯科学院东方研究所圣彼得堡分所、中国社会科学院民族研究所、上海古籍出版社编：《俄藏黑水城文献》第七册，上海：上海古籍出版社，1997年，第21页。
⑦ 李范文：《同音研究》，银川：宁夏人民出版社，1986年，第406页。
⑧ 国家文物局古文献研究室、新疆维吾尔自治区博物馆、武汉大学历史系编：《吐鲁番出土文书》第十册，北京：文物出版社，1991年，第252—253页。
⑨ 刘进宝：《唐五代"税草"所用计量单位考释》，《中国史研究》2003年第1期。

四尺五寸"。

捆扎好的税草将定期检查。从转运司大人、承旨中派遣库检校,指挥库局分,严格按照规定的束围捆扎,每五十日前去草库检察草束的捆扎情况,不按要求捆扎,致使数量有差,库局分依法赔偿。同时仓库中的草允许有一定的损耗,如"种种草、蒲苇百捆中可耗减十捆""灯草百捆可耗减五捆"[1]等。

> 税户家主纳冬草、条等时,转运司大人、承旨中当派一库检校,当紧紧指挥库局分人,使明绳捆长短松紧,当依法如式捆之。五十日一番当计量,捆不如式,则几多不如式者由草库局分人偿之。未受贿则有官罚马一,庶人十三杖,受贿则以枉法贪赃罪判断。又夫役小监等敛草时,亦当验之,未足则当使未足数分明。库检校及局分人等有何虚枉处,偿草承罪法当与前所示相同。[2]

其中所纳草橡中麦草、粟草入三司库,袋囊中两袋,各自依地租法当交官之所需处,当入于三司库。逾期时与违纳租谷物之纳利相同[3]。除三司库外,还有专门存储草的仓库,如草库、蒲苇库[4]。

二、税草的用途

西夏要求纳税户交纳一定数量的草,以满足官方供给马料、维修桥道、铺垫仓窖、铺设牢狱等方面的需求。

首先来看供给马料。税草的最初目的是供给官马草料,西夏也不例外。西夏的官马有两种饲养方式:一种是认养,在自己家的牧场饲养。每年正月一日起,每个季节均有专门负责的官员前去检察马的肥瘦。膘不足,出现膘弱未塌脊、赢弱塌脊等情况时要予以处罚。

> 诸父子所属官马当于各自属处养治,每年正月一日起,依四季由职管行监、大小溜首领等校阅。若官马膘弱未塌脊,一律笞二十,赢瘦而塌脊,则笞三十。由首领等处罚罪,许其于官私有水草地牧放。若不允,马膘不足,首

---

[1] 史金波、聂鸿音、白滨译注:《天盛改旧新定律令》,北京:法律出版社,2000年,第549、553页。
[2] 史金波、聂鸿音、白滨译注:《天盛改旧新定律令》,北京:法律出版社,2000年,第504页。
[3] 史金波、聂鸿音、白滨译注:《天盛改旧新定律令》,北京:法律出版社,2000年,第490页。
[4] 史金波、聂鸿音、白滨译注:《天盛改旧新定律令》,北京:法律出版社,2000年,第532、534页。

领等不校阅，懈怠时，则有官罚马一，庶人十三杖。①

另一种情况是在官牧场牧养，这部分马料需要从官库支付。有减草料者，根据数量比偷盗法加一等，若未减，因检校失误导致马羸瘦，根据瘦弱的情况，从杖罪至一年劳役不等。

> 官牧场之马不好好养育而减食草者，计量之，比偷盗法加一等。未减食草，其时检校失误致马羸瘦者，当视肥马已瘦之数罚之，自杖罪至一年劳役，令依高低承罪。②

英藏Or.12380-3179（K.K）《汉文马匹草料账册》由五件残片组成，下文为其中的一件。草料有草、糜子，包括糜子二斗、草二束，草料的支出依据马匹数量按日发放。

> □保梁通等下马壹拾贰
> 匹，内叁匹草料十分，玖匹
> 各草料五分，从十二月四日至
> 五日，计准二日食。
> 糜子贰斗，草贰束，支……③

因为草料由官方提供，所以《天盛律令》明文禁止，不许执符、诸大人向家主摊派粮食、马草。若违律，计价归还，以贪赃枉法罪处置。

> 执符及诸大人、待命者等经诸城市场处，不许于家主摊派食粮、马草等。倘若违律时，计其价，以枉法贪赃论，所计总数当还属者，食者为造意，收取者为从犯。若收取者自食，则以亲自食之及予他人之从犯罪等比较，从重者判断。④

---

① 史金波、聂鸿音、白滨译注：《天盛改旧新定律令》，北京：法律出版社，2000年，第255页。
② 史金波、聂鸿音、白滨译注：《天盛改旧新定律令》，北京：法律出版社，2000年，第580页。
③ 西北第二民族学院、上海古籍出版社、英国国家图书馆编：《英藏黑水城文献》第四册，上海：上海古籍出版社，2005年，第34页。
④ 史金波、聂鸿音、白滨译注：《天盛改旧新定律令》，北京：法律出版社，2000年，第471页。

其次，税草可以铺垫仓窖。《天盛律令》卷十五中有关税草的条文分别在《催缴租门》和《渠水门》中，因此我们推断西夏的税草、仓窖存储和渠道维修有关。西夏的许多大型官窖以地下窖藏来储存粮食。这种贮存方式不仅隐蔽，而且粮食不易腐朽，但是地下窖藏最大的缺点就是潮湿，需从选址、挖窖、铺陈等各个环节注意防潮。仓窖要建在干地坚实处，挖好后以火烤之，使仓窖尽快干燥、平整，同时铺设垛屯、穇草、毡，在粮食入窖后封口，顶上撒土三尺，将仓窖完全处于密封的状态。

> 地边、地中纳粮食者，监军司及诸司等局分处当计之。有木料处当为库房，务需置瓦，无木料处当于干地坚实处掘窖，以火烤之，使好好干。垛屯、穇草、毡当为密厚，顶上当撒土三尺，不使官粮食损毁。①

类似的记载在《鸡肋编》中：

> 陕西地既高寒，又土纹皆竖，官仓积谷，皆不以物藉。虽小麦最为难久，至二十年无一粒蛀者。民家只就田中作窖，开地如井口，深三四尺；下量蓄谷多寡，四围展之。土若金色，更无沙石，以火烧过，绞草絪钉于四壁，盛谷多至数千石，愈久亦佳。以土实其口，上仍种植，禾黍滋茂于旧。唯扣地有声，雪易消释，以此可知。②

《天盛律令》和《鸡肋编》都提到了草，前者窖内"垛屯、穇草、毡当为密厚"，后者"绞草絪钉于四壁"，用铺设草束的方法将粮食与仓窖隔离，以起到防潮的作用。

西夏文"𦆬𦆺"意"穇草"。《天盛律令》汉译本作"垫草"。《番汉合时掌中珠》中"𦆬𦆺"对应"橡准"③，"𦆬"作"准"，"准"与"穇"音同，用作喂马的草料。敦煌文书《唐上元二年(761年)蒲昌县界长行小作具收支饲草数请处分状》中有"准草"，"当县界应营易田粟总两顷，共收得□□叁阡贰伯肆拾壹束。每粟壹束准草壹

---

① 史金波、聂鸿音、白滨译注：《天盛改旧新定律令》，北京：法律出版社，2000年，第513页，"垛屯、穇草、毡"原作"垛屯、垫草"。
② [宋]庄绰撰，萧鲁阳点校：《鸡肋编》上卷，北京：中华书局，1997年，第34页。
③ 俄罗斯科学院东方研究所圣彼得堡分所、中国社会科学院民族研究所、上海古籍出版社编：《俄藏黑水城文献》第十册，上海：上海古籍出版社，1999年，第30页。

束"①。《天圣令》中记有"稕草",用作仓窖铺设。

> 诸窖底皆铺稿,厚五尺。次铺大稕,两重,又周回着稕。凡用大稕,皆以小稕捹缝。着稕讫,并加苫覆,然后贮粟。凿砖铭,记斛数、年月及同受官人姓名,置之粟上,以苫覆之。加稿五尺,大稕两重。筑土高七尺,并竖木牌,长三尺,方四寸,书记如砖铭。仓屋户上,以版题牓如牌式。其麦窖用稿及籧篨。②

宋代粮窖内铺设的先后顺序为稿、稕(籧篨)、苫、粟(麦)、苫、稿、大稕(籧篨)、土,简单来看就是粮食上面盖有三层,下面垫有四层。用草有稿、稕、苫、籧篨,其中麦窖、粟窖有所区别,粟窖用稿、稕、苫,麦窖用稿、籧篨、苫。籧篨是一种粗席帘,粟为小圆粒,直径1.5—2毫米,而麦或米为长粒或椭圆粒,长6—7毫米,直径1.5—2.5毫米,麦比粟要大得多,也许这是麦窖选用"籧篨"的主要原因③。稿草为谷类植物的茎秆,窖底垫稿,苫上再铺一重,厚五尺,围长三尺,若无稿草,需选可以长久贮藏的杂草代替。稕为干草准扎而成的草把,有大稕、小稕之分,大稕为大束,径一尺四寸,小稕为小束,径四寸,先铺大稕,铺好后,缝隙处以小稕填补。苫为草席子,稕草上置一层,粟上覆盖一层。粮食入窖、草束铺设完成之后,最上面筑土,高七尺。稿、橛、籧篨、苫等营建仓窖所用材料在输米粟的时候按一定比例与土地税一同交纳,赋税不入仓窖则无须交纳。"诸输米粟二斛,课稿一围;围长三尺。围皆准此。三斛,橛一枚。米二十斛,籧篨一番;粟四十斛,苫一番。长八尺,广五尺大小。麦二斛,稿一围;三斛,橛一枚;二十斛,籧篨一番;七十斛,越一斛。麦饭二十斛,籧篨一番。并充仓窖所用,即令输入营备。不得令官人亲识判窖。修营窖草,皆取干者,然后缚稕。大者径一尺四寸,小者径四寸。其边远无稿之处,任取杂草堪久贮者充之。若随便出给,不入仓窖者,勿课仓窖调度。"④粮窖铺设的具体情况如表3所示:

---

① 国家文物局古文献研究室、新疆维吾尔自治区博物馆、武汉大学历史系编:《吐鲁番出土文书》第十册,北京:文物出版社,1991年,第252页。
② 天一阁博物馆、中国社会科学院历史研究所天圣令整理课题组校证:《天一阁藏明钞本天圣令校证:附唐令复原研究》(下),北京:中华书局,2006年,第277页。
③ 杨清越:《唐〈仓库令〉与隋唐仓窖的粮食保存方法》,《中国国家博物馆馆刊》2013年第12期。
④ 天一阁博物馆、中国社会科学院历史研究所天圣令整理课题组校证:《天一阁藏明钞本天圣令校证:附唐令复原研究》(下),北京:中华书局,2006年,第282页。

表3 《天圣令》所载粮窖铺设一览表

	粟窖	麦窖
窖底	五尺稿	五尺稿
	两层稭	篚蒢
	苫	苫
粮食	粟	麦
窖内	苫	苫
	五尺稿	五尺稿
	两层大稭	篚蒢
	七尺土	七尺土

西夏仓窖中的垛屯、稭草、毡同样起了防潮的作用，《天盛律令·催缴租门》随地租上交的粟草、麦草应该就是仓窖中的垛屯，用在窖底铺垫。麦草、粟草的交纳方式与其他草略有不同，蒲苇、红柳等捆扎成束，而麦草、粟草捆扎成束后还要加入麦糠三斛，成为一个草袋，铺在窖底，可以起到吸附水分、保护粮食的作用。垛屯上铺稭草、毡，西夏的稭草和宋代文献中的稭草用途和铺设方式当相似。毡是西夏特有的，极具游牧民族的特点，铺设在窖底也能起到防潮垫衬的作用。

再次，税草可以用作渠道维护。西夏十分重视水利的兴修与维护，每年春开渠前，都会组织疏浚，农忙时节，尤其强调渠道的维护和检校，以保障灌水顺利。《天盛律令》规定，唐俫、汉延、新渠等大渠上，渠水巡检、渠主认真检查所负责渠段的渠干、沿渠、梁土及垫草，不许他人断抽，若有抽断者捕而告管事处，依律判罪，若见而不捕，与抽断者同罪，若渠水巡检、渠主等监者未发现抽断者，庶人十三杖，并赔偿修渠用草，若因监者粗心而致渠断，比渠头粗心致渠断之罪减二等。

其上渠水巡检、渠主等当检校，好好审视所属渠干、沿渠、梁土、垫草等，不许使诸人断抽之。若有断抽者时，当捕而告管事处，罪依律令判断。监者见而放纵时同之，不见者治罪，庶人十三杖，用草当偿，并好好修治。若疏于监视，粗心而渠断圮时，比渠头粗心大意致渠断破之罪状当减二等。[①]

若遇涨水、下雨使渠道断破，以垫草堵之。附近没有准备官用垫草，先在附

---

① 史金波、聂鸿音、白滨译注：《天盛改旧新定律令》，北京：法律出版社，2000年，第501页，"渠干、沿渠、梁土、垫草"原作"渠干、渠背、土闸、用草"，"治罪"原作"坐"。

近税户家主取私草处置。草主人有田地,当于下次纳冬草时减去,没有田地,按照草价,官方给钱①。

修渠所用草、椽在《渠水门》中有详细记载。该门是对水渠维护、修治的规定,其间提到的草、椽征缴当与渠道相关。诸税户家主除冬草、蓬子、夏蒡等以外,其余种种草每亩当纳一束,五尺围,蒲苇、红柳、梦萝等十五亩纳一束,四尺围。京畿地区有需椽处,于春开渠时役夫中减一夫,转而纳细椽三百五十根,一根长七尺,当置渠干上。红柳、七尺细椽在敦煌文书中也有记载,P.5032号《甲申年(公元984年)四月十七日渠人转帖》:

> 渠人转帖　张定奴　张摘摧　张丑奴　张勿成　张定德
> 张丑憨　张善庆　张愿通　张愿昌　氾富达　氾义成氾
> □(员)子　贺进子　尹再昌　宋二娘。已上[渠]人,今缘水次逼近,
> 切要修治沙渠口,人各桱壹束,白刺壹束,柒尺掘壹笙。幸
> 请诸公等,帖至限今月十七日限夜,于渠口头取齐。
> 捉二人　后到,决仗(杖)七下,全不来者,官中处分。
> 其帖速递相分付,不得停滞。如滞帖者,准条科罚。
> 帖周却付本司,用凭告□(罚)　甲申年四月十七日录事帖②

因水次逼近,为防止水患,通知渠人各自备桱一束、白刺一束、七尺掘一笙前往渠口集合,修治沙渠口。桱为西夏的红柳,七尺掘似为细椽。

最后,交纳的草还可被加工成草席、蒲席等,置于牢狱、官舍等。《天圣令》中粮食出窖后,窖内草束未朽堪用,可作狱囚铺设及为官使用,载:"诸出仓窖,稕、草、苫、橛等物仍堪用者,还依旧用。若不须及烂恶不任者,先供烧砖瓦用,并听回易、修理仓库、狱囚铺设及诸官用。"③西夏因禁犯人之牢狱为了保障空气流通需开天窗,因此冬季增置草席、蒲席,自备燃料,以抵御寒冷。增设的草席、蒲席均由官方提供,若不供给局分大小一律有官罚马一,庶人十三杖。

> 枷禁囚处之牢狱当善为之,于空气流处为之天窗,冬季当置草席、蒲

---

① 史金波、聂鸿音、白滨译注:《天盛改旧新定律令》,北京:法律出版社,2000年,第507页。
② 唐耕耦、陆宏基编:《敦煌社会经济文献真迹释录》第一辑,北京:书目文献出版社,1986年,第405页。
③ 天一阁博物馆、中国社会科学院历史研究所天圣令整理课题组校证:《天一阁藏明钞本天圣令校证:附唐令复原研究》(下),北京:中华书局,2006年,第279页。

席。燃料除自备外,实无力者应给若干。若不供给,违律等时,局分大小一律有官罚马一,庶人十三杖。①

内宫及帐下派门楼主、内宿守护、内提举等当职,建帐舍以供住宿,并准备铛鼎器皿、燃料、草席等。

三种内宫及帐下等,外面沿门一律一种当派门楼主一人、内宿守护三人,内提举一人,又臣僚、下官、神策、内侍等一样一人。其中当派帐门末宿一人,互相联结。内提举不足,则当抽臣僚、下官,神策、内外侍、独诱等。可于彼人之住处建舍,当准备铛鼎器皿、燃料、草席等若干。②

由于草在西夏用途广泛,律令中对于蓄意放火烧草有相应的惩罚。如,有人放火烧马草、蒲苇等时,徒三年。若蒲苇、马莲损失数量较多,计价以偷盗罪判断,载:"诸人相恶而放火烧马草及蒲苇、马莲根多有处□诸物时,徒三年。若其中蒲苇、马莲等计钱众多,则与偷盗之钱量罪情相同。"③在草束中放火被人举报,放火者依偷盗法判处,同时按照放火损失钱数奖励举报者,奖金由纵火者出,载:"不知放火者为谁,而他人告举时,当量所烧物,于有人之帐舍放火者,依执武器强盗法,于无人之帐舍放火则依不执武器强盗法,于草捆等中放火时依偷盗法,以三种盗之人数、钱量分别依次予之举赏,依法由放火者交纳予之。"④

三、收纳税凭据

西夏纳税的主要环节以簿册为据。交税时郡县官员按照地簿上登记的土地顷亩、应纳租役草数逐家逐户征收和催缴,黑水城出土文书证明了地簿的存在。纳税之后官方发放登记有已纳租役草数的凭据,一式两份,税户一份,作为完税的证明,官方一份,留底统计。武威出土增纳草束文书为两件分别记有"官""户"的凭据,与律令条文的记载相符。

收税的依据是地簿,西夏文为"󰀀󰀀",《类林研究》中"󰀀󰀀󰀀󰀀󰀀󰀀"意"为魏曹操主簿",以"󰀀"对译"簿",所以译为"地簿"。

---

① 史金波、聂鸿音、白滨译注:《天盛改旧新定律令》,北京:法律出版社,2000年,第335页。
② 史金波、聂鸿音、白滨译注:《天盛改旧新定律令》,北京:法律出版社,2000年,第436页。
③ 史金波、聂鸿音、白滨译注:《天盛改旧新定律令》,北京:法律出版社,2000年,第294页。
④ 史金波、聂鸿音、白滨译注:《天盛改旧新定律令》,北京:法律出版社,2000年,第452页。

地簿记录的对象是税户家主,黑水城出土西夏法律文献中载:

> 诸税户家主当指挥,使各自所属种种租,于地簿上登录顷亩、升斗、草之数。①

> 边中、畿内税户家主各自种地多少,与耕牛几何记名,地租、冬草、条椽等何时纳之有名,管事者一一当明以记名。②

第一条材料中税户家主是登记簿册的指挥者,第二条材料中登记的对象是税户家主,参照其他条文,第一条税户家主当与第二条一致,为登记的对象,指挥税户家主登记地簿。税户家主是土地的所有人,租役草的承担者,每户的土地顷亩、应纳谷物升斗、冬草条椽数均登记在册。诸人将土地转让,所有人变更,地簿随之发生变化,"诸人互相买租地时,卖者地名中注销,买者曰'求求自己名下注册',则当告转运司注册,买者当依租役草法为之"③。

地簿的内容包括土地顷亩、租役草总数、地租数、草数、夫役数,"地簿上登录顷亩、斗升、草之数"中的顷亩是耕种土地的数量,统计租役草的基础,斗升为该块土地应交粮食数,草为该块土地当纳草捆数。黑水城出土西夏税账印证了地簿的存在,除了租、草,地簿上还登记有役。Инв.No.4067号《户耕地租役草账》共计23行,记录有3户的信息,首尾均残。只有中间一户的土地、赋税内容是完整的,位于账册的第8行至第16行。前3行分别记录有土地所有者、土地顷亩、租役草数量和种类。

> 一户梁吉祥有册上十亩地,税一斗二升半
> 　杂一斗　麦二升半
> 　佣五日　草十捆④

---

① 史金波、聂鸿音、白滨译注:《天盛改旧新定律令》,北京:法律出版社,2000年,第508页。
② 史金波、聂鸿音、白滨译注:《天盛改旧新定律令》,北京:法律出版社,2000年,第514页。
③ 史金波、聂鸿音、白滨译注:《天盛改旧新定律令》,北京:法律出版社,2000年,第509页。
④ 俄罗斯科学院东方研究所圣彼得堡分所、中国社会科学院民族研究所、上海古籍出版社编:《俄藏黑水城文献》第十三册,上海:上海古籍出版社,2007年,第180页;译文见史金波:《西夏农业租税考——西夏文农业租税文书译释》,《历史研究》2005年第1期。

第一章　黑水城文书反映的西夏赋税 >> 071

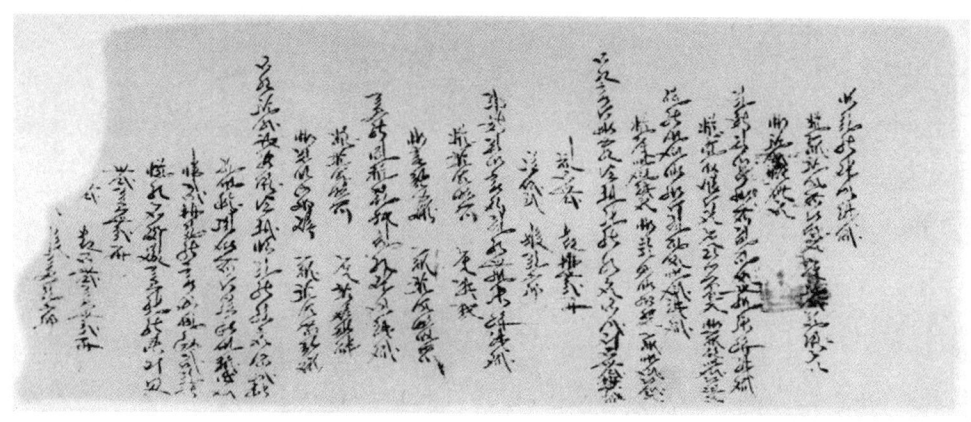

Инв.No.4067　户耕地租役草账

Инв.No.8372号《耕地租役草账》开头为一农迁溜的总户数和各项租役草总额,其中仅存1户土地亩数和租役草数,载:

一户吾移□奴册上有□十亩地与□□全
　　□□还大小□之十亩已
　　又六十亩已留,税七斗五升
　杂六斗　麦一斗五升
　佣二十日　草六十捆
　五亩　渠接
　　东与鸟□(接)　南与……(接)
　　西与六月盛□□(接)　北与吾移□讹(接)①

---

① 俄罗斯科学院东方研究所圣彼得堡分所、中国社会科学院民族研究所、上海古籍出版社编:《俄藏黑水城文献》第十四册,上海:上海古籍出版社,2011年,第262页;译文见史金波:《西夏农业租税考——西夏文农业租税文书译释》,《历史研究》2015年第1期。

Инв.No.8372 耕地租役草账(2-2)

两件税账中的"册"与法律文献中"地簿"的"簿",西夏文均为"𗼇",册即簿。Инв. No.4067号税账"册上十亩地"是指地簿上登记的个人耕地数量,Инв.No.8372号税账"册上有□十亩地",土地亩数残,从所纳租役草推算在册土地为六十亩,十亩、六十亩对应法律条文"地簿上登录顷亩、斗升、草之数"中的"顷亩"。

西夏登记地簿的目的是收税。地簿上登记的种种地租,郡县管事者当紧紧催促,使之于期限内交纳完毕。

诸税户所属种种地租见于地簿,依各自所属次第,郡县管事者当紧紧催促,令于所明期限缴纳完毕。其中住滞时,种种地租分为十分,使全纳、部分纳、全不纳等时,功罪依所定实行。[①]

在催促的过程中,以地簿上登记的种种租为依据,逐家逐户征收,不能跳过或漏征,载:

催促地租者令一班小监当分别按纳册催促其人地租,不许另过。违律

---

① 史金波、聂鸿音、白滨译注:《天盛改旧新定律令》,北京:法律出版社,2000年,第493页。

另过时,过者、导助者所在局分大小等,一律依执牧农重事转院罪状判断。①

为了保证地簿上登记的信息准确无误,赋税落实到人,西夏法律对土地买卖、新增,以及注销后纳税人的变化等十分关注。

三年不耕种、不纳租役草的抛荒地,以及不属官私的生地,有人愿意主动开垦,当告知转运司,在询问过土地相邻的家主、弃地主人之后,证明土地确为抛荒地或生地,发放耕种文书,在簿册上备案,允许他人耕种。考虑到前期人力和成本的投入以及作物生长周期,开荒以三年为期,三年以内不承担任何与土地相关的赋役,三年以后,转运司派人前去丈量,依据庄稼的长势并参照地界相接农户的赋税等级,当为上、次、中、下、末五等租之其中一等,同时将新开垦的土地及租役草在该年内于该户原有地簿上注册,进入正常的收缴程序②。僧人、道士、大小臣僚等因公索求土地卖给普通农户时,农户当在一年之内告知转运司,将新增加的顷亩数量注册于地簿之上,按比例交纳租役草。若隐瞒不报,逾一年,逃避的租役草数计量,比偷盗罪减一等处罚,并补交租役草数③。

由于土地所有人和顷亩数量有变更,每三年需推察土地信息重新登记造册,律令有载:"边中、畿内税户家主种地纳租法:年年死亡、外逃、地头无人、依次相卖,所改变之情须有,虚杂不入,典册清洁,三年一番,司衙及中书郡县等处所置新册当卷之使牢。"④因年年有死亡、外逃、地头无人、依次相卖等所有者和顷亩数量的变化,地簿有涂改,为保持簿册整洁,每三年需重新置册。"典册清洁"是重新造册的原因之一,更重要的是土地信息的变更对税收有着直接的影响。法律规定土地信息的变更由税户家主向转运司主动申报,体现在律令条文中就是提出注销申请的土地所有者以及土地买卖中的买方要求变更,如"致不堪耕种而为舍,告曰我求注销者""卖者地名中注销,买者曰'我求自己名下注册'""诸人买时,自买日始一年之内当告转运司",但为了逃避赋税时有瞒报,因此,法律要求由熟悉各户基本情况的基层管理者农迁溜推察各自管辖范围内变卖田地的情况,若有,家主勿来,农迁溜统计上报,郡县造册,通过这种土地普查的形式,全面了解各税户家主土地信息,以足额征收赋税。

---

① 史金波、聂鸿音、白滨译注:《天盛改旧新定律令》,北京:法律出版社,2000年,第494页。
② 史金波、聂鸿音、白滨译注:《天盛改旧新定律令》,北京:法律出版社,2000年,第492页。
③ 史金波、聂鸿音、白滨译注:《天盛改旧新定律令》,北京:法律出版社,2000年,第496页。
④ 史金波、聂鸿音、白滨译注:《天盛改旧新定律令》,北京:法律出版社,2000年,第515页,"司衙"原作"司干"。

农迁溜、小监、小甲于自己所辖家主人中推寻有无变卖田地。有则家主人勿来,农迁溜、小监人当推察。所属郡县内人自二月一日始,一县写五面地簿板簿,自己处及皇城、三司、转运司、中书等当分别予之。①

纳税完毕,由官方发放纳税凭据。凭据一式两份,税户一份,作为完税的证明,官方一份,留底统计。黑水城出土法律文献中载:

诸税户家主当指挥,使各自所属种种租,于地簿上登录顷亩、斗升、草之数。转运司人当予属者凭据,家主当视其上依数纳之。其中有买地亦当告,令与先地簿所有相同,予之凭据。家主人不来索凭据及所告转运司人不予凭据等时,有官罚钱五缗,庶人十杖。②

"转运司人当予属者凭据"中的"属者"是种种地租的属有者,即纳税人,这份凭据是留给税户家主的,由转运司发放。家主人不取凭据,或者转运司官员不予凭据,都会受到惩罚。收税后官方也留有凭据,载:

诸郡县转交租,所属租役草种种当紧紧催促,收据当总汇,一个月一番,收据由司吏执之而来转运司。催租不果,后当在任上催租,每月分析中勿来,春秋磨勘租时,依前法一并当唤来磨勘。若催租者大人每月另交收据有侵扰时,转运司大人、承旨、都案、案头、司吏等谁知者,有官罚马一,庶人十三杖。③

条文中的"收据"由郡县司吏送至转运司。上一条律令中纳税后收据已经发给了纳税者作为完税凭据留存,这里的收据肯定不是税户家主手中的凭据,而是纳税后官府存档的那份。故此推断,纳税后的收据为一式两份,分别由纳税人和所属郡县持有,所属郡县的收据为后续磨勘所用,一个月一番,收据由司吏执之转运司。催缴租条文中所属郡县于十一月一日之前将簿册、凭据上交转运司,"凭据"即条文中的"收据"。所属郡县将纳税收据汇总上交给转运司,转运司根据地簿和收据统计已纳未纳数,磨勘司以此磨勘审计。

---

① 史金波、聂鸿音、白滨译注:《天盛改旧新定律令》,北京:法律出版社,2000年,第515页。
② 史金波、聂鸿音、白滨译注:《天盛改旧新定律令》,北京:法律出版社,2000年,第508页。
③ 史金波、聂鸿音、白滨译注:《天盛改旧新定律令》,北京:法律出版社,2000年,第507页。

甘肃武威亥母洞遗址中出土有两件乾定酉年（1225年）增纳草捆文书，分别是交给纳税户的收据和官方留底保存的凭据，在《中国藏西夏文献》第十六册中公布，文书编号为G31-05[6730]、G31-07[6731]。G31-05[6730]为正反两面，"单页。土黄色麻纸。高17.5厘米，宽13厘米。两面均有西夏文字。正面2行，一处画押，有4字西夏文朱印一方；背面8行，一处画押"。G31-07[6731]也为正反两面，中国藏中仅附正面图版，"单页。浅黄色麻纸。高19厘米，宽13.5厘米。两面均有西夏文字。正面2字，有4字西夏文朱印一方；背面2行，并有大小不等的几处签字、画押"①。

梁继红、史金波两位先生对这两件西夏文文书做过研究。《武威藏西夏文乾定酉年增纳草捆文书初探》一文从文献释读和反映的西夏社会问题两个方面对文书进行了西夏文转写、汉译，并将其定性为西夏乾定酉年增纳草捆文书，分析了这组文书的价值，认为它是西夏政府基层组织征收赋税时出具的一式两份的正式官方文书。文书还结合《天盛律令》还原了西夏政府基层组织向农户收取租税时的执行、监督、检察等一系列较为规范且严格的管理程序，考证了押印上的西夏职官"守库主管""库守""起文字者""库监"，提出"增二捆"当指官府在法律规定之外又额外增收的租赋，是西夏末期国力空虚，民不聊生社会现状的反映②。史先生在其著作《西夏经济文书研究》中着重对其中的一件G31-005[6730]号文书重新进行了释读，同样认为这两件文书为西夏乾定酉年向政府纳税时的凭证③。

为便于分析现将这两件文书译文摘录如下：

G31-005[6730]-2P背面：
里溜头领没细苗盛
　　一户折学戏④增二捆，一捆麦草，一捆粟草。
　　乾定酉年　月　日
　　库守郝　大石⑤　大石　大石

---

① 宁夏大学西夏学研究中心、国家图书馆、甘肃省古籍文献整理编译中心编：《中国藏西夏文献》第十六册，兰州：甘肃人民出版社、敦煌文艺出版社，2005年，第390—391、393页。
② 梁继红：《武威藏西夏文乾定酉年增纳草捆文书初探》，《西夏学》第十辑，上海：上海古籍出版社，2014年。
③ 史金波：《西夏经济文书研究》，北京：社会科学文献出版社，2017年，第103页。
④ 梁文中此处为"□□□"，史文中说此处文字不清，据形体判断，暂录。
⑤ 梁文中此处为"大石"，二者撰写的西夏文一致，为音译的人名。

做官簿者① 钟(画押)
　□□大石　大石　大石
　库监　大石(画押)
官

G31-007[6731]PV 正面：
里溜没细苗盛
　一户□□□增二捆,麦草一捆,粟草一捆
　　□□
　库守郝　大石(画押)
　做官簿者钟
　……　(画押)
户

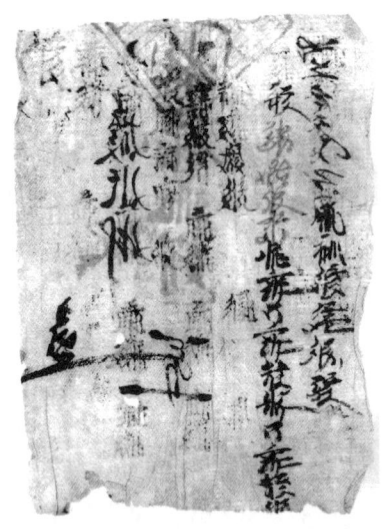
G31-005[6730]-2P 乾定酉年文书(2-2V)

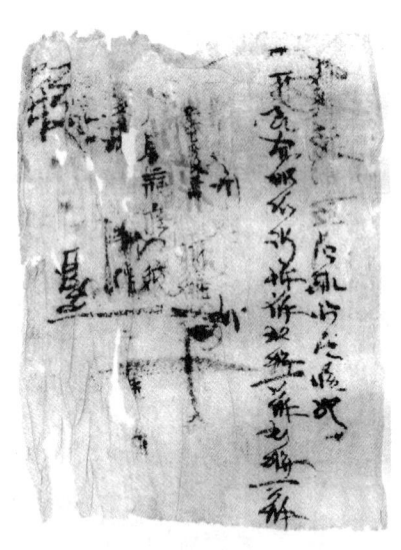
G31-007[6731]PV 文书残页

已有成果均强调两件文书左上角的西夏文大字,G31-005[6730]-2P上的大字是"官",G31-007[6731]上的大字是"户",印证了黑水城出土法律文献中的记载,租税交纳完毕后分别有两件凭据,一件是给纳税农户的完税证明,即写有

---

① 梁文中此处为"起文字者",西夏文取"𗧘𘟥𗱭𗢳",史文"做官簿者",西夏文取"𘜶𘃡𗱭𗢳",前两个西夏文字上钤盖有朱印,并非"𗧘𘟥",似为"𘜶𘃡"。

"户"的这件,另一件是给官方留底汇总的收据,即写有"官"的这件。这两件文书并非对应的一式两份,因为"户"文书中的人名与"官"文书中的人名不相同,但从形制和其他内容来判断,它们各自还应有一件对应的文书,才能构成真正意义上的"一式两份"。

文书上方钤盖有朱印,经识别为"守库主管"或"守库头监",与文书中的落款"库守""库监"同属一个机构,朱印为接收草捆的仓库所属官印,"库守""库监"为官库的官员,画押、朱印意味着草捆已经交纳入库,说明一式两份的凭据是在纳税完毕之后发放的。同时,文书上的字体不一,前两行为草书,而且人名的部分字迹较淡,草书以外的部分字体较为工整,为印刷体,官、户二字的字体远远大于其他字体,为墨书手写。字体上的细节反映出书写时间上的不同,也就是说这两件文书并非一次完成,一些固定的内容是已经印刷好的,而文书的前两行草书和纳税的人名是根据纳税的具体信息后来填写的。增纳的草捆"麦草""粟草"在黑水城出土的法律文献中有记载,一顷五十亩一幅地,麦草七束、粟草三十束,这里仅记草束数量,并未写土地顷亩。

这两件出土于武威的纳草账与黑水城出土《天盛律令》同为西夏时期的第一手资料,一则为社会文书,一则为法律文书,内容相互印证,从官方规定和出土实物两方面反映了西夏的纳税凭据,这些凭据与元代黑水城地区出土的税票有相似之处。

第三节 其他西夏赋税

西夏的赋税以土地税为主,除此之外还包括其他内容:一是官方专卖或由官方控制的商业买卖活动而产生的税收,如盐、酒等政府专卖物资税;二是生产、生活物资交易税,如羊、马等牲畜,布、绢等纺织品,以及土地的买卖税;三是西夏榷场税;四是人口税;五是耕地用水税。盐酒等商品的专卖和生产生活物资的买卖都与商业活动有关,在黑水城出土《天盛律令》中记载有限,社会文书的数量也不多。榷场税、人口税主要来源于西夏文文书,法律文献中没有记录。耕地水税在社会文书中有保留。这部分内容资料少,已有研究较为充分,本文仅略做补充,以展示除土地税以外的其他赋税,勾勒西夏赋税的基本面貌。

一、盐酒税

盐在古代由官方专卖,西夏也不例外,境内盐州、灵州、夏州、甘州、沙州等多地产盐。西夏的盐多为池盐,制作方法是畦种,在池内治畦,引水灌入,通过日晒的方式自然形成后采掘。这些盐池多承自唐代,唐代有盐池十八,其中盐州五原有乌池、白池、瓦池、细项池,灵州有温泉池、两井池、长尾池、五泉池、红桃池、回乐池、弘静池,会州有河池①。在西夏众多的盐池中,乌池和白池久负盛名。唐代乌池产区,年产量可观,以盐易米。《旧唐书》中载,乌池置榷税使,以征盐税,"乌池在盐州,旧置榷税使。长庆元年(821年)三月,敕乌池每年粜盐收博榷米,以一十五万石为定额"②。到了西夏时期,乌、白池的意义就更大了,"乌、白盐池,夏贼洎诸戎视之犹司命也"③"青白盐出乌、白两池,西羌擅其利"④。庆历时期,李元昊曾提出每年向宋朝出售青盐10万石,尽管这种公开贸易的方式遭到了宋仁宗的拒绝,但青白盐贸易利润丰厚,宋夏沿边地区私自贩卖屡禁不止。《宋史》载:"以延、庆、环、渭、原、保安、镇戎、德顺地近乌、白池,奸人私以青白盐入塞,侵利乱法。""自范祥议禁八州军商盐,重青白盐禁,而官盐估贵,土人即蕃部贩青白盐者益众,往往犯法抵死而莫肯止。"⑤

正因为乌、白池所产青、白盐,产量高,质量优,五代时期,对青白盐征榷就有明确规定,青盐的盐税高于白池,青盐一石抽税八百文、盐一斗,白盐一石抽税钱五百文、盐五升。"青白池务,素有定规,只自近年,颇乖循守。比来青盐一石,抽税钱八百文足陌、盐一斗;白盐一石,抽税钱五百文、盐五升。其后青盐一石,抽钱一千、盐一斗。访问更改已来,不便商贩,蕃人汉户,求利艰难,宜与优饶,庶令存济。今后每青盐一石,依旧抽税钱八百文,以八十五为陌,盐一斗;白盐一石,抽税钱五百、盐五升。此外更不得别有邀求。访闻边上镇铺,于蕃汉户市易粜籴,私有抽税,今后一切止绝。"⑥西夏时期,乌池一斗一百五十钱,其余各池一斗一百钱。《天盛律令》明确规定:

> 诸人卖盐,池中乌池之盐者,一斗一百五十钱,其余各池一斗一百钱,当计税实抽纳,不许随意偷税。倘若违律时,偷税几何,当计其税,所逃之税数以偷盗法判断。⑦

---

① [宋]欧阳修:《新唐书》卷五四,北京:中华书局,1987年,第1377页。
② [后晋]刘昫:《旧唐书》卷四八,北京:中华书局,1995年,第2110页。
③ [宋]李焘:《续资治通鉴长编》卷四四,咸平二年六月戊午条,北京:中华书局,2012年,第951页。
④ [元]脱脱等:《宋史》卷一八一,北京:中华书局,2014年,第4419页。
⑤ [元]脱脱等:《宋史》卷一八一,北京:中华书局,2014年,第4417、4419页。
⑥ [宋]薛居正:《旧五代史》卷一四六,北京:中华书局,1987年,第1952页。
⑦ 史金波、聂鸿音、白滨译注:《天盛改旧新定律令》,北京:法律出版社,2000年,第566页。

为了便于征税,西夏专门设置针对池盐的税务机构"池税院",可见池盐在西夏税收中占一定比例,官方比较重视池盐税的收缴。在征税过程中,为了防止偷漏行为,还会派遣巡检前去督查,与池税院局分共同监督,在巡检的人数上规定,大盐池派二人,小盐池派一人。

> 分遣监池者,池大则派二巡检,池小则派一巡检,与池税院局分人共监护之。□池者当就近次第总计,每三四种当派一巡检,以下家主中不须派监池者。①

酒也是政府专卖。西夏对酒的专卖主要通过管控制酒原料——曲的生产和销售。诸人不许私造曲,违律者按照造曲的数量治罪,一缗至二十缗,主犯、从犯判罪不等,最低主犯十三杖、从犯十杖,最高主犯无期徒刑,从犯十二年。可见,私自造曲的量刑还是比较重的。

> 诸人不许私造曲。若违律时,当量先后造曲若干斤。一缗以内,造意十三杖,从犯十杖。一缗以上至二缗,造意徒六个月,从犯徒三个月。二缗以上至四缗,造意徒一年,从犯徒六个月。四缗以上至六缗,造意徒二年,从犯徒一年。六缗以上至八缗,造意徒三年,从犯徒二年。八缗以上至十缗,造意徒四年,从犯徒三年。十缗以上至十二缗,造意徒五年,从犯徒四年。十二缗以上至十四缗,造意徒六年,从犯徒五年。十四缗以上至十六缗,造意徒八年,从犯徒六年。十六缗以上至十八缗,造意徒十年,从犯徒八年。十八缗以上至二十缗,造意徒十二年,从犯徒十年。二十缗以上一律造意无期徒刑,从犯徒十二年。②

西夏的酒有小曲酒、酽酒、普康酒等,官方严令禁止私酿、私售。黑水城出土文书对不同酒的私自酿饮者都有处罚,以小曲酒为例,"国内诸人不许酿饮小曲酒。若违律酿饮时,先后所酿小曲酒几何,当总计其数,诸都案、案头、司吏、卖糟局分人、其余与平等之司大人、承旨、偏问者遣诸检校"③。西夏法律对酒的管控,

---

① 史金波、聂鸿音、白滨译注:《天盛改旧新定律令》,北京:法律出版社,2000年,第535页。
② 史金波、聂鸿音、白滨译注:《天盛改旧新定律令》,北京:法律出版社,2000年,第564页。
③ 史金波、聂鸿音、白滨译注:《天盛改旧新定律令》,北京:法律出版社,2000年,第565页。

还体现在对买曲者的惩罚上。买者知晓是曲仍买,比造曲者中的从犯减一等,不知者不治罪,他人举告,各赏钱缗不等。"买者知晓,则当比从犯减一等。若买者不知,勿治罪。他人告举时,举赏:自杖罪至徒六个月赏五缗,徒一年赏十缗,徒二年赏二十缗,徒三年赏三十缗,徒三年赏三十缗,徒四年赏四十缗,徒五年赏五十缗,徒六年赏六十缗,徒八年赏七十缗,徒十年赏八十缗,徒十二年赏九十缗,无期徒刑赏一百缗,当由各犯罪者依罪情次第承当予之。"①西夏法律不允许私自制曲买曲、酿饮酒,是为了将酒曲的专卖权牢牢控制在政府的手中。法律文献中明确规定了酒曲的价格。

> 诸处踏曲者,大麦、麦二斗当以十五斤计,一斤当计三百钱卖之。②

酒户买曲是要收税的,西夏都城中兴府每日卖曲所得税钱,按规定于每晚磨勘,其余五州一个月一磨勘,载:

> 中兴府租院租钱及卖曲税钱等,每日之所得,每晚一番,五州地租院一个月一番,当告三司,依另列之磨勘法施行。③

《天盛律令》中多次提到了一个专门的机构"卖曲税院",卖曲税院在诸多地方都有设置,共计19种,院内设小监、出纳、栏头等职,如大都督府属卖曲税院设二小监、二出纳、一掌钥匙、十栏头,定远县、回定堡、怀远县、临河县等18处卖曲税院均设二小监、二出纳、四栏头④。

二、买卖税

西夏的买卖税涉及范围广泛,布、绢、牛、羊、土地等与商业有关的活动都要交纳买卖税。黑水城出土文书中买卖税的内容主要在《天盛律令》和社会文书中。《天盛律令》卷十八中关于赋税的记载分别在缴买卖税、舟船、杂曲、盐池开闭、能增定税罚贪、派供给小监、减摊税、年食工续、他国买卖⑤九门中,目前多数内容已佚,仅有条目及少量西夏文保存。以《缴买卖税门》为例,门下有隐买卖

---

① 史金波、聂鸿音、白滨译注:《天盛改旧新定律令》,北京:法律出版社,2000年,第565页。
② 史金波、聂鸿音、白滨译注:《天盛改旧新定律令》,北京:法律出版社,2000年,第566页。
③ 史金波、聂鸿音、白滨译注:《天盛改旧新定律令》,北京:法律出版社,2000年,第529页。
④ 史金波、聂鸿音、白滨译注:《天盛改旧新定律令》,北京:法律出版社,2000年,第534、535页。
⑤ 史金波、聂鸿音、白滨译注:《天盛改旧新定律令》,北京:法律出版社,2000年,第561页。

税、开铺者等先后纳税法、免税开铺、地方不同处纳税、告奏索税、船上畜税、卖价取量不纳租、地界以外不纳税、重复出卖免税、媒人弃妻价不纳税、寻求免税供上虚谎量取等条目。《盐池开闭门》中有纳盐税法、盗抽闭池盐等条目。《能增定税罚食门》中有能增定税、罚贪除日限等条目。《减摊税门》中有减蒲草税等条目。记载买卖税的社会文书数量有限，但我们可以从中发现牛、羊、布的买卖税，以及专门的买卖税机构"买卖税院"，《西夏社会》《西夏经济文书研究》中已将相关西夏文文书译为汉文，并详加分析[①]。

党项民族以畜牧为业，元昊说"衣皮毛，事畜牧，蕃性所便"，建立政权后，尽管大力发展农业，但畜牧业依然在经济生活中占有举足轻重的地位，灵州、夏州、盐州、丰州、河西走廊等多地水草丰美，畜牧孳息。对于官方来说，畜牧在战争、运输、乳畜供给等方面意义重大，所以《天盛律令》严格制定了牲畜的登记、磨勘、调换、死减等一系列规定，以提供充足优质的官畜。对于民间来说，牲畜与百姓的生活、生产息息相关。黑水城出土有许多涉及牲畜买卖的契约，如Инв.No.2546-1、2、3《天庆亥年卖畜契》、Инв.No.5124-1、2、3、4《天庆寅年卖畜契》、Инв.No.5404-8《天庆甲子年卖畜契》、Инв.No.7630-2《光定酉年卖畜契》等，虽然契约本身没有纳税方面的记载，但牲畜买卖属于商业活动，需要交纳商税。

俄藏黑水城文献中保留了一件西夏文买卖税文书Инв.No.6377-13，记录了买布、羊、牛等的税率，史金波先生将其译为汉文，并在他的《西夏社会》中详加说明，这件文书后来又在《西夏经济文书研究》中再次提到，并从译文的内容上做了进一步的修订和补充。

……
女□思买二匹布税三斗二升
老房盛买三羊税二斗八升
老房□买一羊四羖税三斗二升
酪布□力买一羊税一斗二升
　　主簿者蒐移
　　　□借□□
　　库监　蒐名□□
……官者大人（大字）（画押）

[①] 史金波：《西夏社会》，上海：上海人民出版社，2007年；《西夏经济文书研究》，北京：社会科学文献出版社，2017年。

……六日三石四斗一升
……□□花买羖税四斗
……奴□买牛三斗二升　　朱□羊税二斗
张奴子羊税二斗
契丹金刚王成买七羊四羖八斗二升
□□儿二转一羊一斗二升
李梵茂买三羊转二斗八升
张奴子买二羖一斗二升
大石□□□买二转税八升
蒐移□令四母羊二斗二升
使军铁乐三羖幼羊二斗[①]

Инв.No.6377-13　西夏文买卖文书

补充后的文书记有买者人名、购买的物品和数量以及缴税数。文书中所买物品有布、羊、羖、牛、转、母羊、幼羊，其中"女？思买二匹布税一斗二升"，买一匹布需纳税六升；"老房盛买三羊税二斗八升""铭布？力山买一羊税一斗二升""张奴子羊税二斗"，可知买一只羊税八升至二斗不等；"□□□花买羖税四斗""张奴子买二羖一斗二升"，可知买一只羖税四斗至六斗不等；"大石□□□买二转税八

---

① 俄罗斯圣彼得堡东方学研究所手稿部藏黑水城文献 Инв.No.6377，译文见史金波：《西夏社会》，上海：上海人民出版社，2007年，第181页；《西夏经济文书研究》，北京：社会科学文献出版社，2017年，第181页。

升",牲畜中的"转"可能是指已死亡的羊,买一转需纳税四升;"嵬移？令四母羊二斗二升",买一只母羊纳税五升左右。文书中保留下来的所有物品无论是牲畜还是生活用品,买卖税都是以粮食来计算的,从四升到二斗不等,相比于西夏京畿的土地税税额,买卖税的税额还是比较高的。

西夏牲畜交换同牲畜买卖一样要交纳买卖税。换畜契约本身只记载换畜事宜,与纳税无关,但是《叙录》在介绍Инв.No.4195《天庆午年换畜契》时提到,该契约上钤盖上覆荷叶、下托莲花的西夏文买卖税院朱印,朱印高22厘米,宽7厘米,遗憾的是在第十三册图版中的这枚朱印不是很清晰。尽管如此,这枚官印足以证明两件事:其一,针对商业买卖,西夏专门设置了买卖税院,这个机构的设置是其他文献中没有提到的;其二,西夏的牲畜交换被认为是商业活动,故而我们推测在西夏订立契约的商业活动统归买卖税院负责,钤盖官印表示官方的认可,也是完税的证明。

《天盛律令》中明确记载西夏允许土地买卖,出土的大量卖地契可以看出由于经济、战争等原因土地买卖并非个例,而关于土地买卖税却在黑水城文献中少有涉及。俄藏Инв.No.4193《天庆戊午五年卖地契》、Инв.No.4194《天庆庚申年卖地契》上钤盖有与《天庆午年换畜契》形制、大小基本一致的买卖税院官印。

  Инв.No.4193天庆戊午五年卖地契
  写本。残页。麻纸。高23.2,宽43.1。西夏文12行。草书。第1行有"天庆戊午五年正月五日"(1198年)诸字。末有署名、画押。画押上有土地四至。押捺上覆荷叶、下托莲花西夏文买卖税院朱印,高22,宽7。

  Инв.No.4194天庆庚申年卖地契
  写本。残页。麻纸。高22.9,宽57.1。西夏文19行。草书。第1行有"天庆庚申年二月二十二日"(1200年)诸字。末有署名、画押。画押上有土地四至。押捺上覆荷叶,下托莲花西夏文买卖税院朱印三方,高22,宽7。

  Инв.No.4195天庆五年换畜契
  写本。残页。麻纸。高23,宽37.6。西夏文12行。草书。第1行有"天庆午年正月十日"(1198年)诸字。有署名、画押。押捺上覆荷叶,下托莲花西夏文买卖税院朱印,高22,宽7。①

上述三件契约中有两件是同一年的文书,另外一件的年款与它们相距不远。可见,牲畜的买卖和交换以及土地买卖在承担牲畜、土地本身的价格以外,还要向官方交纳交易税,由买卖税院负责,钤盖朱印,以此证明买卖双方受官府承认和保护。这枚官印的发现不仅为买卖税的征收增加了新的内容,而且也为买卖税院设置的时间提供了一些线索。此外,敦煌发现一件汉文写本《嵬名法宝达残卖地契残页》②,是嵬名法宝达出卖自己土地的契约,契约上钤盖朱印4方,其中应有官方税务机构的一枚官印。

三、榷场税

辽宋西夏金时期,在边境交接区域设置的用以互通有无的市场即为榷场。景德四年(1007年),应李德明的请求,宋朝在保安军置榷场,从此开始了与西夏的贸易往来,宋朝以织品、香料、瓷器等交换西夏的牲畜、毛织品、药品等。此后,宋朝还在镇戎军的高平寨、延州、麟州等地曾设有榷场。金朝强大后,占领了北宋的大片领土,1127年北宋灭亡,金朝成为与西夏领土相邻的政权,取代北宋、辽与西夏开展榷场贸易,一方面金朝恢复了北宋夏、辽夏的榷场,另一方面又增加了新的设置,包括云中西北过腰带、上石楞坡及天德军、云内州、银瓮口、东胜州、环州、庆州、兰州、保安州、绥德州等。黑水城出土文书中有一组西夏南边榷场使文书,其内容与榷场有关,涉及榷场税。

这组文书分别收藏于俄罗斯和英国,先后在《俄藏黑水城文献》和《英藏黑水城文献》中公布。俄藏第六册的西夏南边榷场使贸易文书共计13件,有 Инв.No.307(2-1、2-2)《呈状》、Инв.No.308《收税文书》、Инв.No.313《收姜椒绢等文书》、Инв.No.315(2-1、2-2)《文书》、Инв.No.316《呈状》、Инв.No.347《榷场使兼拘榷西凉府签判文书》、Инв.No.348《天庆三年呈状》、Инв.No.348V《呈状》、Инв.No.351《文书》、Инв.No.352A《呈状》、Инв.No.352B《榷场使文书》、Инв.No.353《呈状》、Инв.No.354《南边榷场使呈状》。在《叙录》中,文书所用纸张均来自西夏文刻本经折装《大方广佛华严经》,其中 Инв.No.307 为卷第二十三封套

---

① 俄罗斯科学院东方研究所圣彼得堡分所、中国社会科学院民族研究所、上海古籍出版社编:《俄藏黑水城文献·叙录》第十四册,上海:上海古籍出版社,2011年,第57页。
② 宁夏大学西夏学研究中心、国家图书馆、甘肃省古籍文献整理编译中心:《中国藏西夏文献》第十六册,兰州:甘肃人民出版社、敦煌文艺出版社,2005年,第46页。

裱纸、Инв.No.308 为卷第二十四封套裱纸、Инв.No.313 为卷第二十九封套裱纸、Инв.No.315 为卷第三十五封套裱纸、Инв.No.316 为卷第三十七封套裱纸、Инв.No.347 为卷第十七封套裱纸、Инв.No.348 为卷第十八封套裱纸、Инв.No.351 为卷第三十九封套裱纸、Инв.No.352A、B 为卷第三十二封套裱纸、Инв.No.353 为卷第三十六封套裱纸、Инв.No.354 为卷第三十八封套裱纸。已有成果将这 13 件用纸一致、内容相连的文书认定为同一组文书。

Инв.No.307

(2-1)

1. ……
2. ……□①
3. 算
4. 　　　申
5. ……有本府住户酒五斤等部……
6. ……违禁,其五斤等元带 褐段 ②、毛……
7. ……扭算,收上税历,会为印讫,仍将……
8. …… 发 ③遣赴
9. ……何,须至申
10. ……伍段,博买川绢价肆拾捌匹半,收……
11. ……叁拾赤捌分,准河北绢叁拾叁赤玖寸……
12. ……肆匹,生押纱半匹计陆分
13. ……壹拾柒匹,连抄壹万伍伯张④,计捌匹
14. ……计壹匹,河北绢贰匹,计肆匹……

(2-2)

1. ……使　申
2. ……排官头子,所有镇夷住户……

---

① 孙继民等著:《俄藏黑水城汉文非佛教文献整理与研究》(中),北京:北京师范大学出版社,2012年,第675页作"高"。

② 据《英藏黑水城文献》第四册,第295页补。

③ 据下文补。

④ "壹万伍伯张",《俄藏黑水城汉文非佛教文献整理与研究》作"壹万伍伯钱",杨富学、陈爱峰:《黑水城出土夏金榷场贸易文书研究》,《中国史研究》2009年第2期,作"壹千伍伯张",杜建录、史金波著:《西夏社会文书研究》,上海:上海古籍出版社,2010年,第224页作 "壹力[仟]伍伯张"。

3. ……依法搜检,并无违禁,其何……
4. ……回货依例扭算,收上税历,会……
5. ……下项开坐,发遣赴
6. ……照会作何,须至申
7. ……黄褐伍拾捌段,白褐叁段,毛罗……
8. ……　价壹①伯壹拾壹匹,收税川绢……
9. ……　准河北绢贰匹柒赤柒寸。

Инв.No.308

1. ……□肆拾玖段,白褐□□□……
2. ……绢价玖拾玖匹半,收税川……
3. ……壹赤三寸陆分,准河北绢……
4. ……肆赤陆寸半
5. ……拾捌斤,计壹拾叁匹陆分
6. ……斤,计壹拾□匹……

1. ……匹,计壹拾叁匹陆分,生姜贰拾伍……
2. ……拾玖段,白褐陆段,博买川……
3. ……拾柒匹半,收税川绢壹拾……
4. ……河北绢壹匹贰拾陆赤贰……
5. ……柒匹,计壹拾伍拾匹肆……
6. ……□②拾捌斤,计贰拾伍匹陆……
7. ……　捌……

Инв.No.313

1. ……绢缬肆匹……
2. ……绢壹拾壹匹,计贰拾贰匹,川缬柒匹……
3. ……条柒条,计壹匹柒分半,　体……
4. ……柒匹半,计壹拾贰匹柒分半,干姜……
5. ……抄玖仟,计柒□分,椒柒拾壹……

---

① 《俄藏黑水城汉文非佛教文献整理与研究》作"叁"。
② 《西夏社会文书研究》第228页作"贰"。

6. ……缬壹匹，计壹匹，　　水獭皮……
7. ……黄褐壹拾陆段，博买川绢价贰……
8. 　壹匹壹赤玖寸贰分，准河北绢……
9. ……伯壹拾斤，计柒匹叁分，川缬壹……
10. ……子壹匹，计捌分，　　小绐缬贰匹……
11. ……绢叁匹，计陆匹，中绢壹匹，计壹匹……
12. ……缬贰匹，计叁匹肆分，小□①柒副，计壹匹肆……
13. ……黄褐肆拾段，白褐陆段，白缨叁拾……
14. 　收税川绢叁匹叁拾赤柒寸贰分……
15. ……柒匹，小绢子壹匹，计壹匹叁分，小绐……
16. ……□②椀壹伯对，计伍匹，河北绢玖匹，计壹拾……
17. ……条伍条，计壹匹贰分半，墨陆伯挺③，计叁匹……
18. ……挺茶贰拾块④，计壹匹，小晕缬壹拾贰匹……
19. ……壹匹肆……⑤，计壹拾贰匹，椒壹拾伍斤，计……
20. ……计壹匹贰分半⑥，小□贰拾……
21. ……计贰匹，体体⑦壹匹，计……

Инв.No.315

(2-1)

1. 南边榷场使
2. ……准　银牌 安排官 头……
3. ……等元带褐段⑧下……
4. ……褐段等尽卖，博买回……
5. ……会印讫，仍将回货一就……

---

① 此字左右结构，左边革，右边不识，第20行"□"也是该字。《西夏社会文书研究》第227页作"鞯"，《俄藏黑水城汉文非佛教文献整理与研究》第680页作"鞯"，《黑水城出土夏榷场贸易文书研究》作"鞯"。
② 《俄藏黑水城汉文非佛教文献整理与研究》《黑水城出土夏金榷场贸易文书研究》均作"瓷"。
③ 《俄藏黑水城汉文非佛教文献整理与研究》第681页作"锭"。
④ 《俄藏黑水城汉文非佛教文献整理与研究》第681页作"斤"。
⑤ 《西夏社会文书研究》第227页未识，《黑水城出土夏金榷场贸易文书研究》作"壹拾□"。
⑥ 此句前，《黑水城出土夏金榷场贸易文书研究》作"贰□叁□"，《黑水城出土夏金榷场贸易文书研究》作"□□柒"。
⑦ 《俄藏黑水城汉文非佛教文献整理与研究》第681页作"体分"。
⑧ 《俄藏黑水城汉文非佛教文献整理与研究》第682页作"下项"，《西夏社会文书研究》第230页作"丝段"。

6. ……银牌安排官所前去……
7. ……上者
8. 　　王大成黄褐①壹伯……
9. 　　　　　伍段……
10. 　　　　税绢……
11. 　　　　绢柒……
12. 　　川绢壹伯叁拾柒……
13. 　　大纱玖匹,计贰拾……
14. 　　小绫叁拾匹
15. 　　中罗缬贰匹,计……
16. 　　河北绢陆匹,计壹……
17. 　　槐子捌斗,计贰匹……
18. 　　蜜壹伯②斤,计捌……
19. 　康牛儿③黄褐壹拾……
20. 　　　　河北绢④……
21. 　　　　□□⑤……
22. ……玖匹⑥,计壹……
23. ……,计……

(2-2)⑦

1. ……
2. 白……
3. 孙……

1. ……□肆斤,计壹……
2. ……干姜叁斤,计陆分……
3. ……拾贰……

---

①《黑水城出土夏金榷场贸易文书研究》作"粗褐"。
②《俄藏黑水城汉文非佛教文献整理与研究》第682页作"壹拾"。
③《西夏社会文书研究》第230页未识。
④《黑水城出土夏金榷场贸易文书研究》作"地川绢",《西夏社会文书研究》第230页作"□川绢"。
⑤《俄藏黑水城汉文非佛教文献整理与研究》第682页、《黑水城出土夏金榷场贸易文书研究》作"拾玖"。
⑥《俄藏黑水城汉文非佛教文献整理与研究》第682页、《黑水城出土夏金榷场贸易文书研究》作"绢玖匹"。
⑦此编号文书为两件残片故分开录文。

第一章 黑水城文书反映的西夏赋税 >> 089

4. ……捌段,白褐壹段,博买到川……
5. ……绢贰拾陆赤贰寸半……
6. ……干姜叁拾伍斤,计柒匹……
7. ……押纱贰匹,计贰匹肆分……
8. ……绢子壹①匹计壹匹贰分……

Инв.No.316

1. 　　　申
2. ……所有奔赴住户席智……
3. ……彼出彼出卖②,前去……
4. ……前来者,依准凭由将……
5. ……并无违禁,其智觉等……
6. ……到回货,依例扭算收税……
7. ……回货开坐下项,一就发……
8. ……乞照会作何,须至申……
9. ……柒段,博买川绢价玖拾肆匹,收税……
10. ……贰拾伍赤陆寸,准河北绢壹匹壹拾肆……
11. ……姜叁伯柒拾斤,计柒拾肆匹……
12. ……壹拾贰斤,计肆匹……

Инв.No.347

1. ……壹赤柒寸伍分
2. ……壹拾陆匹,计叁拾贰匹,小绢子……
3. ……匹,计肆匹,小晕缬贰匹,计……
4. ……叁匹,鹿射箭叁班半,计……
5. ……匹,计陆匹
6. ……带黄褐肆拾伍段,白褐叁段……
7. ……川绢价伍拾柒匹半,收税川……
8. ……捌赤,准河北绢壹匹壹拾伍……
9. ……计贰匹肆分,笔壹仟伍拾管……

①《黑水城出土夏金榷场贸易文书研究》作"绢拾壹匹",《西夏社会文书研究》第229页未识。
②《俄藏黑水城汉文非佛教文献整理与研究》第685页作"赍"。

10. ……计肆匹捌分,川绢壹拾叁……

11. ……匹半,计壹拾叁匹,紫绮壹……

12. ……计壹匹贰分,大匙筋壹拾玖……

13. ……壹匹,计贰匹

14. ……状

15. ……十一月 日碓场使兼拘碓西凉府签判……

Инв.No.348

1. ……①

2. ……所契勘今下三司……

3. ……月十六日分钱共叁伯……

4. ……□准到依□法□赴②……

5. ……柒分白抄上□□□③……

6. 右仰三司处……

7. 大庆三年④……

Инв.No.348V

1. ……须至申

2. ……具申

3. ……谨状

4. ……三年十二月等贺兕⑤……

5. 　　监……

6. 　　监邓⑥……

---

① 《俄藏黑水城汉文非佛教文献整理与研究》第688页此处录"谨状"。

② 《俄藏黑水城汉文非佛教文献整理与研究》第688页此句未识别处分别作"交""新""别",《黑水城出土夏金榷场贸易文书研究》"准"字作"候"。

③ 《俄藏黑水城汉文非佛教文献整理与研究》第688页此句未识四字作"税历会□",《黑水城出土夏金榷场贸易文书研究》录为"税历供上"。

④ 《俄藏黑水城文献》据此处年号将这组文书的时间判定为天庆三年,日本学者佐藤贵保订正为"大庆三年"。

⑤ 《俄藏黑水城汉文非佛教文献整理与研究》第689页作"兕"。

⑥ 《黑水城出土夏金榷场贸易文书研究》和《西夏社会文书研究》第240页作"都"。

第一章　黑水城文书反映的西夏赋税　>>　091

Инв.No.351

1. ……头子所有镇夷郡住……
2. ……见将到黄绢子①贰段,白褐陆段,依法……
3. ……并无违禁,上件黄褐尽卖,替头……
4. ……回货,依例扭算……,税……
5. ……柒匹壹拾陆赤,替头准……贰……
6. ……壹寸贰分半,□上税历,会为印讫,仍将……
7. ……回货一就□下项,□□②赴……安……
8. ……所前去,伏乞照会作何,须至申……
9. 上者
10. 绝子伍匹,计□匹,黄押纱壹匹③,计……
11. ……④

Инв.No.352A

1. 申
2. ……本府住户□□⑤……
3. ……□,并无违禁……
4. ……替头博买到回货……
5. ……印讫,仍将□□等回……
6. ……上司前去,伏乞……
7. ……段,白褐……
8. ……博买川绢价叁拾……
9. ……川绢壹匹贰拾赤捌寸,准……
10. ……贰拾捌赤肆寸贰分半……

---

①《黑水城出土夏金榷场贸易文书研究》作"粗□抄",《俄藏黑水城汉文非佛教文献整理与研究》第690页作"麁□抄",《西夏社会文书研究》第234页作"黄□"。
②《西夏社会文书研究》第234页此处未识二字录"发遣"。
③《黑水城出土夏金榷场贸易文书研究》作"粗押纱壹匹",《俄藏黑水城汉文非佛教文献整理与研究》第691页作"皂押抄拾匹"。
④《黑水城出土夏金榷场贸易文书研究》此行录"匹,小绢条□条,计……",《俄藏黑水城汉文非佛教文献整理与研究》第691页作"皂……陆……"。
⑤《黑水城出土夏金榷场贸易文书研究》未识二字录"关光",《俄藏黑水城汉文非佛教文献整理与研究》第692页作"□米"。

11. ……贰石贰斗①,计伍匹……

Инв.No.352B

1. ……姜叁拾叁斤,计陆匹陆……
2. ……□□柒匹②,计壹拾肆匹……
3. ……贰分,□□纱贰匹,计……
4. ……分,紫押纱壹匹,计壹匹半
5. 　　　川绢贰匹
6. ……碓场使兼拘碓西凉府签判(签押)

Инв.No.353

1. 申
2. ……子所有镇夷郡住户……
3. ……段毛罗,依法搜检,并无……
4. ……毛罗尽出卖了绝,替……
5. ……扭算收税,上历会印讫……
6. ……一就发遣赴　　上司……
7. ……至申　　　　上者
8. ……褐肆拾段,白褐肆段,博买川……

Инв.No.354

1. 南边碓场使　　申……
2. 准　　安排官头子所有……
3. 段,依法搜检,并无违禁……
4. 尽卖,替头博买到回货……
5. 印讫,仍将所博买回货一就……
6. 上司前去,伏乞照会,作何……
7. 上者

---

①《黑水城出土夏金榷场贸易文书研究》作"十匹,□米贰石贰斗",《俄藏黑水城汉文非佛教文献整理与研究》第692页作"贰仟"。

②《黑水城出土夏金榷场贸易文书研究》作"□绢柒匹",《俄藏黑水城汉文非佛教文献整理与研究》第693页作"花椒柒斤"。

8. 张师……①

最早对这组文书展开讨论的是日本学者佐藤贵保②,此后我国学者史金波、杨富学、陈爱峰、赵天英、杜建录、孙继民、许会玲、杜立晖、陈瑞青③等多位先生从不同角度进行研究,成果丰硕。史金波先生认为这组文书"系榷场使兼拘榷西凉签判检验商人货物,依例收税的文书"。杜建录先生引用《潞公文集》中的"官中(宋朝)止量收汉文税钱,西界自收番客税利"④来证明我们讨论的榷场文书就是"西夏征收'番客税利'的真实记录"。杨富学先生将这批文书定性为大庆三年(1142年)西夏南边榷场使处理对金朝榷场贸易事务的文书。孙继民先生提出南边榷场使文书是榷场使向上级机关汇报"依例扭算"进口总值、应税额等,特别是各种进口商品具体种类、具体数量和具体价值量的报告。

这组文书共计13个编号,因为 Инв.No.307 和 Инв.No.315 分为(2-1)和(2-2)两部分,所以在统计时,也有把文书的总数算成15件的。除了俄藏之外,孙继民、许会玲两位先生在英藏中还发现了两件编号为Or12380-3638b(K.K.Ⅱ0253.bb.ii)的《汉文绢褐姜等收支历》和编号为Or12380-3673v(K.K.Ⅱ0258.w)的《残片》,虽然收藏地不同,但依据出土的位置、文书的形制等因素,可以把这两件英藏文书归为榷场文书之类⑤。理由有三:一是大量的俄藏西夏文佛经刻本出自科兹洛夫常提到的"著名的大塔",这组榷场文书拆自《大方广佛华严经》的11个经帙,出土地应该是"大塔",而英藏的两件文书正是斯坦因在"大塔"发掘地的编号,所以二者的出土位置相同;二是俄藏文书的形状都是长方形,高度多在12厘米左右,宽度多在20—35厘米,英藏Or12380-3638b(K.K.Ⅱ0253.bb.ii)《汉文绢褐姜等收支历》高12.7厘米,宽6.5厘米,Or12380-3673v(K.K.Ⅱ0258.w)《残片》背面为西夏

---

① 俄罗斯科学院东方文献研究所圣彼得堡分所、中国社会科学院民族研究所、上海古籍出版社编:《俄藏黑水城文献》第六册,上海:上海古籍出版社,2000年,第279—286页。
② [日]佐藤贵保:《ロシア藏カラホト出土西夏文〈大方広仏华严经〉经帙文书の研究——西夏榷场使关连汉文文书群を中心い》,《东トルキスタン出土"胡语文书"の综合调查》2006年。
③ 史金波:《西夏社会》,上海:上海人民出版社,2007年,第154页;杨富学、陈爱峰:《黑水城出土夏金榷场贸易文书研究》,《中国史研究》2009年第2期;许会玲:《黑水城所出西夏榷场文书考释》,河北师范大学硕士论文,2009年;赵天英、杨富学:《从朝贡和榷场贸易看西夏物产》,《西北民族大学学报》(哲学社会科学版)2009年第4期;杜建录:《黑城出土西夏榷场文书考释》,《中国经济史研究》2010年第1期;孙继民、许会玲:《西夏榷场使文书所见西夏尺度关系研究》,《西夏研究》2011年第2期;孙继民、许会玲:《西夏汉文"南边榷场使文书"再研究》,《历史研究》2011年第4期;陈瑞青:《从黑水城文献看西夏榷场管理体制》,《宁夏社会科学》2014年第1期;杜立晖:《黑水城西夏汉文南边榷场使文书补考》,《宁夏社会科学》2014年第1期;陈瑞青:《从黑水城文献看西夏榷场税率》,《西夏学》第十二辑,兰州:甘肃文化出版社,2016年。
④ [宋]文彦博著,申利校注:《潞公文集》卷一九《奏西夏誓诏事》,北京:中华书局,2016年,第653页。
⑤ 孙继民、许会玲:《西夏汉文"南边榷场使文书"再研究》,《历史研究》2011年第4期。

文《华严经卷二十题签》,即《大方广佛华严经》第二十一卷的首页;三是英藏两件文书中"榷场使兼拘""申""府住户""伏乞照会作何""博买川""准河北绢"等与俄藏文书的格式、内容基本相同。基于以上三点,这组文书的数量在原有基础上又增加了两件。

  Or12380-3638b(K.K.Ⅱ0253.bb.ii)
  ……屎块
  ……等元带褐段、毛……
  ……会为印讫,仍将……
  去,伏乞照会,作何……
  段,白褐贰段,博买川……
  捌分,准河北绢壹匹柒……
  茶壹拾肆斤,计肆匹柒……
  姜贰拾柒斤,计伍……
  皂中纱伍匹……

  Or12380-3673V(K.K.Ⅱ.0258.w)
  ……碓场使兼拘……
  ……申……
  ……府住户……[①]

  这组文书中只有Инв.No.348有确切的年款,所以它决定了其他文书的断代。《俄藏黑水城文献》中这件文书定名为《天庆三年呈状》,说明编校者将表示年代的几个字释读为"天庆三年",这个说法一直都没有受到质疑,直到日本学者佐藤贵保到俄罗斯圣彼得堡亲眼见到了没有经过任何处理的原件,才纠正了这个错误。他在自己的论文中提到,Инв.No.348中的"天庆三年"是错误的,"天庆"是"大庆"之误,从而将这组文书时间确定为"大庆三年"[②]。此后的学者们均认同佐藤的观点,在各自的研究成果中以"大庆三年"为准。"大庆"的年号在西夏历史上有两个,一是

[①] 西北第二民族学院、上海古籍出版社、英国国家图书馆编:《英藏黑水城文献》第四册,上海:上海古籍出版社,2005年,第295、315页。
[②] [日]佐藤贵保:《ロシア藏カラホト出土西夏文〈大方広仏华严经〉经帙文书の研究——西夏榷场使关连汉文文书群を中心い》,《东トルキスタン出土"胡语文书"の综合调查》,2006年。

在元昊时期,另一个是在仁孝时期,学界普遍认为是后者。为什么这么说呢? 叙录中,这组文书所用纸张均来自西夏文刻本经折装《大方广佛华严经》,每件文书都是不同卷的封套裱纸,西夏自元昊建立政权之初开始翻译西夏文《大藏经》,至夏崇宗乾顺天祐民安元年(1091年)历时53年完成三百六十二帙八百十二部三千五百七十九卷,《大方广佛华严经》完成的时间肯定是在崇宗之后了。此外,《大方广佛华严经》刻本中的发愿文称经文的校订者为"奉天显道光耀武宣文神谋睿智制义去邪惇睦懿恭皇帝嵬名",也就是夏仁宗,进一步印证了这组文书的成书年代为"大庆三年"(1142年),而非"天庆三年"。上文提及北宋于1127年灭亡,金朝继北宋之后成为与西夏相邻的政权,所以这组文书记录的是夏金榷场贸易。

　　佐藤贵保、孙继民、杜建录等先生在各自的文章中依据已有文书格式,归纳出榷场使文书的格式,基本可以断定这是一组由西夏南边榷场使兼拘榷西凉府签判上呈的申状。Инв.No.354等文书中开头的"南边榷场使"、Инв.No.347等落款处的"榷场使兼拘榷西凉府签判"为行文主体。其中"榷场使"在《金史》中曾经出现,有"诸河税榷场使""诸酒榷场使从七品","拘榷"在宋金元时期均有使用,有专门、专营等意,《宋史》中有"拘榷钱物",《金史》中有"按察转运司拘榷钱谷",纠弹非法。Инв.No.354等文书中的"申"表明了公文的性质为"申文"。"申"的内容,有几层含义:一是安排官依例搜检某地住户某某,所带物品并无违禁,颁发凭证。Инв.No.307(2-2)"……排官头子,所有镇夷住户……依法搜检,并无违禁,其何……回货依例扭算,收上税历",其中"……排官头子"在文书中多次出现,Инв.No.315中的官名相对完整,为"银牌安排官头子",说明西夏对榷场贸易的货物有明确规定,限制某些特殊品出入境,来往住户携带的物品需查验后由银牌安排官颁发凭据方可进入。二是进出口情况,住户原带货物是否全部出卖,替头博买回货依例扭算收税。Инв.No.315中有"褐段等尽卖,博买回……",Инв.No.351中有"上件黄褐尽卖,替头……回货",Инв.No.354中有"……尽卖,替头博买到回货"。三是开列榷场贸易清单,如Инв.No.308、Инв.No.313,包括原带、博买、收税绢数,住户详细登记品名、数量,以便送至银牌安排官处报备。

　　对于"南边榷场"的位置有两种不同的看法。史金波先生认为在《天盛律令》中未见有"榷场使"的职官,而有"转运司"掌管经济诸事,或许转运司的转运使是"榷场使"之西夏文称谓。西夏都转运司设在首都,各地也有转运司,其中南院转运司应在西凉府,南院转运司或为南边榷场使司[①]。杨富学先生认为南边榷场使

[①] 史金波:《西夏社会》,上海:上海人民出版社,2007年,第154页。

司的位置在卓啰转运司,卓啰当为卓啰和南之简称,在今甘肃永登县庄浪河南岸,卓啰转运司和官黑山转运司设在夏金边界,前者在南,后者在东。南边榷场使之所以又兼任"拘榷西凉府签判"一职,则是为了保证货物的供应,西凉府地近卓啰,是南边榷场使司主要的货物供应地和发散地①。孙继民先生更赞同后者。他认为宋金榷场设置的原则是"对境"而置,金夏的榷场贸易是否对境而置,史籍无载,而据杨先生文,西夏的南边榷场应该临近金的兰州榷场,这至少可以说明西夏的南边榷场与金的兰州榷场也是对境而置②。杜建录先生说,Инв.No.347尾署"榷场使兼拘榷西凉府签判",Инв.No.352B 尾署"榷场使兼拘榷官西凉府签判",前者说明"拘榷"的范围是"西凉府",后者表明"拘榷官"是"西凉府签判",无论是哪一种,都与西凉府有关,Инв.No.315 和 Инв.No.354 中的"南边榷场"当是西凉府南边的榷场,也即著名的兰州榷场③。

进行榷场贸易的商户有张师公、王大成、康牛儿、何□□、关光□、席智觉、酒五斤等,他们都是西凉府或镇夷郡住户,其中Инв.No.351、Инв.No.352A、Инв.No.354中提到的替头,或为西夏住户与周边政权商人之间的中介、代理人。文书中榷场贸易的货物有川绢、河北绢、小绢子、中绢、黄褐、白褐、毛罗、紫绮、生押纱、大纱、小绫、生姜、干姜、椒、蜜、挺茶、槐子、水獭皮、笔、墨、连抄等,其中皮毛织品、丝织品以及日常生活用品为进出口之大宗。在文书开列的榷场贸易清单中,包括原带、博买物品的品名和数量,原带即西夏出境产品,通常是黄褐、白褐、毛罗等毛织品,博买和收税的物品为充当一般等价物的川绢。杜建录先生对这些物品进行了详细地考证,并提出在榷场,西夏人用自产的皮毛制品博易川绢、河北绢等丝织品,姜、椒、挺茶、笔、墨、纸张当是进口商品,调味蜜是西夏对外商品,谷物、槐子是从周边输入还是西夏自产还有待于资料的进一步发现④。在这些博买和收税物品中,川绢、河北绢在文书中提到最多,作用也最为特殊,它既与普通商品一样,是西夏进口的日常消耗品,同时还充当了一般等价物的作用。孙继民先生说,川绢产自宋代的四川,"准河北绢"中"准"曾释读为"淮",产自金代的河北,西夏榷场交易是在每一住户的名下,逐一列出商品品名、数量和折算为川绢的尺度,这种将形形色色数量不等的物品统一换算为川绢的长度即一般等价物的价值量的方法就是南边榷场使文书中提到的"扭算"。西夏榷场贸易扭算

---

① 杨富学、陈爱峰:《黑水城出土夏金榷场贸易文书研究》,《中国史研究》2009年第2期。
② 孙继民、许会玲:《西夏汉文"南边榷场使文书"再研究》,《历史研究》2011年第4期。
③ 杜建录:《黑城出土西夏榷场文书考释》,《中国经济史研究》2010年第1期。
④ 杜建录:《黑城出土西夏榷场文书考释》,《中国经济史研究》2010年第1期。

制度包括四项基本内容：以川绢作为一般等价物，以商品量折算价值量为基本方法，以"计"字作为商品量与价值量的标志，以"物品名+数量+计+匹赤（尺）寸分"作为著录方式。河北绢是川绢的辅助结算方式，二者之间不是川绢与河北绢的换算，而是替头的佣金，西夏榷场交易实行的是宋代川绢和金代河北绢两种实物货币并用而以川绢为主的双货币结算制①。

从榷场博买的回货需要交税，Инв.No.307 有"回货依例扭算，收上税历""收税川绢……"，Инв.No.316 中有"到回货，依例扭算收税""博买川绢价玖拾肆匹，收税……"。对于榷场税所纳税率，杨富学先生提出，将收税川绢的数量除以博买川绢的数量，其值即为税收比率，他依据宋代一匹等于四十尺，一尺等于十寸的换算关系，粗略推算出榷场贸易的税率在 3%—5%②。孙继民先生依据川绢、税川绢、河北绢之间的转换关系，得出了三个转换公式，即收税川绢数/川绢价数=西夏收税川绢之税率，河北绢数/川绢价数=西夏收税河北绢之税率，税川绢数/准河北绢数=川绢与河北绢的兑换率，并且推算出西夏的一匹相当于35尺，在此基础上提出了榷场贸易的税率，均为2%，最高为2.5%③。陈瑞青先生认为"准河北绢"是"收税川绢"的参考系数，并非真实的收税额度，因此应以收税川绢数与川绢价数之间的比值来计算西夏榷场税率。以西夏一匹等于35尺来推断，西夏榷场贸易的税率在3%—5%，而以4%的税率最为常见④。关于川绢与河北绢的比值，杨先生认为应为2∶1。孙先生也认为接近2∶1，宋坤认为官方认可的收税川绢与河北绢的比值为1.9∶1⑤。夏金榷场贸易的税率相比于回鹘商人的"过夏地，夏人率十而指一"⑥来说还是相当低的。

四、人口税

西夏在依土地顷亩征收土地税的同时，还按人头，以大口、小口之别征收人口税。相关内容在黑水城出土法律文献中没有记载，但在社会文书中有所反映。目前有关黑水城出土人口税文书和西夏人口税的研究仅限于史金波先生，他在《西夏农业租税考——西夏文农业租税文书译释》中翻译了一件西夏文 Инв.No.4991 人口税账，并依据男、女、大人、小孩的纳税数推算出大、小口所纳

---

① 孙继民、许会玲：《西夏汉文"南边榷场使文书"再研究》，《历史研究》2011年第4期。
② 杨富学、陈爱峰：《黑水城出土夏金榷场贸易文书研究》，《中国史研究》2009年第2期。
③ 孙继民、许会玲：《西夏榷场使文书所见西夏尺度关系研究》，《西夏研究》2011年第2期。
④ 陈瑞青：《从黑水城文献看西夏榷场税率》，《西夏学》第十二辑，兰州：甘肃文化出版社，2016年。
⑤ 宋坤：《黑水城所出〈西夏榷场使文书〉所见川绢、河北绢问题补释》，《宁夏社会科学》2014年第2期。
⑥ [宋]洪皓撰：《松漠纪闻》（国学文库第四编），1933年重印，第6页。

人口税额①。

Инв.No.4991 在《俄藏黑水城文献》中有多个残件，其中 Инв.No.4991-4—Инв.No.4991-9 共有6件人口税账，史先生这篇文章中翻译的两纸文书分别对应 Инв.No.4991-6 和 Инв.No.4991-8，它们是相接的两页残件。

  Инв.No.4991-6：
  迁溜梁肃寂勾管五十九户全户及三十
    九人单身男女大与小总计
    二百二十一人之？税粮食
    五十六石四斗数
    男一百十三人谷二十九石一斗
    大八十一人谷二十四石三斗
    小三十二人谷四石八斗
    女一百八人谷二十七[石三]斗
    大七十四人谷二十二石二
      斗
    小三十四人谷五石[一]斗
    五十九户全户男女大小一百八十二
      人谷四十[四石七]斗
    [男大小八十七人谷]十一石[三]斗

  Инв.No.4991-8：
    大[五十五]人谷十六石五斗
    小三十二人谷四石八斗
    女九十五人谷二十三石四斗
    大六十一人谷十一石三斗
    小三十四人谷五一石一斗
    三十九人单身皆大谷十一石七斗
    男二十六人谷七石八斗
    女十三人谷[遗"三"字]石四斗

---

① 史金波：《西夏农业租税考——西夏文农业租税文书译释》，《历史研究》2005年第1期。

一户梁吉祥势三口七斗五升
　男一大吉祥势三斗
　女二四斗五升
　　一大麻册氏老房宝三斗
　　一小女吉祥势一斗五升
一户依萼鸟接犬二口男四斗五升
　　一大鸟接犬三斗
　　一小子天王犬一斗五升
［一户］□□腊月盛二口大六斗
　男腊月盛三斗
　女□□氏□有三斗
　　……①

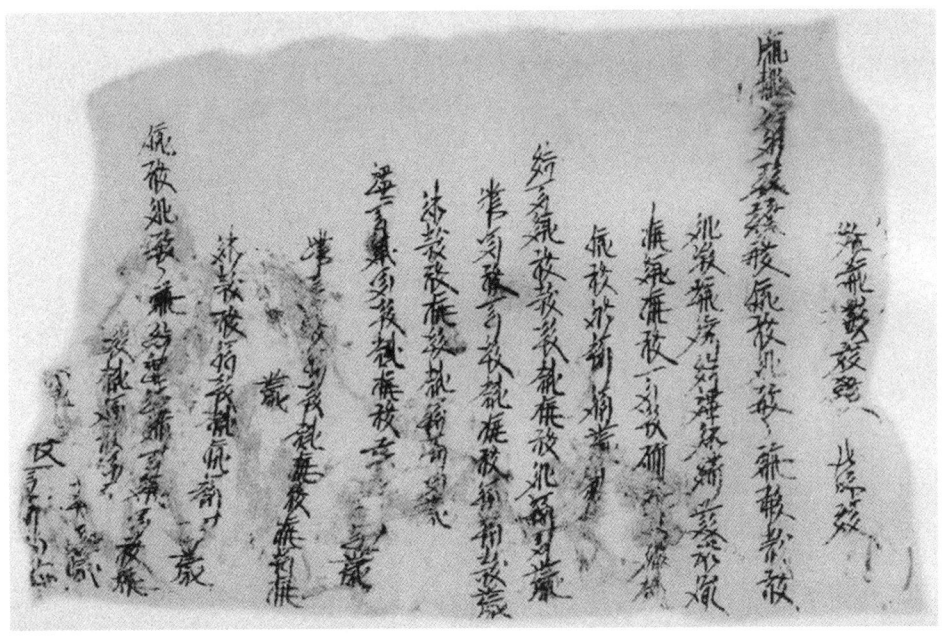

Инв.No.4991-6　迁溜人口税账

---

① 史金波:《西夏农业租税考——西夏文农业租税文书译释》,《历史研究》2005年第1期。

100 << 黑水城出土赋役文书研究

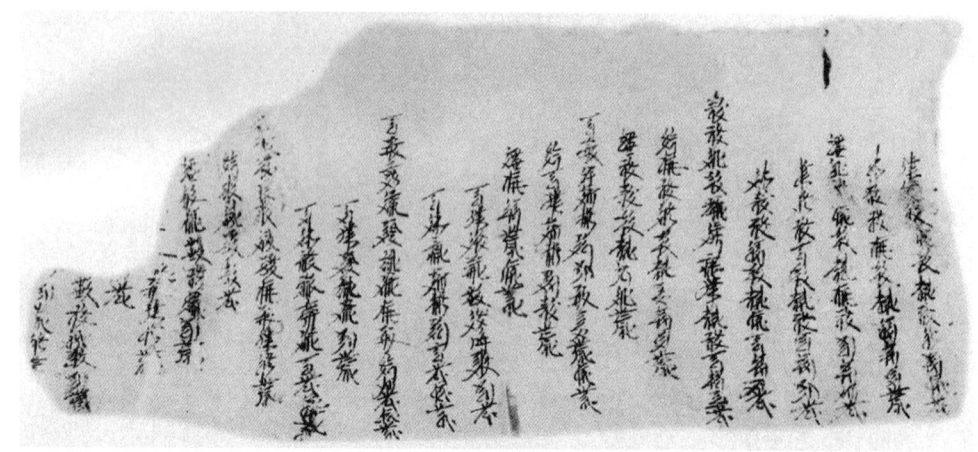

Инв.No.4991-8 迁溜人口税账

史金波先生的《西夏经济文书研究》在 Инв.No.4991-6 和 Инв.No.4991-8 的基础上又补充了新的文书，第一件就是与它们同一个编号的 Инв.No.4991-5，残存的页面上保存了3户人的纳税信息，所反映的人口税额与前面两纸的完全一致。

……
　　女二……
　　　一大,妻子梁氏兄弟金三斗
　　　一小,舅舅金一斗五升
　一户高铁？圆,四口,一石五斗
　　　男一,高铁？圆三斗
　　女三,七斗五升
　　　二大,六斗
　　　　没啰氏铁男、张氏铁？男
　　　一小,高氏铁金一斗
　　　五升
　一户觅移成酉男,三口,七斗五升
　　　男二,四斗五升
　　　一大,成酉男三斗
　　　一小,三宝犬一斗五升

女大,卜氏显令三斗

……①

西夏人口税是以农迁溜为单位统计的税账,Инв.No.4991-6为迁溜人口税总账,Инв.No.4991-8接上,既有总账,又有每一户大、小口的分账,Инв.No.4991-5为三户的分账。所以从文书的先后顺序上来看,应该是现在这样,先总账后分账。《天盛律令》规定农迁溜按地缘关系就近结合,一农迁溜管理一百户,下辖小监、小甲,"各税户家主由管事者以就近结合,十户遣一小甲,五小甲遣一小监等胜任人,二小监遣一农迁溜,当于附近下臣、官吏、独诱、正军、辅主之胜任、空闲者中遣之"②。在这件Инв.No.4991-6人口税账中,迁溜梁肃寂管理有59户全户以及39人单身男女,大小共计221人,交纳税粮56石4斗,文书中一迁溜所管户数与法典中规定的一百户有所差距,说明每一个迁溜并不是固定一百户,根据不同的情况,数量可以有所变化。

Инв.No.4991-8中有三户梁吉祥势、依萼鸟接犬、??腊月盛。梁吉祥势家共三口,纳税七斗五升,其中一男大口纳三斗,一女大口纳三斗,一女小口纳一斗五升,依萼鸟接犬家共两口,其中一男大口纳税三斗,一男小口纳税一斗五升。Инв.No.4991-5有高铁?圆、嵬移成酉男等三户,其高铁?圆家共四口,纳税一石五斗,其中一男大口纳三斗,二女大口纳税六斗,一女小口纳税一斗五升,嵬移成酉男家共三口,纳税七斗五升,其中一男大口纳三斗,一男小口纳税一斗五升,一女大口纳税三斗。从Инв.No.4991三纸文书可以看出,西夏时期黑水城交纳的人口税,不论男女,只区分大口、小口,每个大人纳税三斗,小口纳税一斗半。

除了Инв.No.4991,《英藏黑水城文献》中也有两件人口税账,编号Or.12380-0324v(k.k.Ⅱ.0285b)、Or.12380-0344(k.k.)③。Or.12380-0324v(k.k.Ⅱ.0285b)两纸各存7行西夏文,其中第一纸有浪酩犬吉、梁恶恶铁等两户,浪酩犬吉家纳税六斗,男、女各一大口,纳税三斗,梁恶恶铁家有三口,纳税七斗五升,男二口纳税四斗五升,女一口纳税三斗;第二纸有耶和沉矿宝家纳税六斗,男、女各一大口,纳税三斗,耶和势功山家有两大口,纳税六斗。Or.12380-0344(k.k.)存人口税总账,其内容似Инв.No.4991-6,共纳税四十石三斗,其中男七十九人,大口七十三人,各纳税三斗,小口六人,各纳税一斗五升。俄、英两地所藏黑水城出土人口税账

---

① 史金波:《西夏经济文书研究》,北京:社会科学文献出版社,2017年,第108—109页。
② 史金波、聂鸿音、白滨译注:《天盛改旧新定律令》,北京:法律出版社,2000年,第514页。
③ 史金波:《西夏经济文书研究》,北京:社会科学文献出版社,2017年,第114—116页。

反映了西夏存在按人头征税的事实,西夏百姓在多重赋税的压力下,负担更重,同时通过几件文书可以推断出西夏人口税的税额,不分男、女,仅论大、小,大口纳税三斗,小口减半。

五、耕地水税

耕地水税是用水浇地农户交纳的一种赋税。史金波先生最早在黑水城出土文书中发现,Инв.No.1454-2V、Инв.No.1781-1为两件《耕地水税账》,其中Инв.No.1781-1第四行西夏文明确写有"𘜔𗵘 𗍫 𗗚"对译"水税一石"①。

Инв.No.1781-1耕地水税账

这段西夏文汉译如下:

　　……
　　东□□□　　　南□……
　　西多斜　　　　北北自地
　一处山穴渠灌四石往处 乙六青
　　　　水税一石
　　东白那征　　　南山穴渠
　　西多阿名乙　　北细渠

---

① 俄罗斯科学院东方研究所圣彼得堡分所、中国社会科学院民族研究所、上海古籍出版社编:《俄藏黑水城文献》第十二册,上海:上海古籍出版社,第313页。

一处山穴渠灌九石往处乙六单□
　　半全日水及□□半税二
　　石二斗五升
东聂山□□　　南□□□
　　西多□众（寺）　北山穴渠
一处山穴渠灌四石往处乙……
　　水税一石
　　东……①

虽然文书仍有诸多没有翻译之处，但可以肯定的是西夏是有水税存在的。作为水资源的使用费，水税是在土地税之外独立的一个征税名称。这件文书中大致保存了三处较为完整的水税记录。"一处山穴灌渠四石""一处山穴渠灌九石""一处山穴灌渠四石"为浇灌的土地面积。黑水城地处黑河下游，濒临巴丹吉林沙漠，是一个典型的绿洲城市。西夏在黑水城修凿渠道，利用干渠、支渠到毛细小渠将河水层层引入田间地头，浇灌面积正是用渠水浇地的大小，此后的东、南、西、北似为四至，大致表明了用水浇灌的范围。"水税一石""税二石二斗五升""水税一石"是交纳水税的数量，征税的基础是灌溉面积，以粮食的形式支付。可见，这项赋税与上文提到的土地税有所不同，在文书记载的过程中强调灌渠面积，其土地就是我们现在所说的水浇地。

金代文献中记有一种水利钱银，类似于黑水城文书中的耕地水税。《金史》中，陕西提刑司言："本路户民安水磨、油袱，所占步数在私地有税，官田则有租，若更输水利钱银，是重并也，乞除之。"省臣奏："水利钱银以辅本路之用，未可除也，宜视实占地数，除税租。"②这种水税与水田所收土地税性质不同，可在官地输租、私地交税的基础上额外征收，刘浦江先生认为文中提到的水利钱银可能是对利用江河水力资源的民户所征取的一种杂税，这项税收不归户部支配，而是纳入地方财政③。黑水城出土文书中的耕地水税性质类似于金代的水利钱银，当是针对利用渠水资源的民户所征收的一种独立于土地税之外的赋税，按灌溉面积计算，以粮食支付。

---

① 史金波：《西夏经济文书研究》，北京：科学文献出版社，2017年，第119页。
② [元]脱脱等：《金史》卷四七，北京：中华书局，2013年，第1050页。
③ 刘浦江：《金代杂税论略》，《中国社会经济史研究》1996年第3期。

第二章　黑水城文书反映的西夏徭役

强迫劳动人民从事无偿劳动即为徭役,黑水城文书中的西夏徭役有夫役、差役、兵役。夫役,早在唐代已比较多地使用,唐早期将夫役归入杂徭之列,《唐律疏议》中说"丁谓正役,夫谓杂徭"[①],服正役者为丁,服杂徭者称为夫,所以杂徭又可称之为"夫役"。到了唐末五代,正役、夫役(杂徭)并入两税,夫役的记载越来越多。进入宋代,夫役已是一切劳役的总称。《庆元条法事类》载:"夫役,谓科差丁夫役使。"[②]黑水城文书中的西夏夫役是一种出人工服劳力的赋役征调方式,由税户家主、寺院等土地占有者承担,主要包括修治渠道和土木营建等,渠道夫役计土地顷亩数量征调。

黑水城文书中的西夏差役主要包括服役于渠道灌溉的渠头、渠主、渠水巡检,以及管理基层组织的小甲、小监、农迁溜。渠头、渠主、渠水巡检负责灌水、沿渠巡查,发现渠道断破、水利设施不牢等问题依次逐级上报,以确保在第一时间发现问题并及时修护,渠头从用水户中抽调,大都督府至定远县置渠主、渠水巡检一百五十人。小甲、小监、农迁溜是西夏农业区的管理者,职掌编户登记、土地普查、督征赋役,税户家主就近结合,每十户设一小甲,五小甲遣一小监,二小监派一农迁溜,后期管辖人户减半,由一百户置一农迁溜改为五十户设一农迁溜。

黑水城文书中的西夏兵役从年满十五岁的成丁男子中征发,七十岁入老,为保证兵源,十岁至十四岁及丁就要注册登记,经验证确为残病者入弱中,可免于征发。西夏实行全民皆兵,战时为兵,平时为民,遇事点集则举全民之力出战,达到一定级别后的兵士,武器装备由官方供给,其余自备,加重了百姓兵役的负担。

---

① [唐]长孙无忌撰,刘俊文点校:《唐律疏议》卷二八,北京:法律出版社,1999年,第574页。
② 戴建国点校:《庆元条法事类》卷四八《农桑门》,载杨一凡、田涛主编《中国珍稀法律典籍续编》,哈尔滨:黑龙江人民出版社,2002年,第667页。

第一节 夫役

一、夫役的征调

夫役在黑水城出土《天盛律令》中西夏文作"𘜶𗵆"，以往译为"伕事"。"𗵆"在文献中有"事""务""职"等解释。《大方广佛华严经普贤行愿品》中"𗙏𗵆𗦲𗤊𘄴𗵆𗤋"意"究竟佛事示涅槃"①。西夏文《孟子》中"𗦲𗵆𗤊，𗧘𗤊𗆍𗦻𗵆𗤔𘄴"意"公事毕，然后敢治私事""𘟀𘊳𘑨𘓺𗵆□𗦻"意"舜使益［掌］火职"②。《类林研究》中"𗧘𗵆𗵆𗤔"意"耕种为务"③。《重修护国寺感应塔碑铭》中"𘓺𘟀𗧘𗄊𗤒𗥜𗋕𗯨𗪺𘑨𗲏𗵆𗖵"意"癸酉四年六月十二日着手造"④。可见，"𘜶𗵆"中的"𗵆"具有做事的含义。《春开渠事门》载："每年春伕事大兴者，勿过四十日。"⑤"春伕事大兴"是西夏的一项大事，每年春季由官方组织、沿渠百姓义务清理河底淤积、修治水利设施，这种征调人工出劳力的方式称之为"夫役"。"𗵆𗵆𗖵"中"𗵆"《天盛律令》及黑水城出土税账中译为"佣"。"佣"和"役"都具有做事的含义，"佣"为出钱雇佣做事，"役"为直接出工做事，唐代"租庸调"中的"庸"为役的折纳，"庸"和"役"的差别主要体现在由税户承担，还是税户雇佣他人抑或以物代役。目前所见《天盛律令》条文，将挖渠的人工限定为"畿内诸税户"，没有雇佣一说，也不含出钱雇佣之意。另外，输庸代役建立在生产力水平发达、物质资料丰富的基础之上，相比之下，西夏生产力水平相对较低、物资匮乏，因此，"𗵆𗵆𗖵"中的"𗵆"解释为"役"更合适。

宋代文献在治理河渠时多有夫役的记载。大中祥符元年（1008年）正月"大雪，停汴口、蔡河夫役"⑥。神宗熙宁八年（1075年）七月，辛叔献言："岁开汴口作生河，侵民田，调夫役。今惟用訾家口，减人夫、物料各以万计，乞减河清一指挥。"⑦敦煌出土文书P.3155背《唐光化三年（900年）前后神沙乡令狐贤威状（稿）》中令狐贤威的祖地毗邻大河，年年被河水浸灌，仆射官阿郎免去其包括地子、布、

---

① 苏建文：《西夏文〈大方广佛华严经普贤行愿品〉释文》，宁夏大学硕士研究生论文，2009年，第52页。
② 彭向前：《西夏文〈孟子〉整理研究》，上海：上海古籍出版社，2012年，第153、158页。
③ 史金波、黄振华、聂鸿音：《类林研究》，银川：宁夏人民出版社，1993年，第105页。
④ 罗福成校录：《重修护国寺感应塔碑铭》，《国立北平图书馆馆刊》第四卷第三号（西夏文专号），北平：京华印书局，1932年，第17页。
⑤ 史金波、聂鸿音、白滨译注：《天盛改旧新定律令》，北京：法律出版社，2000年，第497页。
⑥ ［元］脱脱等：《宋史》卷七，北京：中华书局，2014年，第135页。
⑦ ［元］脱脱等：《宋史》卷九三，北京：中华书局，2014年，第2324页。

草、役夫等在内的地税,其中役夫指的是承担夫役的人,载:"昨蒙仆射阿郎给免地税,伏乞与后给免所著地子布草役夫等,伏请公凭,裁下处分。"①《金史·曹望之传》中记,疏通运河的工作本来由普通役夫承担,因为正值春耕时节,改由东宫诸王人充役,若仍有不足,以军夫补之,载:"顷之,运河堙塞……尚书省奏当用夫役数万人。上曰:'方春耕作,不可劳民。以宫籍监户及摘东宫、诸王人从充役,若不足即以五百里内军夫补之。'"②

文献中的夫役多从丁壮中征调。五代时期,后周征发丁夫六万人筑黄河,"郓州界河决,数州之地,洪流为患,故命谷治之,役丁夫六万人,三十日而罢"③。宋景祐元年(1034年)黄河决口,"欲且兴筑两岸马头,令缘隄预积刍稿,俟来年秋,乃大发丁夫修塞"④。敦煌出土P.3412背《壬午年(982年)五月十五日渠人转帖》中渠人须得壮夫,不用厮儿,载:

> [渠人] 转帖 索法律 张延住 吴富员 龙长盈。
> 以上渠人,今缘水次逼近,要通塞(底)河口,人各锹钁
> 壹事,白刺壹束,桎一束,掘壹茎,须得庒(壮)夫,不
> 用斯(厮)儿。帖至,限今[月]十六日卯时,于皆(阶)和口头取齐。
> 捉二人后到,决丈十一;全不来,官有重责。其帖各自
> 示名递(遞)过者。
> 　　壬午年五月十五[日]　　　王录事帖⑤

黑水城出土《天盛律令》中占有土地的税户家主承担夫役。如临时征派为官夫役从税户家主中征派,载:"若国家内临时修缮佛塔、寺院,建造大城、官地墓,为碑志等时,应不应于税户家主摊派杂事,当告中书、枢密,计量奏报实行。"⑥因官所出辅役于税户家主中差发,"因官所出为辅役,于税户家主应出体工,则转运

---

① 唐耕耦、陆宏基编:《敦煌社会经济文献真迹释录》第二辑,北京:全国图书馆文献缩微复制中心,1990年,第293页。"免所"原为"多少","著地子"原为"著帖子"。陈国灿:《从敦煌吐鲁番文书看唐五代地子的演变》,载《敦煌学史事新证》,兰州:甘肃教育出版社,2002年,第292—293页改动。
② [元]脱脱等:《金史》卷九二,北京:中华书局,2013年,第2036页。
③ [宋]薛居正:《旧五代史》卷一一四,北京:中华书局,1987年,第1522页。
④ [宋]李焘:《续资治通鉴长编》卷一一五,景祐元年十一月癸亥条,北京:中华书局,2012年,第2703页。
⑤ 唐耕耦、陆宏基编:《敦煌社会经济文献真迹释录》第一辑,北京:书目文献出版社,1986年,第408页。
⑥ 史金波、聂鸿音、白滨译注:《天盛改旧新定律令》,北京:法律出版社,2000年,第491页。

司人不许自意兴工"①。春开渠出工从畿内诸税户中差发,"畿内诸税户上,春开渠事大兴者"②。

《亥年新法》是黑水城出土西夏晚期法律文献,其中寺院土地、官地需要承担夫役,载:

> 诸寺所有常住地及南王奉旨所予田畴等,若圣旨或若银簪初至,或已予圣旨上谕为验,则徭役赋税得全免或半免。其中祐国、圣永二寺所有徭役赋税逐年已定,依三司断分,故彼寺内不用持圣旨上谕,依旧行之。③

诸寺所有常住地、南王奉旨所予田畴以及祐国、圣永二寺所有土地为寺院土地。诸寺常住地、南王奉旨所予土地若得上谕,则徭役赋税全免或半免,祐国、圣永二寺所有徭役赋税按照三司规定的逐年交纳比例,依旧例交纳。文中,诸寺常住地、南王奉旨所予土地应纳"徭役赋税",对应的西夏文为"𘟪𘝞𘂀"④,汉文可作"夫役草"。祐国、圣永二寺所有"徭役赋税"对应的西夏文为"𘝞𘂀"⑤,汉文可作"役草"。《亥年新法》中的这条律令是对寺院等土地承担役草的规定,这里的役正是本节讨论的夫役,从获得上谕减免徭役赋税以及祐国、圣永二寺依旧行之可知,一般情况下,西夏晚期,寺院土地需要承担夫役。

官耕主、帐下官地具有官地的性质,《亥年新法》规定,除闲地外,耕地一年为夫一年纳草,与税户家主交纳役草的法规相同。

> 诸司诏书所属,官耕主及帐下官地等属,除有闲地外,全部九百四十七顷八十亩四十步虽依律令一年为夫一年纳草,但与税户家主地头为役草,承法应令法纪同也。⑥

---

① 史金波、聂鸿音、白滨译注:《天盛改旧新定律令》,北京:法律出版社,2000年,第491页,"体工"原作"笨工",下文均同。
② 史金波、聂鸿音、白滨译注:《天盛改旧新定律令》,北京:法律出版社,2000年,第496页。
③ 赵焕震:《西夏文〈亥年新法〉卷十五"租地夫役"条文释读与研究》,宁夏大学硕士学位论文,2014年,第28页。
④ 赵焕震:《西夏文〈亥年新法〉卷十五"租地夫役"条文释读与研究》,宁夏大学硕士学位论文,2014年,第27页。
⑤ 赵焕震:《西夏文〈亥年新法〉卷十五"租地夫役"条文释读与研究》,宁夏大学硕士学位论文,2014年,第27页。
⑥ 赵焕震:《西夏文〈亥年新法〉卷十五"租地夫役"条文释读与研究》,宁夏大学硕士学位论文,2014年,第22页,"同"原为"𘟪","𘟪"西夏文取"𘜶",当为"𘜵"之误。

黑水城出土文书中夫役的差发与土地关系密切。《天盛律令》中记录了渠水夫役的差发,由土地所有者承担,出夫役的天数按照顷亩数量计算,计亩出役。载:

> 畿内诸税户上,春开渠事大兴者,自一亩至十亩开五日,自十一亩至四十亩十五日,自四十一亩至七十五亩二十日,七十五亩以上至一百亩三十日,一百亩以上至一顷二十亩三十五日,一顷二十亩以上至一顷五十亩一整幅四十日。当依顷亩数计日,先完毕当先遣之。其中期满不遣时,夫役小监者有官罚马一,庶人十三杖。①

税户为土地所有者,夫役的差发人,一旦土地转让,附着在土地上的夫役也一并转让。Инв.No.4194《天庆庚申年小石通判卖地房契》小石通判将土地卖给守护铁,并约定"其地上租役草等三种由守护铁承担"②。敦煌文书S.3877《唐天复九年(909年)安力子卖地契》中安力子将土地出卖给同乡令狐进通,地内差税河作随地祗当,载:"洪润乡百姓安力子及男等揲搩等,为缘阙少用度,遂将父祖口分地出卖与同乡百姓令狐进通。"双方约定"自卖已后,其地永任进通男子孙息侄,世世为主记。中间或有回换户状之次,任进通抽入户内。地内所著差税河作,随地祗当"③。P.3257《甲午年(934年)二月十九日索义成分付与兄怀义佃种凭》中弟索义成在瓜州无法耕种父祖位于沙州的口分地,于是将土地留给其兄索怀义佃种,期间的麦粟收获及大小税役归兄长,若索义成回沙州,收回土地,渠河口作税役一并承担,与兄怀义无关,载:"索义成身着瓜州,所有父祖口分地叁拾贰亩,分付与兄索怀义佃种。比至义成到沙州得来日,所着官司诸杂烽子官柴草等大小税役,并总兄怀义应判,一任施功佃种。若收得麦粟,任自兄收,颗粒亦不论说。义成若得沙州来者,却收本地。渠河口作税役,不忓□兄之事。"④

服役的天数据顷亩数量而定,有5至40日不等,分别为:1—10亩出工5日,11—40亩出工15日,41—75亩出工20日,75—100亩出工30日,100—120亩出工35日,120—150亩出工40日。黑水城出土农业租税文书记录的出工天数,与法

---

① 史金波、聂鸿音、白滨译注:《天盛改旧新定律令》,北京:法律出版社,2000年,第496页。
② 史金波:《黑水城出土西夏文卖地契研究》,《历史研究》2012年第2期。
③ 唐耕耦、陆宏基编:《敦煌社会经济文献真迹释录》第二辑,北京:全国图书馆文献微缩复制中心,1990年,第8页。
④ 唐耕耦、陆宏基编:《敦煌社会经济文献真迹释录》第二辑,北京:全国图书馆文献微缩复制中心,1990年,第29页。

律文献中的官方记载吻合。5067号《户耕地租役草账》，由西夏文草书写成，共一百一十九行，文书上记有户主姓名，耕地数，纳杂粮、麦、役、草数，有的还记有每块土地的方位、四至，其中记载地亩和夫役的共十户，第1户耕地数残，第2、9、12户无服役记录：

  一户……七十五亩……(3)
   役二十日
  一户……十亩……(4)
   役五日
  一户……十亩……(5)
   役五日
  一户……三十八亩……(6)
   役十五日
  一户……十亩……(7)
   役五日
  一户……三十五亩……(8)
   役十五日
  一户……七十五亩……(10)
   役二十日
  一户……四十亩、二十三……(11)
   役二十日
  一户……十五亩……(13)
   役十五日
  一户……十亩、三十……(14)
   役十五日①

  这件文书，服役的天数有5日、15日、20日，与之相对的土地亩数依次为10亩、11亩至40亩、41亩至75亩，与"畿内诸税户上，春开渠事大兴者，自一亩至十亩开五日，自十一亩至四十亩十五日，自四十一亩至七十五亩二十日"一致。黑水城出土7415/1号文书中，一户有耕地一顷十二亩，交纳杂粮一石一斗二升，麦

---

① 史金波：《西夏农业租税考——西夏文农业租税文书译释》，《历史研究》2005年第1期；史金波《西夏经济文书研究》，北京：社会科学文献出版社，2017年，第475页。

二斗八升,"役一个月五日"。5282号文书中,一户有耕地一顷五十亩,交纳杂粮一石五斗,麦三斗七升半,"役一正幅"①。这两户的服役天数符合律令条文"一百亩以上至一顷二十亩三十五日,一顷二十亩以上至一顷五十亩一整幅四十日"的记载,出土文书与法律条文从实施层面和制度层面相互印证了法律法规在黑水城的贯彻执行情况。

在敦煌出土唐代文书中,修治渠堰按土地顷亩差发,只是具体征调的标准没有详细记载,仅以"计营顷亩,共百姓均出人工"概括这一基本原则。敦煌出土P.2507《唐开元水部式》规定:"河西诸州用水溉田,其州县府镇官人公廨田及职田,计营顷亩,共百姓均出人功,同修渠堰。若田多水少,亦准百姓量减少营。"②敦煌出土渠人转帖中仍有体现。P.5032号文书保存有四件甲申年渠人转帖,我们看到,这条渠共有24个渠人,但这四次活动没有一次是全体渠人都被通知参加。二月二十四日转帖没有被通知参加的是"张愿德、张定千、张富通、张再成、宋保岳、宋清儿、宋清兴阇犁、张押牙、宋南山"等;二月二十九日是"张愿昌、尹再昌、贺方子、张富通、宋保岳、宋清兴阇犁"未被通知参加;九月廿一日是"尹再昌、贺方子、宋三郎男、张押牙、宋南上"等人未被通知参加;四月十七日是"宋清儿、宋清兴阇犁、宋南山、押牙"等未被通知参加。但"张定德、张愿通、张善庆、张丑憨、张定奴、张丑奴、张勿成、张撝搖、氾义成、氾员子、氾富达"等11人却4次都被通知参加。这说明同一渠人的负担是不同的。这种现象可能和渠人土地的多寡有关,"渠河口作"大概还贯彻着唐前期"计营顷亩,共百姓均出人功"的原则③。

关于总的服役天数,黑水城文书中规定西夏在每年春开渠征调夫役中的时间不超过四十日,若有违背,按律惩处。

> 每年春侠事大兴者,勿过四十日。事兴季节到来时当告中书,依所属地沿水渠干应有何事计量,至四十日期间依高低当予之期限,令完毕。其中予之期限而未毕时,当告局分处并寻谕文。若不寻谕文而使逾期时,自一日至三日徒三个月,自四日至七日徒六个月,自七日以上至十日徒一年,十日以上一律徒二年。④

---

① 史金波:《西夏农业租税考——西夏文农业租税文书译释》,《历史研究》2005年第1期,"佣"即"役",同一个西夏字。
② 唐耕耦、陆宏基编:《敦煌社会经济文献真迹释录》第二辑,北京:全国图书馆文献缩微复制中心,1990年,第579页。
③ 郝春文:《敦煌的渠人与渠社》,《北京师范学院学报》(社会科学版)1990年第1期。
④ 史金波、聂鸿音、白滨译注:《天盛改旧新定律令》,北京:法律出版社,2000年,第497页。

文中,开渠前依所属渠道的具体情况在四十日的范围内确定开工的总天数,并将工期告知中书,所定期限内没有完成时,当告知局分,寻求官方文书,若不寻谕文逾期,计延期的天数徒三个月至两年不等。同时律令还规定,在正式开渠前,从事体力工作的体工提前到来,提前的天数计入总工期之中。

> 春开渠事大兴时,体工预先到来,来当令其受事,当计入日数中。其中已行头字,集日不计,三日以内事属者不派职人时,有官罚马一,庶人十三杖。①

隋代每丁每年服役二十天,隋文帝开皇三年(583年)正月,"始令人以二十一成丁,岁役功不过二十日,不役者收庸"。唐代前期沿用了每丁岁役二十日的规定,无役则可收庸,有事则加役,租调也可以通过服役的方式免除,服役十五天免调,三十天租调均免,总计不得超过五十日,法令规定:"凡丁,岁役二旬。若不役,则收其佣,每日三尺。有事而加役者,旬有五日免其调,三旬则租调俱免。通正役,并不过五十日。"②

在西夏,春开渠夫役在特殊情况下也可以免除,转而纳开渠所用条椽。《渠水门》载:

> 京师界沿诸渠干上△有处需椽,则春开渠事兴,于百役夫人做工中当减一夫,变而当纳细椽三百五十根,一根长七尺,当置渠干上。若未足,需多于彼,则计所需而告管事处,当减役夫而纳椽。若不告管事处而令减役夫而纳椽,且超派时,未受贿且纳入官仓,则当比做错罪减一等,自食之,则当与枉法贪赃罪相同。③

京畿地区诸渠上,有需椽处,在春开渠的百役夫中减一夫,转而纳细椽三百五十根,每根长七尺,如果数量不够,统计后告知管事处,再次减夫纳椽。这条减役夫纳椽的记载与《天盛律令》卷十五中的其他条文有所不同。通常,条椽随冬

---

① 史金波、聂鸿音、白滨译注:《天盛改旧新定律令》,北京:法律出版社,2000年,第497页,"职人"原作"事人"。
② [后晋]刘昫:《旧唐书》卷四八,北京:中华书局,1995年,第2088页。
③ 史金波、聂鸿音、白滨译注:《天盛改旧新定律令》,北京:法律出版社,2000年,第503页,"百役夫"原作"百伏事","减役夫"原作"减伏职"。

草一起交纳,这里所说的情况属于临时事件,在春开渠时,发现官库中的条椽不够,新一年的赋税征收还没开始,只能采取临时征调的办法,于百役夫中减一夫。西夏的"减役夫纳椽"与唐朝的"输庸折役"从结果上看是一样的,都是以交纳物品的方式减少夫役的征调,但是本质上又有所区别。西夏的"夫减役纳椽"是在急需条椽修渠,通过正常的租税征收途径不能实现的情况下解决燃眉之急的办法,唐朝的"输庸折役"是唐朝政府在吸取了隋朝灭亡的经验教训后,制定的旨在"轻徭薄赋"的赋役政策,在唐朝普遍实行,并非应对临时状况的措施。

二、服役方式及人员

兴修渠道是黑水城出土文书中西夏夫役的一项重要内容。西夏的大部分地区属于干旱荒漠气候,决定了农业必须以灌溉为主,水利事业的好坏直接影响到农业生产的兴衰,水利工程的兴修在整个西夏时期显得尤为重要。从秦汉屯边垦田开始,历朝历代在西夏京畿地区依黄河兴建的渠道,有文献可考的包括秦家渠、光禄渠、汉延渠、唐徕渠、艾山渠、七级渠、特进渠、御史渠、胡渠、百家渠、尚书渠[①]。河西走廊自唐代以来修筑了百余条渠道,仅沙州敦煌就有阳开、北府、阴安、孟授、都乡、宜秋、神农、东方八条干渠,黑水流域有盈科渠、大满渠、小满渠、大官渠、永利渠和加官渠等,可灌溉农田46万余亩[②]。西夏在继承前代灌溉工程的同时开凿了新的渠道,最著名的当属"昊王渠",出土文书中也保留了黑水城地区诸多直抵耕地的渠道,如普刀渠、酩布坡渠、四井坡渠、官渠、新渠、律移渠、习判渠、阳渠、刀砾渠、七户渠等[③]。历经疏浚、开凿,西夏形成了纵横交错、密如蛛网的农田水利系统,然而水利工程并非一劳永逸,风多沙厚的自然环境导致渠道极易淤塞,维护这一系统长久地服务于农业生产,就成为了西夏官方必须要解决的问题,《天盛律令》以法律的形式,制定了一系列农田水利开发的管理制度及惩罚措施,夫役在渠道的兴修和维护过程中起到了重要的作用。

西夏法律文书中服夫役的人有体工、支头、和众。体工,西夏文作"𗼓𗁅"[④],《天盛律令》汉译"笨工",为从事体力劳动的人。西夏体工的主要任务包括:

[①] 杜建录:《西夏经济史》,北京:中国社会科学出版社,2002年,第124—125页。

[②] 慕少堂:《赣州水利溯源》,《新西北》1940年第4期;杜建录:《西夏经济史》,北京:中国社会科学出版社,2002年,第126页。

[③] 史金波:《黑水城出土西夏文卖地契研究》,《历史研究》2012年第2期;《西夏户籍初探——4件西夏文草书户籍文书译释研究》,《民族研究》2004年第5期。

[④] 俄罗斯科学院东方研究所圣彼得堡分所、中国社会科学院民族研究所、上海古籍出版社编:《俄藏黑水城文献》第十册,上海:上海古籍出版社,1999年,第30页。

其一，春季开渠时清淤渠道。开渠时深挖渠道，使之足够宽、深。唐徕、汉延为西夏京畿地区两大官渠，从黄河引水修建而成，黄河含沙量高，泥沙容易淤积在河底，导致河道升高。进入灌水期后，一旦遇上连天降雨，水位将继续增高，容易引起水患。因此，在春灌前，役夫清理河底淤积，防止隐患的发生。

> 春开渠发役夫中，当集唐徕、汉延等上二种役夫，分其劳务，好好令开，当修治为宽深。若不好好开，不为宽深时，有官罚马一，庶人十三杖。①

北宋将每年春季修筑堤岸征调人夫，称之为"春夫"。元祐元年（1086年）闰二月，汴河水患，为疏浚汴河，宋朝在春夫之外，调人夫四万，载："畿县于黄河春夫外，更调四万人，开自明河，以疏泄水患，计一月毕功。然以水磨供给京城内外食茶等，其水只得五日闭断，以此功役重大。民间每夫日雇二百钱，一月之费，计二百四十万贯，而汴水浑浊，易得填淤，明年又须开淘，民间岁岁不免此费。"②《宋史》中有一段文字详细记录了领护汴河兼督辇运官谢德权以三十万民夫深挖河道直至沙土挖尽露出河底的事，载："前是，岁役浚河夫三十万，而主者因循，堤防不固，但挑沙拥岸址，或河流泛滥，即中流复填淤矣。德权须以沙尽至土为垠，弃沙堤外，遣三班使者分地以主其役。又为大锥以试筑堤之虚实，或引锥可入者，即坐所辖官吏，多被谴免者。植树数十万以固岸。"③之前征调民夫三十万，却因方法不当，河道再次填淤，谢德权采用清沙固基、植树固岸的方法，遣三班使者分地段督役民夫完成清沙工程，收效显著，其中"以沙尽至土为垠，弃沙堤外"的描述相比于西夏律令中的"修治为宽深"更加明确。

其二，灌水期渠破水断出工修治。渠道清淤、设施修缮后，正式迎来灌溉期，在这期间出现的垫板、闸口不牢，以及渠破水断等问题，需由役夫出工修治。律令中，渠头、渠主、渠水巡检、夫役小监负责沿渠巡视，检查渠口、垫板，若因检查不仔细，断破处没有及时上报而造成的财产损失以及修渠所用草椽、体工计价，依律惩罚相关责任人，载："若粗心大意而不细察，有不牢而不告于局分，不为修治之事而渠破水断时，所损失官私家主房舍、地苗、粮食、寺庙、场路等及役草、体工等一并计价，罪依所定判断。"④《唐律疏议》卷二七《杂律》"诸不修堤防"条明确

---

① 史金波、聂鸿音、白滨译注：《天盛改旧新定律令》，北京：法律出版社，2000年，第508页。
② [宋]李焘：《续资治通鉴长编》卷三七〇，元祐元年闰二月辛亥条，北京：中华书局，2012年，第8938页。
③ [元]脱脱等：《宋史》卷三〇九，北京：中华书局，2014年，第10166页。
④ 史金波、聂鸿音、白滨译注：《天盛改旧新定律令》，北京：法律出版社，2000年，第499页。

记载了唐代征人夫修理堤防的条文,《疏议》曰:

> 依营缮令,近河及大水有堤防之处,刺史、县令以时检校。若须修理,每秋收讫,量功多少,差人夫修理。若暴水泛溢,损坏堤防,交为人患者,先即修营,不拘时限。①

文中大致包括两种情况:一是在秋收结束之后,差夫役修渠,这点类似于西夏春开渠中的夫役。二是如有暴水泛溢,这时并不规定夫役的维修时限,只要出现堤防损坏,水流溢出的情况,立即差人夫营修。一般情况下,灌溉用渠平时并不蓄水,只有在正式浇灌时才会有水,结合"暴水泛溢,损坏堤防"可知,唐律中的第二种情况当发生在灌水期,与西夏灌水期由体工"立即修治坚固"情况类似。

其三,修治沿渠桥道。沿唐徕、汉延等大渠上的大桥、大道需修治时,由官府出钱,转运司负责预估需用工人数和开工天数,凭此征调役夫。

> 大渠中唐徕、汉延等上有各大道、大桥,有所修治时,当告转运司,遣人计量所需体工多少,依官修治,监者、识信人中当遣十户人。若有应修造而不告时,有官罚马一,庶人十三杖。②

西夏夫役的差发有相对固定的时间,也有临时的征调。诸如开渠这样的大型活动在春季开始,而渠破需修治,或其他为官所出劳力多为临时性征调,转运司不得擅自兴工,有需差发,当告知中书,一百人以内可以兴工,一百以上视具体数量而定。

> 因官所出为辅役,于税户家主应出体工,则转运司人不许自意兴工。有言情当告中书,视其事况,体工役一百以内,计其应兴工,则可兴之。一百以上一律奏量实行。③

吐鲁番509号墓中出土有唐开元二十二年(734年)西州高昌县为差人夫修堤堰事而向西州都督府所写牒文,说明唐朝地方征发人夫修治堤堰也需提前上报,

---

① [唐]长孙无忌撰,刘俊文点校:《唐律疏议》卷二七,北京:法律出版社,1999年,第543页。
② 史金波、聂鸿音、白滨译注:《天盛改旧新定律令》,北京:法律出版社,2000年,第504页。
③ 史金波、聂鸿音、白滨译注:《天盛改旧新定律令》,北京:法律出版社,2000年,第491页。

履行一定的手续。

> 高昌县　为申修堤堰人……
> 　新兴谷内堤堰一十六所，修塞料单功六百人。
> 　城南草泽堤堰及箭干渠，料用单功八百五十人。
> 　　右得知水官杨嘉悸、巩虔纯等状称：前件堤堰每年差人夫修塞，
> 今既时至，请准往例处分者。准状，各责得状，料用人功如前者。
> 　依检案
> 　……例取当县群牧、庄坞、邸店及夷胡户
> 　……日功修塞，件检如前者。修堤夫[①]

文中说高昌县每年要定期差人夫修理堤堰，包括新兴谷内的十六所堤堰和城南草泽堤堰等，由知水官专门负责，所用人工数统计如上，人夫分别来自高昌县的群牧、庄坞、邸店以及夷胡诸户。

黑水城出土文书中负责渠道修治的西夏体工类似于敦煌文书中的渠人。关于渠人的性质，那波先生认为渠人是河渠人、沟渠人的略称，是承担防水、修堰、护渠职役的人。佐藤武敏更明确指出这种职役相当于同期中原地区的杂徭。郝春文先生将渠人与唐后期五代宋初敦煌地方徭役制度结合，认为渠人和归义军时期一种基于土地的力役"渠河口作"有关[②]。敦煌文书中的渠人为渠口征发的力役，西夏的体工以渠道差发为主，还有其他为官劳力。

和众、支头是春开渠时从体工中抽派的役夫。和众，西夏文"𗣼𗧻"，支头，西夏文"𗧻𗢳"，均为音译，具体名称有待考证，暂且遵从《天盛律令》的译法。二十个体工中抽派一和众、一支头，二者分工不同，不得违律增派。

> 春开渠事大兴者，二十人中当抽派一"和众"、一"支头"等职人。违律增派人数时，一人十三杖，二人徒三个月，三人徒六个月，自四人以上一律徒一年。受贿则与枉法贪赃罪比较，从重者判断。[③]

敦煌文书中有"枝头"一职。罗振玉旧藏《年代未详（公元十世纪前期）沙州

[①] 唐长孺主编：《吐鲁番出土文书》（肆），北京：文物出版社，1996年，第317页。
[②] 郝春文：《敦煌的渠人与渠社》，《北京师范学院学报》（社会科学版）1990年第1期。
[③] 史金波、聂鸿音、白滨译注：《天盛改旧新定律令》，北京：法律出版社，2000年，第497页。

白刺头枝头名簿》载：

> 枝头阴润子　阴海润　阴留定　杨□子　杨通达
> 枝头程满成　程庆宗　程延祥　程富奴　程盈达
> 白刺头程保住　程友达　史粉堆
> 枝头刘刚进　刘幸通　刘万子　刘延受　刘再住[①]

纳枝者每五人一组，每组设"枝头"，携带工具外出为柴场司砍伐树枝。与"枝头"同时记载的还有"白刺头"，白刺头每三人一组，刈割白刺[②]。枝、白刺除了烧柴，还用于修治渠道，S.6116《年代未祥（公元十世纪?）沙州诸渠白刺头名簿》中有双树渠、八尺渠、宋渠三条支渠白刺头名单[③]。白刺头的设置与渠道相关，有时刺头与堰头由同一人担任，便于修治渠堰的重要材料——刺柴的征纳、保管和使用[④]。西夏文书中的支头与税柴没有关系，但敦煌文书中与渠道相关的刺头对西夏支头、和众的设置有所启发，二者可能是春季开渠时保管、使用条椽的役夫。

体工、支头、和众由夫役小监管理，夫役小监与开渠阶段的体工、支头、和众，以及灌水期的渠头、渠主、渠水巡检不同，属西夏职官系统，是负责管理开渠、灌水期相关事务的官员，而体工、支头、和众、渠头等均为役的差发。在春季开渠之前，相关负责人经局分处提议，夫役小监与其他各司共同商议，选出能胜任者，最终的人选由宰相亲自定夺。

> 每年春开渠大事开始时，有日期，先局分处提议，夫役小监者、诸司及转运司等大人、承旨、阁门、前宫侍等中及巡检前宫侍人等，于宰相面前定之，当派胜任人。[⑤]

灌水时，渠头、渠主、渠水巡检、夫役小监沿渠察水，一旦出现渠破水断等问题，从渠头至夫役小监逐级汇报。

[①] 唐耕耦、陆宏基编：《敦煌社会经济文献真迹释录》第二辑，北京：全国图书馆文献缩微复制中心，1990年，第437页。
[②] 雷绍峰：《P.3418背〈唐沙州诸乡欠枝夫人户名目〉研究》，《敦煌研究》1998年第2期。
[③] 唐耕耦、陆宏基编：《敦煌社会经济文献真迹释录》第二辑，北京：全国图书馆文献缩微复制中心，1990年，第441页。
[④] 刘进宝：《唐宋之际归义军经济史研究》，北京：中国社会科学出版社，2007年，第171页。
[⑤] 史金波、聂鸿音、白滨译注：《天盛改旧新定律令》，北京：法律出版社，2000年，第494页。

诸沿渠干察水渠头、渠主、渠水巡检、夫役小监等,于所属地界当沿线巡行,检视渠口等,当小心为之。①

除了渠道的修治,夫役还承担土木营建,包括修建宫殿、佛寺、陵墓等。唐太宗在执政期间兴修了诸如乾阳殿、洛阳宫、永安宫、飞山宫、襄城宫、翠微宫、玉华宫、九成宫和北阙等大批宫殿,较小的汝州(今河南临汝)西山襄城宫,役工也达一百九十万之多,为配合营建,大批木、石、铜、铁等建筑材料都要从外地调运,大大增加了运输的人工。唐高宗时,皇子李弘身故,官府在洛阳东南为他修陵,陵修成后不满意,又拆毁再建,役夫除当地县民外,还有不少来自周边的劳力,"功费钜亿,万姓厌役,呼嗟满道"②。唐高祖武德时,佛教、道教非常盛行,全国已有丁壮僧、尼二十余万,以后日益增加,各地不断盛修寺观,寺院五千余个,道观鳞次栉比。驰名世界的龙门石窟和敦煌莫高窟虽然始建于唐朝以前,但在唐代有了更多的修建,武后时期,"铸浮屠,立庙塔,役无虚岁"③。

黑水城出土《天盛律令》中西夏时期征发役夫修缮佛塔、寺院,建造大城、官地墓,为碑志等④。西夏几经迁都,宫殿、府衙的修建相当频繁。《西夏书事》卷十载:"遣贺承珍督役夫,北渡河城之,构门阙、宫殿及宗社、籍田,号为兴州,遂都焉。"⑤这里所说的是1020年,李德明采纳百官建议,决定迁都兴州,广发民夫构门阙、建宫殿,营建新都城。元昊即位后,升兴州为兴庆府,再次大兴土木,"广宫城,营殿宇"⑥。除了都城的修建,西夏统治者还广建离宫。1010年,李德明"役民夫数万于鳌子山,大起宫室,绵亘二十余里,颇极壮丽"⑦。元昊营修天都山离宫,1081年被宋军攻占后,焚七大殿及府库馆舍,可见其工程规模之大,"军行至天都山下营,西贼僭称南牟,内有七殿,其府军、馆舍皆已焚之"⑧。作为当时重要的离宫,贺兰山的宫室绵延"数十里,台阁高十余丈,(元昊)日与诸妃游宴其中"⑨。西夏的帝王陵墓——西夏王陵,在今宁夏贺兰山脚下,由九座帝陵和200多座陪葬

---

① 史金波、聂鸿音、白滨译注:《天盛改旧新定律令》,北京:法律出版社,2000年,第499页。
② [后晋]刘昫:《旧唐书》卷八六,北京:中华书局,1995,第2830页。
③ [宋]欧阳修:《新唐书》卷一二五,北京:中华书局,1987年,第4398页。
④ 史金波、聂鸿音、白滨译注:《天盛改旧新定律令》,北京:法律出版社,2000年,第491页。
⑤ [清]吴广成撰,龚世俊等校:《西夏书事校证》卷一〇,兰州:甘肃文化出版社,1995年,第120页。
⑥ [清]吴广成撰,龚世俊等校:《西夏书事校证》卷一一,兰州:甘肃文化出版社,1995年,第133页。
⑦ [清]吴广成撰,龚世俊等校:《西夏书事校证》卷九,兰州:甘肃文化出版社,1995年,第109页。
⑧ [宋]李焘:《续资治通鉴长编》卷三一九,元丰四年十一月己丑条,北京:中华书局2012年,第7709页。
⑨ [清]吴广成撰,龚世俊等校:《西夏书事校证》卷一八,兰州:甘肃文化出版社,1995年,第213页。

墓组成，规模宏大，气势磅礴，经历千年风吹雨打和数次战争、盗墓至今巍然屹立，是西夏又一繁重劳役的体现。西夏时期佛教盛行，统治者除亲自主持大规模的译经活动外，还广发民夫兴建寺院，高台寺和承天寺塔即修建于西夏佛教盛行时期，"于兴庆府东一十五里役民夫建高台寺及诸浮图，俱高数十丈，贮中国所赐《大藏经》，广延回鹘僧居之，演绎经文，易为蕃字"①，没藏氏役兵民数万，于"兴庆府西偏起大寺，贮经其中，赐额'承天'，延回鹘僧登座演经"②。

第二节 差役

差使民户服役于官司是为差役，黑水城出土西夏赋役文书中服役于渠道灌溉的渠头、渠主、渠水巡检，管理乡里等基层组织的小甲、小监、农迁溜包含在内。唐初诸如此类有固定名色之役，尚无通称，唐中宗以后，这类役逐渐通称为"色役"③。《唐五代赋役史草》中认为在敦煌差科簿中见到的平水、斗门长、渠头、里正、村正、遮收、市壁师、城主、堡主、郡上均属色役④。《敦煌唐代差科簿考释》在分析《唐天宝年代（750年）敦煌郡敦煌县差科簿》的基础上，认为充当渠头者中有三品子、翊卫、上柱国，这些人的职务是看守一条支渠，是一种职务，也是一种色役⑤。宋代赋役制度研究的相关论著中很少提及色役，而以差役或职役代替，《文献通考·职役考》中概括了宋代的职役，"国初循旧制，衙前以主官物，里正、户长、乡书手以课督赋税，耆长、弓手、壮丁以逐捕盗贼，承符、人力、手力、散从官以奔走驱使。在县曹司至押录，在州曹司至孔目官，下至杂职、虞候、拣、搯等人，各以乡户等第差充"⑥。职役在北宋叫差役，其规定亦称差役法，盖取其差乡户充役之义⑦。黑水城文书中的西夏渠头与唐代渠头，西夏小甲、小监与唐宋里正有相似之处，因此将其列入差役之属。

一、渠头、渠主、渠水巡检

渠头、渠主、渠水巡检是灌水期负责监察渠道的差役，渠头比渠主低一级，渠

---

① [清]吴广成撰，龚世俊等校：《西夏书事校证》卷一八，兰州：甘肃文化出版社，1995年，第212页。
② [清]吴广成撰，龚世俊等校：《西夏书事校证》卷一九，兰州：甘肃文化出版社，1995年，第226页。
③ 郑学檬主编：《中国赋役制度史》，厦门：厦门大学出版社，1994年，第225页。
④ 张泽咸：《唐五代赋役史草》，北京：中华书局，1986年，第341页。
⑤ 王永兴：《敦煌唐代差科簿考释》，《历史研究》1957年第12期。
⑥ [元]马端临撰：《文献通考》卷一二《职役一》，北京：中华书局，1986年，第127页。
⑦ 郑学檬主编：《中国赋役制度史》，厦门：厦门大学出版社，1994年，第389页。

主比渠水巡检低一级,有渠道断破或水利设施不牢等问题逐级向上汇报。渠头是地方渠水监察系统的最低一级,黑水城出土文书中载:

> 沿渠干察水应派渠头者,节亲、议判大小臣僚、税户家主、诸寺庙所属及官农主等灌水户,当依次每年轮番派遣,不许不续派人。若违律时有官罚马一,庶人十三杖。受贿则以枉法贪赃论。①

渠头的派遣遵从两个原则:第一,渠头从沿渠有土地的灌水户中选派。水利的修治、维护需要大量的人力、物力,从灌水前的准备到开始浇灌经历挖渠、分水、监察等环节,时间长、任务重,地方官员以一己之力无法胜任,于是发动用水者义务参与到渠道的维护和治理中,使用同一渠道的灌水户被组织到一起,每年选派一定数量的渠头,负责沿渠察水。由节亲、议判大小臣僚、税户家主、寺庙、官农主等有土地且有浇灌需求的人充任渠头,他们可以是纳税农户、有官之人或大土地所有者,相比于承担夫役的税户,充当渠头的人身份更复杂。

敦煌出土文书《唐天宝年代(公元750年)敦煌郡敦煌县差科簿》记载有渠头15人,其中既有普通百姓,也有品子或勋官。

> 弟忠璟载卅五三品子渠头
> 男英杰载廿　中男　渠头
> 弟玉山载一十九　中男　渠头
> 弟大忠载卅九　翊卫　渠头
> 弟神通载五十二　上柱国　渠头
> 阴思楚载十九　中男　渠头
> 男玉儿载十九　中男　渠头
> 张大忠载五十六　上柱国　渠头
> 安忠信载五十九　翊卫　渠头
> 男景阳载一十七　小男　渠头
> 王敬元载廿二　中男　渠头
> 侄龙儿载廿　中男　渠头
> 邓令仙男庭光载十八　中男　渠头

---

① 史金波、聂鸿音、白滨译注:《天盛改旧新定律令》卷十五,北京:法律出版社,2000年,第499页,"灌水户"原作"水□户",据俄藏补。

>　　唐神楚五十二　　翊卫　渠头
>　　赵祐进载十九　　次男　渠头①

文书15名渠头中，普通百姓9人，有小男、中男，以中男为主，三品子1人，翊卫3人，上柱国2人，他们的年龄从17到59岁，唐代差科簿中有关年龄的记载是西夏文献缺少的内容，可以作为西夏差发渠头的参照。

第二，每年轮流派遣。渠头是一项苦差事，稍有差池还可能引起牢狱之灾，为了公平、节亲、议判大小臣僚、税户家主、寺庙、官农主按照一定的顺序轮流派遣，中间不得有停滞不派的情况发生。若违律有官罚马一，庶人十三杖，有受贿则以枉法贪赃罪判断。

灌水期到来，根据渠的大小长短分成若干段，每段分配一定数量的渠头、渠主和渠水巡检。所属渠段的若干渠头轮流监察，当职渠头需不分昼夜沿渠巡行、监控渠道，灌水期随时可能出现渠口断破、或垫板闸口不牢的突发事件，当职渠头须于第一时间通知渠主，若因渠头工作不力带来的财产损失，计钱数徒三个月至十二年不等，如渠口断破导致人员死亡，与射箭、投掷致人死亡罪同等判处。渠头工作失误，渠主、渠水巡检、夫役小监有指挥检校不善之责，负有连带责任，依次承罪。

>　　当职渠头并未无论昼夜在所属渠口，放弃职事，不好好监察，渠口破而水断时，损失自一缗至五十缗徒三个月，五十缗以上至一百五十缗徒六个月，一百五十缗以上至五百缗徒一年，五百缗以上至千缗徒二年，千缗以上之千五百缗徒三年，千五百缗以上至二千缗徒四年，二千缗以上至二千五百缗徒五年，二千五百缗以上至三千缗徒六年，三千缗以上至三千五百缗徒八年，三千五百缗以上至四千缗徒十年，四千缗以上至五千缗徒十二年，五千缗以上一律绞杀。其中人死者，令与随意于知有人处射箭、投掷等而致人死之罪状相同。夫役小监、巡检、渠主等因指挥检校不善，依渠主为渠头之从犯、巡检为渠主之从犯、夫役小监为巡检之从犯等，依次当承罪。②

渠头的工作不仅仅是单纯沿渠察水，还负责依次放水，责任重大，特别是对

---

① 唐耕耦、陆宏基编：《敦煌社会经济文献真迹释录》第一辑，北京：书目文献出版社，1986年，第213—261页。本段文字为摘录。
② 史金波、聂鸿音、白滨译注：《天盛改旧新定律令》，北京：法律出版社，2000年，第499页。

依赖渠水灌溉发展农业的地区来说,分水尤为重要。为了能够多浇水、先浇水,节亲、宰相等有权势之人对渠头威逼利诱,若渠头因畏惧权贵不按顺序放水,导致渠口断破,损失的钱物计价与渠头渎职罪同等判断,并赔偿畜物、财产的一半,若渠头将情况向上级反映则不处罚。渠头有收受贿赂,未轮至给水而提前浇灌时,主罪由渠头承担,灌水者为从犯。

> 节亲、宰相及他有位富贵人等若殴打渠头,令其畏势力而不依次放水,渠断破时,所损失畜物、财产、地苗、役草之数,量其价,与渠头渎职不好好监察,致渠口破水断,依钱数承罪法相同,所损失畜物、财产数当偿二分之一。渠头曰"我已取渠口",立即告奏,则勿治罪。若行贿徇情,不告管事处,则当比无理放水者之罪减二等。又诸人予渠头贿赂,未轮至而索水,若渠断时,本罪由渠头承之,未轮至而索水者以从犯法判断。渠头或睡,或远行不在,然后诸人放水断破者,是日期内则本罪由放水者承之,渠头以从犯法判断。若逾日,则本罪当由渠头承之。①

渠主、渠水巡检依次比渠头高一级。渠主、渠水巡检的派遣,黑水城出土《天盛律令》载:

> 大都督府至定远县沿诸渠干当为渠水巡检、渠主百五十人。先住中有应分抄亦当分抄,有已超亦当减。其上未足,则不任独诱职中应知地水行时,增足其数,此后则不许渠水巡检、渠主超。若超派人数及另超等时,为超人引助者处及超派人所验处局分大小等,一律依转院罪状法判断。②

从大都督府至定远县沿渠置渠主、渠水巡检150人。大都督府、定远县属西夏京畿管辖范围,这条关于渠主、渠水巡检的规定主要针对西夏兴灵平原的引黄灌区。渠主、渠水巡检先从基层组织——抄中抽调。抄是西夏社会最小的单位,记载多与军事相关,是西夏部落兵制的体现,《宋史》载:西夏"其民一家号一帐,男年登十五为丁,率二丁取正军一人,每负赡一人为一抄。负赡者,随军杂役也。四丁为两抄,余号空丁"③《辽史》与《宋史》基本一致,"负赡"记作"负担",

---

① 史金波、聂鸿音、白滨译注:《天盛改旧新定律令》,北京:法律出版社,2000年,第501页。
② 史金波、聂鸿音、白滨译注:《天盛改旧新定律令》,北京:法律出版社,2000年,第499页。
③ [元]脱脱等:《宋史》卷四八六,北京:中华书局,2014年,第14028页。

"民年十五为丁。有二丁者,取一为正军。负担杂使一人为抄,四丁为两抄"①。《天盛律令》中军抄由"󰀀󰀁"正军、"󰀂󰀃󰀄"正辅主、"󰀅󰀆"负担三部分组成,与正史中一抄包括一正军与一负赡不同。西夏的抄把家庭和军队结合到一起,一家一帐,男子十五成丁便可编入抄中。发展到后期,西夏每一抄中丁的数量有所变化,没有严格执行"一正军、一负赡"的规定,渠主、渠水巡检的征派以抄为单位,抄有大小之别,所以如果抄内丁的数量多应先分抄,再抽派,抽派的数量共计150人,如多派人数,当减去,一律依转院罪状法判断,不足者从不任独诱且熟知地水情况的人中增派,反映了亦兵亦民、全民皆兵的西夏社会。

渠主、渠水巡检的任务是沿渠巡行、检视渠口。

> 诸沿渠干察水渠头、渠主、渠水巡检、夫役小监等,于所属地界当沿线巡行,检视渠口等,当小心为之。渠口垫板、闸口等有不牢而需修治处,当依次由局分立即修治坚固。若粗心大意而不细察,有不牢而不告于局分,不为修治之事而渠破水断时,所损失官私家主房舍、地苗、粮食、寺庙、场路等及役草、体工等一并计价,罪依所定判断。②

渠头是监测渠水的第一线,需昼夜当职,而在渠主和渠水巡检的规定中并没有提到这点,主要是"于所属地界当沿线巡行,检视渠口"。大都督府至定远县抽调的150位渠主和渠水巡检根据渠的大小长短分配至所属地界,沿线巡行、检视,发现不牢处逐级上报,迅速修治。若因粗心大意没有发现隐患,有不牢处不告知局分,修治不及时使渠破水断,所损失的官私钱物,包括对寺庙、道路的影响,以及补救抢修所用草椽、人工等一并计价,以此定罪。

二、小甲、小监、农迁溜

西夏基层社会有多种设置,农业区以小甲、小监、农迁溜编户,仿照了唐宋的乡里和保甲,牧区有牧人、牧小监、牧首领进行管理。黑水城出土《天盛律令》规定:

> 各税户家主由管事者以就近结合,十户遣一小甲,五小甲遣一小监等胜任人,二小监遣一农迁溜,当于附近下臣、官吏、独诱、正军、辅主之胜任、空

---

① [元]脱脱等:《辽史》卷一一五,北京:中华书局,2016年,第1676页。
② 史金波、聂鸿音、白滨译注:《天盛改旧新定律令》,北京:法律出版社,2000年,第499页。

闲者中遣之。①

税户家主就近结合,十户遣一小甲,五小甲遣一小监,二小监遣一农迁溜。小甲、小监、农迁溜是基层的负责人,一农迁溜管理一百户。小甲、小监、农迁溜的人选从下臣、官吏、独诱、正军、辅主等能胜任且空闲者中派遣。

黑水城出土《亥年新法》对《天盛律令》的这条记载进行了修订,将迁溜人数减半,每迁溜为五十户。

> 于《律令》,虽各税户家主由管事者以就近结合,十户遣一小甲,五小甲遣一小监,二小监遣一(农)迁溜等,然十羊九牧,城人数众多,家民受侵扰者多,不利也。若减半合理也。此后边中、京师地以内所住小甲数皆减,小监、(农)迁溜等派遣当依《律令》所定实行。②

文中的《律令》就是《天盛律令》。"各税户家主由管事者以就近结合,十户遣一小甲,五小甲遣一小监,二小监遣一(农)迁溜"是对《天盛律令》农迁溜编户规定的叙述。"十羊九牧,城中人数众多,家民受侵扰者多,不利也"是百户制农迁溜不够合理、需要修订的原因。《亥年新法》因此规定小甲数减半,即为"各税户家主由管事者以就近结合,五户遣一小甲,五小甲遣一小监,二小监遣一(农)迁溜",每小甲由原来的管理10户减少到5户,小监由原来的管理50户减少到25户,农迁溜由原来的管理100户减少到50户,编户数量减少,但是小监、农迁溜的人员派遣仍依《天盛律令》的条文实行,从下臣、官吏、独诱、正军、辅主等能胜任且空闲者中派遣。

西夏农迁溜作为基层组织的管理者,具有编户登记、土地督查、赋税征收等职责。黑水城出土社会文书中户籍、赋税账册以迁溜为单位记录,其中 Инв.No.6342-2《户籍计账》中迁溜饶尚般百局分管理七十九户,共计二百二十人,Инв.No.8372《户耕地租役草账》中迁溜吾移□宝共管理五十四户,Инв.No.4991-6《里溜人口税账》中梁肃寂局分共管理五十九户及三十九名大小单身男女,按照《天盛律令》和《亥年新法》农迁溜数的规定,这三件应该是在《亥年新法》之前手写的西夏文账册。

---

① 史金波、聂鸿音、白滨译注:《天盛改旧新定律令》,北京:法律出版社,2000年,第514页。
② 安北江:《西夏文献〈亥年新法〉卷十五(下)释读与相关问题研究》,宁夏大学硕士学位论文,2017年,第44页。

Инв.No.6342-2《户籍计账》中迁溜管理的七十九户被分为六十二户和十七户,分别登记着男、女、大、小数量,共计大口一百八十人,小口四十人。

里溜饶尚般百局分七十九户?? 共二
　　　百二十人
大一百八十人　小四十人
六十二户原先大小一百四十六人
　　男八十五人
　　　大六十一人　小二十四人
　　女六十一人
　　　大五十四人　小七人
三十五人单身
　　男三十一人
　　　大二十六人　小五人
　　女四大
十七户?　大小四十九人
　　男二十人
　　　大十八人　小二人
　　女十九人
　　　大十七人　小二人
原先大小一百八十一人[①]

上述文书不仅登记了管辖范围内的编户数量,而且还对男、女、大、小等做了详细的区分和记录,文书的前三行特别强调了大口和小口,因为西夏人口税是以大、小区分的,大口和小口交纳人口税的税额不同。

《天盛律令》中农迁溜负责辖区土地变更信息的搜集,以编写地簿,征收赋税。在边中、畿内税户家主种地纳租法中,提出年年有死亡、外逃、地头无人、依次相卖的情况,符合上述内容的,每三年由基层组织小甲、小监、农迁溜将变动信息上报郡县重新编制地簿,"农迁溜、小监、小甲于自己所辖家主人中推寻有无变卖田地。有则家主人勿来,农迁溜、小监人当推察"[②]。编写地簿是为了收税,黑

[①] 史金波:《西夏经济文书研究》,北京:社会科学文献出版社,2017年,第455页。
[②] 史金波、聂鸿音、白滨译注:《天盛改旧新定律令》,北京:法律出版社,2000年,第515页。

水城出土 Инв.No.8372《户耕地租役草账》迁溜吾移□宝共五十四户纳税计三十六石六斗三七合半,其中有杂二十九石三斗一升、麦七石三斗二升七合半,役夫五十四人,草二千九百三十一束。

西夏的农迁溜参照了唐宋时期的基层乡里设置,相当于唐宋时期的"里",因此"迁溜"也被译为"里溜"[1]。其职能也仿照中原地区的里正,传世文献中里正的主要职责为督课赋税,《唐律疏议》卷十一载:

> 其里正、坊正,职在驱催,既无官品,并不同监临之例。[2]

《宋史·食货志》"役法上"载:

> 役出于民,州县皆有常数。宋因前代之制,以衙前主官物,以里正、户长、乡书手课督赋税,以耆长、弓手、壮丁逐捕盗贼,以承符、人力、手力、散从官给使令;县曹司至押、录,州曹司至孔目官,下至杂职、虞候、拣、掐等人,各以乡户等第定差。[3]

唐代的里正,职在驱催。五代时期,里正差充督课,并承担征税不足受罚的责任。北宋初,仍以里正督课赋税。熙宁中,以户长代理里正主督租赋,二年一易。

第三节 兵役

战争在西夏的历史中占据重要的位置,党项羌从一个尚武的民族逐渐发展壮大,在大大小小的战争中西夏从无到有、从有到强、从强到衰,直至被蒙古铁骑所灭。它所实行的满十五岁以上男丁全部入籍服役,战时为兵、平时为民的兵役制度为人口不多、储备不足的政权尽可能多征募兵士,减轻了军费开支,是支撑西夏在多次对抗中取胜的重要原因之一,同时降低成丁年龄、全民皆兵,给西夏百姓带来了沉重的负担。

---

[1] 史金波:《西夏经济文书研究》,北京:社会科学文献出版社,2017年,第476页。
[2] [唐]长孙无忌撰,刘俊文点校:《唐律疏议》卷一一,北京:法律出版社,1999年,第248页。
[3] [元]脱脱等:《宋史》卷一七七,中华书局,2014年,第4295页。

一、全民皆兵

兵役是我国封建社会一项很重的负担。至唐中期,基本上都是国家强征服役,由于均田制的破坏,府兵来源日益减少,逐渐产生了雇募军人。两宋时期,全部军队均由官府出钱,募兵制发展成熟。西夏与中原王朝的兵役是两条不同的轨迹。西夏的军兵,发源于早期的部族兵。

> 党项羌者,三苗之后也。其种有宕昌、白狼,皆自称猕猴种。东接临洮、西平,西拒叶护,南北数千里,处山谷间。每姓别为部落,大者五千余骑,小者千余骑。织牦牛尾及羖羊历毛以为屋。服裘褐,披毡以为上饰。俗尚武力,无法令,各为生业,有战阵则相屯聚。无徭赋,不相往来。①

党项以姓氏区分,实行部落兵制,有的部落大,兵士多,有的部落小,兵士人数相对少一些。原州属羌明珠、灭藏二族兵数过万,《续资治通鉴长编》载:"原州属羌明珠、灭藏二族,兵数万,与元昊首尾,隔绝邻道。"②种落之兵以"溜"为队列,训练有素,对部族首领敬而远之,绝对服从。"西贼首领,各将种落之兵,谓之'一溜',少长服习,盖如臂之使指,既成行列,举手掩口,然后敢食,虑酋长遥见。"③这种带有氏族血缘色彩的部落兵,在元昊建立政权前发展为全民皆兵。主要体现在两个方面:

一是全境征兵。在统辖范围内实行征兵制。一家为一帐,成年壮丁中每二抽一,是为正军。

> 其民一家号一帐,男年登十五为丁,率二丁取正军一人,每负担一人为一抄。负担者,随军杂役也。四丁为两抄,余号空丁。愿隶正军者,得射他丁为负担,无则许射正军之疲弱者为之。故壮者皆习战斗,而得正军为多。④

正军为骁勇善战者,负担为随军杂役。一旦正军有死、老、病、弱,以其儿子

---

① [唐]魏征:《隋书》卷八三,北京:中华书局,1997年,第1845页。
② [宋]李焘:《续资治通鉴长编》卷一三八,庆历二年十月戊辰条,北京:中华书局,2012年,第3320页。
③ [宋]李焘:《续资治通鉴长编》卷一三二,庆历元年五月甲戌条,北京:中华书局,2012年,第3136页。
④ [元]脱脱等:《宋史》卷四八六,北京:中华书局,2014年,第14028页。

长门世袭。

> 种种大小臣僚、待命者、军卒、独诱等，正军有死、老、病、弱时，以其儿子长门者当为继抄。若为幼门，则当为抄宿。辅主强，正军未长大，当以之代为正军，待彼长成，则本人当掌职。①

正军、负担组合成一抄，是西夏军队最小的单位。西夏文献中还有辅主，辅主为辅佐正军者，律令中多称正辅主或正辅。在军抄中，正军是战斗力最强的，地位最高，辅主次之，负担稍弱。正军、正辅、负担都配发武器，以独诱为例。

> 各种独诱类属：
> 　战具：
> 　正军有：官马、甲、披、弓一张、箭三十枝、枪一枝、剑一把、长矛杖一枝，全套拨子手扣。
> 　正辅有：弓一张、箭二十枝，长矛杖一枝、拨子手扣全套。
> 　负担有：弓一张、箭二十枝、剑一把、长矛杖一枝等当发给，一样，若发弓箭，则拨子手扣亦当供给。②

这样组成的军队在编队之初就确保了日后的战斗力和后勤补给。除了正军、辅主、负担，官方发放战具的人员涉及社会各个阶层。

> 臣僚、下臣、各种匠、主簿、使人、真独诱、艺人行童、前宫内侍、阁门、杂院子、刻字、掌御旗、测礼垒、帐下内侍、出车、医人、向导、渠主、商人、回鹘通译、黑检主、船主、井匠、朝殿侍卫、占算、更夫、官巫、织褐、驮御柴、宗庙监、烧炭、宫监、卷帘者、测城、主飞禽、系花鬘、御车主、牵骆驼、相君、修城黑汉人、钱监院、绢织院、马侍、御院子、殿使、厨师、主传桌、作陈设钉、驮御皮衣、帐侍卫者、门楼主、御仆役房勾管、案头司吏、大舍硬、采金、司监院子、种麻院子、养细狗、番汉乐人、内官、采药、马背戏、马院、归义军院黑汉人、种染青、主杂物库、□地节亲王。③

---
① 史金波、聂鸿音、白滨译注：《天盛改旧新定律令》，北京：法律出版社，2000年，第261页。
② 史金波、聂鸿音、白滨译注：《天盛改旧新定律令》，北京：法律出版社，2000年，第223页。
③ 史金波、聂鸿音、白滨译注：《天盛改旧新定律令》，北京：法律出版社，2000年，第224页。

二是不分兵民。宋人滕甫在描述中原与少数民族兵制的差异时说道全面皆兵的特点在于无兵民之分,有事则举国皆来,曰:

> 臣窃谓中国之兵与夷狄之兵,常患多寡之不敌,其故无他,盖中国兵有定数,至于平民则素不使之知战。夷狄之俗,人人能斗击,无复兵民之别,有事则举国皆来,此所以取胜多也。[1]

除了常备军队,如"卫戍军""侍卫军""铁鹞子"等,西夏还有人数众多的士兵,平日训练的同时不脱离生产"带弓而锄",一旦有战事临时点集出征。

> 国家用铁鹞子以驰骋平原,用步跋子以逐险山谷,然一遇陌刀法,铁骑难施;若值神臂弓,步奚自溃,盖可以守常,不可以御变也。夫兵在审机,法贵善变,羌部弓弱矢短,技射不精,今宜选蕃汉壮勇,教以强弩,兼以摽牌,平居则带弓而锄;临戎则分番而进,以我国之短,易中国之长。如此,无敌于天下矣。[2]

《宋史》中记载了宋夏沿边筑堡寨以耕待战的方式,其情形应与西夏近似。

> 置屯之法,百人为屯,授田于旁塞堡,将校领农事,休即教武技,其牛具、农器、旗鼓之属并官予。置堡之法,诸屯并力,自近及远筑为堡以备寇至,寇退则悉出掩击。[3]

因为战时为兵,平日为民,所以西夏的养兵负担大大减轻。西夏宿卫按月给米二石,载:"选豪族善弓马五千人迭直,号六班直,月给米二石。铁骑三千,分十部。"[4]西夏统一配备团练使以上级别的武器,包括弓箭、枪、棍、剑等。

> 凡正军给长生马、驼各一。团练使以上,帐一、弓一、箭五百、马一、橐驼

---

[1] [宋]李焘:《续资治通鉴长编》卷二一七,熙宁三年十一月乙卯条,北京:中华书局,2012年,第5285页。
[2] [清]戴锡章编撰,罗矛昆校点:《西夏纪》卷二二,银川:宁夏人民出版社,1988年,第509页。
[3] [元]脱脱等:《宋史》卷一九〇,北京:中华书局,2014年,第4713页。
[4] [元]脱脱等:《宋史》卷四八五《夏国传上》,北京:中华书局,2014年,第13995页。

五,旗、鼓、枪、剑、棍棓、秒袋、披毡、浑脱、背索、锹钁、斤斧、箭牌、铁笊篱各一。刺史以下,无帐无旗鼓,人各槖驼一、箭三百、幕梁一。兵三人同一幕梁。幕梁,织毛为幕,而以木架。①

除了官方承担的粮饷和武器,普通兵士需自备弓矢甲胄和粮饷。《隆平集》载:"年六十以下,十五以上,皆自备介胄弓矢以行。"②自备的武器包括介胄、弓矢。介胄指的是铠甲和头盔,弓矢指的是弓箭。《宋史》等史料中载:

> 夏人去来飘忽,不能持久,是其所短;然其民皆兵,居不糜饮食,动不勤转饷。③

> 建官置兵不用禄食,每举众犯边,一毫之物皆出其下,风集云散,未尝聚养。中国则不然,远戍之兵久而不代,负星霜之苦,怀乡国之望,又日给廪食,月给库缯,春冬之衣、银、鞋,馈输满道不绝。④

基层组织"溜"体现了西夏寓兵于民的特色。溜最初为军事设置,为一队种落之兵,后来作为基层设置沿用了下来,成为兵民合一的组织。在《天盛律令》中"溜"有农迁溜、牧迁溜、军溜、部溜、队溜、城溜等,除农迁溜、牧迁溜以外,其余都与军事相关。史金波先生在《西夏社会》中说,军队里的"溜"与乡里组织"迁溜"有密切关系,可能平时为"迁溜",战时为"溜"。西夏迁溜的职能也很宽,包括对所辖住户户口、土地、牲畜及其他财产的登记,编制申报乡里籍账,负责催缴租税,组织开渠、修渠等。西夏迁溜还有一种职能,就是对西夏基层军事组织军抄的登记和管理。这种不同于中原地区的特殊职能与西夏征兵制度有密切关系⑤。

全民皆兵使得西夏在人口有限的情况下,尽可能多网罗丁壮,参与战争。范仲淹说夏人:

---

① [元]脱脱等:《宋史》卷四八六,北京:中华书局,2014年,第14028页。
② [宋]曾巩撰,王瑞来校证:《隆平集校证》卷二○,北京:中华书局,2012年,第603页。
③ [元]脱脱等:《宋史》卷三一七,北京:中华书局,2014年,第10351页。
④ [宋]李焘:《续资治通鉴长编》卷一三四,仁宗庆历元年十一月乙亥条,北京:中华书局,2012年,第3202页。
⑤ 史金波:《西夏社会》,上海:上海人民出版社,2007年,第231页。

种落散居,衣食自给,或忽尔点集,并攻一路,故其众动号十余万。①

文献记载西夏军队数量庞大,《宋史》载十二监军司总兵五十万,加上其他兵种,共有近七十万。

置十二监军司,委豪右分统其众。自河北至午腊蒻山七万人,以备契丹;河南洪州、白豹、安盐州、罗落、天都、惟精山等五万人,以备环、庆、镇戎、原州;左厢宥州路五万人,以备鄜、延、府;右厢甘州路三万人,以备西番、回鹘;贺兰驻兵五万、灵州五万人、兴州兴庆府七万人为镇守,总五十余万。②

别有擒生十万。兴、灵之兵,精练者又二万五千。别副以兵七万为资赡,号御围内六班,分三番以宿卫。③

在宋夏战争中,西夏还会投入更多的兵力。兰州战役,西夏发兵八十万,宋神宗屡次手诏当时的经略使李宪不要轻举妄动。

夏人入兰州,破西关,(李宪)降宣庆使。宪以兰州乃西人必争地,众数至河外而相羊不进,意必大举,乃增城守堑壁,楼橹具备。明年冬,夏人果大入,围兰州,步骑号八十万众。④

已有对西夏人口数量的研究分歧很大,有100万、250万、400万、900万之说。杜建录先生从西夏军队人数、宋代关于西夏人口的估计与西夏某些州的户口推算出全境人口大致在150万左右,上限不超过180万或200万口,下线不低于100万或120万⑤。以此来看,西夏军队数量在人口总数中占绝对比重,全民皆兵将全部丁壮囊括其中,以耕待战,随时可以点集出征,使西夏在战争中处于有利地位,但加重了百姓的兵役负担。

---

① [宋]李焘:《续资治通鉴长编》卷一四九,仁宗庆历四年五月壬戌条,北京:中华书局,2012年,第3600页。
② [元]脱脱等:《宋史》卷四八五,北京:中华书局,2014年,第13994页。
③ [元]脱脱等:《宋史》卷四八六,北京:中华书局,2014年,第14029页。
④ [元]脱脱等:《宋史》卷四六七,北京:中华书局,2014年,第13640页。
⑤ 杜建录:《西夏经济史》,北京:中国社会科学出版社,2002年,第88页。

二、成丁入籍

宋代文献和黑水城出土《天盛律令》中有关于西夏成丁年龄的记载。《隆平集》载："年六十以下,十五以上,皆自备介弓矢甲胄而行。"①《续资治通鉴长编》中泾原等路谍报："西贼集结举国人马,七十以下,十五以上,取八月半入寇绥州,及分兵犯甘谷城。"第一段是西夏早期的记载,第二段是修改后的成丁年龄,为十五岁,至七十入老。西夏人自己的法律文献中如此记载:

诸转院各种独诱年十五当及丁,年至七十入老人中。②

唐代《旧唐书》中成丁年龄是二十一岁,六十为老,天宝、广德年先后两次修改成丁年龄,分别为二十三和二十五岁。《旧唐书》载："凡男女,始生为黄,四岁为小,十六为中,二十有一为丁,六十为老。"③天宝三载(744年)二十三以上为丁,载："民三岁以下为黄,十五以下为小,二十以下为中。又以民间户高丁多者,率与父母别籍异居,以避征戍,乃诏十丁以上免二丁,五丁以上免一丁,侍丁孝者免徭役。天宝三载,更民十八以上为中男,二十三以上成丁。"④广德元年(763年)二十五岁成丁,诏："一户三丁者免一丁,凡亩税二升,男子二十五为成丁,五十五为老,以优民。"⑤

宋朝成丁年龄,《宋刑统》有二十一成丁、二十三成丁、二十五成丁三种不同的记载。《续资治通鉴长编》《宋史》为二十成丁,六十至老。

[准]户令:诸男女三岁以下为黄,十五以下为小,二十以下为中。其男年二十一为丁,六十为老。

[准]唐天宝十三载十二月二十五日制节文:自今以后,天下百姓宜以十八已上为中,男二十三已上成丁。

[准]唐广德元年七月二十二日敕:天下男子宜令二十五成丁,五十五入老。⑥

---

① [宋]曾巩撰,王瑞来校证:《隆平集校证》卷二〇,北京:中华书局,2012年,第603页。
② 史金波、聂鸿音、白滨译注:《天盛改旧新定律令》,北京:法律出版社,2000年,第262页。
③ [后晋]刘昫:《旧唐书》卷四三,北京:中华书局,1995年,第1825页。
④ [宋]欧阳修:《新唐书》卷五一,北京:中华书局,1987年,第1346页。
⑤ [宋]欧阳修:《新唐书》卷五一,北京:中华书局,1987年,第1347页。
⑥ 薛梅卿点校:《宋刑统》卷一二,北京:法律出版社,1999年,第214—215页。

> 诏诸州版簿、户帖、户钞,委本州判官、录事掌之,旧无者创造。始令诸州岁所奏户帐,其丁口男夫二十为丁,六十为老,女口不须通勘。①

> 诸州岁奏户帐,具载其丁口,男夫二十为丁,六十为老。②

《宋刑统》所载三个成丁年龄均为唐代的规定。二十一岁成丁来源于唐开元二十五年(737年)的《户令》,二十三岁成丁源于天宝十三载(754年)的规定,在《新唐书》中这一规定公布的时间记为天宝三载,二十五岁成丁源于广德元年(763年)敕文。其余两条史料的成丁年龄均为二十岁,诏令的时间是在宋乾德元年(963年),《续资治通鉴长编》有说明"据本志,丁口事当在此年,不得其月日,今附见"③。可见,宋代成丁年龄在乾德元年之前沿用唐代的规定,至此之后始立新规。

与西夏同期的少数民族政权,辽十五以上入兵籍,《辽史》载:"辽国兵制,凡民年十五以上,五十以下,隶兵籍。"④金代十七为丁,六十入老。《金史》载:"金制,男女二岁以下为黄,十五以下为小,十六为中,十七为丁,六十为老,无夫为寡妻妾,诸笃废疾不为丁。"⑤

将西夏的成丁年龄与唐、宋、辽、金进行比较,发现西夏通过降低成丁年龄,延长入老年限的方式,扩大兵役来源,增加战争人员储备。在成丁年龄上,西夏远远低于唐、宋、金各朝,与辽朝入兵籍的年龄一样,但是辽的下限定在五十岁以下,而西夏七十岁才入老。这样的规定与西夏特殊的环境有关。西夏的国土面积、人口数量、综合实力与中原王朝差距很大,落后于辽、金,由于连年征战,人丁损失很大,为了征集到更多的兵士,不得不扩大丁壮的征集范围,放宽入丁、至老的年龄段,凡在十五至七十之间的所有丁壮全部出征作战,解决了西夏面临的兵役问题。对于适龄丁壮,身有废疾者可免除征发,经官方校验,确有目盲、耳聋、手脚蜷曲、跛脚、病弱等,可转入弱中。

> 诸人丁壮目盲、耳聋、躄挛、病弱等者,本人当于大人面前验校,医人当

---

① [宋]李焘:《续资治通鉴长编》卷四,乾德元年十月庚辰条,北京:中华书局,2012年,第106页。
② [元]脱脱等:《宋史》卷一七四,北京:中华书局,2014年,第4203页。
③ [宋]李焘:《续资治通鉴长编》卷四,乾德元年十月庚辰条,北京:中华书局,2012年,第107页。
④ [元]脱脱等:《辽史》卷三四,北京:中华书局,2016年,第451页。
⑤ [元]脱脱等:《金史》卷四六,北京:中华书局,2013年,第1031页。

看检,是实,则可使请只关、担保者,应入转弱中。①

与此同时,严苛的兵役制度增加了百姓的负担,可能出现瞒报、谎报不入丁籍等问题,为了预防和惩戒逃避兵役情况的发生,律令规定,十五岁以上不注册丁籍,隐瞒时,一人至十人正军判罚四年至八年不等。

> 上述新生子当注册者中,年十五以上不注册隐瞒时,其正军之罪:隐一至二人者,徒四年;三至五人者,徒五年;六至九人者,徒六年;十人以上一律徒八年。及丁籍册上犹著年幼者,当比丁壮不注册罪减一等。彼二种首领、主簿知晓隐言者,则当比正军罪减一等,不知情者不治罪。②

有举报者,当赏。如年龄已及丁但虚报幼小时,按律处罚。

> 诸种种部人丁院籍上不注册时,举发赏一人至二人二十缗,三至五人三十缗,六至九人四十缗,十人以上一律五十缗。其年幼者应注册不注册及年已及丁虚报幼小者,举发赏则依上述人丁不于籍上注册隐瞒举告赏当给二分之一,一律由隐者正军给予。正军不能予者,差多少当与主簿、首领等知情者共给赏,不知者不治罪。③

若有人活着而入死者注销、以丁壮入年老、及丁不注册等情况,有明确的法规予以惩罚。

> 诸人现在,而入死者注销,及丁则当绞杀,未及丁则依钱量按偷盗法判断。又以壮丁入转老弱,亦按人数多少、年岁长幼,比及丁不注册隐瞒之正军、首领、主簿知闻之罪状当依次各加一等。④

为了严格把控丁的数量,西夏还将十岁以上至十四岁及丁者登记造册。如有隐瞒,一人至十人以上正军徒三个月至二年不等,律令载:"诸院军各独诱新生

---

① 史金波、聂鸿音、白滨译注:《天盛改旧新定律令》,北京:法律出版社,2000年,第262页。
② 史金波、聂鸿音、白滨译注:《天盛改旧新定律令》,北京:法律出版社,2000年,第262页。
③ 史金波、聂鸿音、白滨译注:《天盛改旧新定律令》,北京:法律出版社,2000年,第263页。
④ 史金波、聂鸿音、白滨译注:《天盛改旧新定律令》,北京:法律出版社,2000年,第262页。

子男十岁以内,当于籍上注册。若违律,年及十至十四不注册隐瞒时,隐者正军隐一至三人者,徒三个月;三至五人,徒六个月;六至九人,徒一年;十人以上一律徒二年。首领、主簿等知情,则当比正军罪减一等;不知情者不治罪。"①总之,西夏通过全境征兵、不分兵民以及降低成丁年龄增加入老年限的方式,扩大了兵役的来源,同时使普通兵士"带弓而锄",减少了军费开支,在人口、财政等资源有限的情况下,这是一种基于当时社会发展水平而制定的一项行之有效的兵役制度。

---

① 史金波、聂鸿音、白滨译注:《天盛改旧新定律令》,北京:法律出版社,2000年,第262页。

第三章 黑水城文书反映的元代赋税

黑水城出土文书中的元代赋税包括税粮、抽分、酒醋课、契本税等。税粮是元代北方地区的赋税,有地税和丁税两种不同的形式,黑水城是甘肃行省下辖的亦集乃路,征地税而无丁税。文书中地税的征收以户为单位,以土地顷亩为依据,严格执行元朝政府制定的"亩税三升"的规定,交纳的粮食有大麦、小麦、糜子等,其中每亩征大麦一升,小麦二升。交税的时间集中在十月至十二月,与正史所载输纳之期分初、中、末三限,初限十月、中限十一月、末限十二月完全一致。亦集乃路总管府负责催征税粮,府仓广积仓是征收税粮的机构,付使、大使、监支纳逐级签字、画押后发放的税票是为纳税凭证。

黑水城文书中的其他赋税记载有限,反映出粮食税在该地赋税征收中占绝对优势。抽分为元代的畜牧业税,黑水城抽分比例与元代规定大致相同,但交纳方式并不一致,正史中诸路牧羊,及百至三十者,官取其一,黑水城文书中纳钱钞而非牲畜,大致为低于三十口羊不抽,三十至一百口抽钞四十两。酒醋课文书中有课羊七口、酒解等记载,以酒解支酒,按季度发放。契本税是商税的附属,交易完成后官府发给纳税人契本,契本本身具有一定的价值,黑水城保存有十余件刻本契本,反映了元代契本的原貌。

第一节 税粮

一、验地征税

元代地域广阔,在南北两地实行不同的税制。南方沿袭南宋原有的税制,征收两税。北方在丙申税制的基础上逐渐完善形成了税粮和科差两大税目。税粮制度的发展大致经历了三个阶段。第一阶段,元太宗时期,窝阔台采纳耶律楚材的意见,初定税制。丙申年(1236年)定制,曰:

每二户出丝一斤,以给国用;五户出丝一斤,以给诸王功臣汤沐之资。地税,中田每亩二升又半,上田三升,下田二升,水田每亩五升;商税,三十分而一;盐价,银一两四十斤。①

丙申税制的内容包括科差、地税、商税、盐税。文中所载二户丝、五户丝为后来北方科差中的丝料部分,二户丝以给国用,五户丝输之于诸王功臣。地税为以后税粮中验地的部分,区别水田和旱田,水田亩税五升,旱田分上、中、下三等,上田每亩三升,中田每亩二升又半,下田每亩二升,税额的确定为太祖时期修订税额奠定了基础。商税是三十税一。盐价银一两四十斤。税粮中的另一种征收形式——丁税,也在太宗时期初行。

丁税、地税之法,自太宗始行之。初,太宗每户科粟二石。后又以兵食不足,增为四石。至丙申年,乃定科征之法,令诸路验民户成丁之数,每丁岁科粟一石,驱丁五升;新户丁驱各半之;老幼不与。其间有耕种者,或验其牛具之数,或验其土地之等征焉。丁税少而地税多者纳地税,地税少而丁税多者纳丁税。工匠僧道验地,管理商贾验丁。②

这段记载反映了两个问题:第一,丁税实行之初,以户为单位征收,每户科粟两石,后增为四石,至丙申定制,丁税由征户改为验丁,数量有所变化;第二,对于丁税、地税的征收原则有所说明,提出丁税多而纳丁税,地税多而纳地税,工匠僧道验地,管理商贾验丁。

第二阶段,元世祖时期,对太宗时期制定的赋税之法有所补充。

中统二年,远仓之粮,命止于沿河近仓输纳,每石带收脚钱中统钞三钱,或民户赴河仓输纳者,每石折输轻赍中统钞七钱。五年,诏僧、道、也里可温、答失蛮、儒人凡种田者,白地每亩输税三升,水地每亩五升。军、站户除地四顷免税,余悉征之。……八年,又定西夏中兴路、西宁州、兀剌海三处之税,其数与前僧道同。③

---

① [明]宋濂等:《元史》卷一四六,北京:中华书局,2011年,第3460页。
② [明]宋濂等:《元史》卷九三,北京:中华书局,2011年,第2357页。
③ [明]宋濂等:《元史》卷九三,北京:中华书局,2011年,第2358页。

中统二年(1261年)规定了远仓之粮就近输仓,运费每石中统钞三钱。在此之后的中统五年(1264年),对地税的征收有了更为详细的记载,明确僧、道、也里可温、答失蛮、儒人种田者纳地税,税额仅以水田、白地区分,不再有上、中、下等级之别,水地的税额与太宗定制一致,为每亩五升,白地取太宗定制时的上等田税额,每亩三升。军户、站户服军役、站役,免四顷税粮,这四顷土地被称为"赡军地""赡站地",四顷以外的土地按顷亩数量交纳地税。至元八年(1271年),再次扩大了纳地税而不征丁税者的范围,将西夏中兴路、西宁州、兀剌海三处囊括其中,至于为什么要将三地实行与僧、道相同的税制,《元史》并未做进一步的说明。

第三阶段,至元十七年(1280年)定制。1279年,元世祖忽必烈灭南宋,统一全国,此次定制是对原有税制的延续,基本内容并没有大的变化。

> 十七年,遂命户部大定诸例:全科户丁税,每丁粟三石,驱丁粟一石,地税每亩粟三升。减半科户丁税,每丁粟一石。新收交参户,第一年五斗,第三年一石二斗五,第四年一石五斗,第五年一石七斗五升,第六年入丁税。协济户丁税,每丁粟一石,地税每亩粟三升。①

经过太宗、世祖等朝,至至元十七年,元代北方税粮的征收制度已经确定,包括丁税和地税两种。丁税因户计的不同分为全科户、减半科户、新收交参户、协济户,户计不同税粮不同。地税税额基本一致,全科户、协济户均为每亩粟三升。绝大部分的民户和其他户计,皆纳丁税,交纳地税者是占全国人户比重不大的部分户计,从地区上看,有西夏中兴路、西宁州、兀剌海三处明确规定纳地税而不纳丁税,从户计上分,工匠、僧、道、也里可温、答失蛮、儒等户,白地每亩输地税三升,水田每亩五升,军、站户四顷以外的土地纳地税。黑水城出土文书反映了甘肃行省的下路——亦集乃路的赋税征收,这部分在正史中几乎没有涉及,通过黑水城文书,我们可以看到亦集乃路的赋税集中在税粮上,以土地为交税依据,验地而非验丁。

中国藏M1·0198[F116:W617]中有"地税仓官也火苟站秃"的记录,M1·0202[F116:W614]中也有"大德十一年(1307年)地税粮数"的说法。

---

① [明]宋濂等:《元史》卷九三,北京:中华书局,2011年,第2358页。

M1·0198[F116:W617]：

□帝圣旨里亦集乃路总管府承奉

甘肃等处行中书省劄付云云　承□

□府合下仰照验,照勘实收各色税粮

□仓收足月日保结呈来

　右下地税仓官也火苟站秃

　　　　……赵震(押印)

　　提控案牍罗　孝祥(押印)

照勘十一年税粮

　　　知　事　孟　杰①(押印)

　　　经　历

　　　　　(押印)　　(押印)

十二日(官印)②

M1·0202[F116:W614]：

□税仓官也火苟站秃承奉

总府……承奉

甘肃等处行中书省劄付：仰③照勘大德十一年实收到各

税粮耘④同开仓收足月日保结呈来事,承此依上,照□

大德十一年地税粮数自⑤十月初五日为始开仓收□

……二十八日收足。今将实收到各色粮数开坐前去保结

……合行具呈伏乞

　　……具

至大元年六月　日即⑥兀鲁都赤　也火苟站秃

(押印)

――――――――

①李逸友:《黑城出土文书》(汉文文书卷),北京:科学出版社,1991年,第117页"杰"录为"集"。
②塔拉、杜建录、高国祥编:《中国藏黑水城汉文文献》第二册,北京:国家图书馆出版社,2008年,第282页。此编号之书为两纸件粘贴在一起,本文为第二件。
③《黑城出土文书》第116页漏录"仰"。
④《黑城出土文书》漏录"耘",此字孙继民、宋坤、陈瑞青、杜立晖等著:《中国藏黑水城汉文文献的整理与研究》(上),北京:中国社会科学出版社,2016年,第184页录为"粮"。
⑤《黑城出土文书》录为"税粮数目自",衍"目"。
⑥"即",《黑城出土文书》录为"那"。

廿日(官印)①

从 M1·0198[F116:W617]中"照勘实收各色税粮""右下地税仓官也火苟站秃""照勘十一年税粮"可知,亦集乃路征收的是十一年的税粮,细目为地税。M1·0198[F116:W614]与 M1·0198[F116:W617]为内容相同的同一组文书,也火苟站秃在第一件文书中的职务为"地税仓官",因此 M1·0198[F116:W614]开头第一句"□税仓官也火苟站秃"中缺少的字可补充为"地",文书的核心内容也是照勘税粮,时间为大德十一年,如文书所载"大德十一年地税粮数自十月初五日为始开仓收□……二十八日收足"。两件文书中均提到"地税",即土地税,计亩而征,地税仓官是负责税粮征收的仓库官,在黑水城出土文书中不止一次提到,M1·0051[84H·F116:W324]中还有"地税仓官也火钦义秃即兀奴都"②。而最有说服力的是黑水城出土了一定数量以土地顷亩作为征税依据的赋税文书。

M1·0204[F116:W463]和 M1·0200[F116:W618]中有"人户合纳税粮"的文字,很容易误导大家,认为亦集乃路验人丁征税。

M1·0204[F116:W463]:
(2-1)
……拨定大德十一年人户合纳税粮□□
……吏赵震依限催征,须要限内齐足具数
……考较大德十一年钱粮司吏徐友义
……陆合玖勺肆抄内,除并免三分外,实合征③粮
……部粮官同知小云失不花等,依限征纳齐
□到仓数粮④并无不实。得此,省府合下
……坐实收各色粮数,同开仓收足□
者
(2-2)
……见申到省府,须合开下仰照验
□□须议劄付者⑤

---

① 塔拉、杜建录、高国祥编:《中国藏黑水城汉文文献》第二册,北京:国家图书馆出版社,2008年,第289页。
② 塔拉、杜建录、高国祥编:《中国藏黑水城汉文文献》第一册,北京:国家图书馆出版社,2008年,第88页。
③ "征",《黑城出土文书》第115页录为"收",下行"依限征纳"中的"征"也录为"收"。
④ "数粮",《黑城出土文书》录为"粮数"。
⑤ 塔拉、杜建录、高国祥编:《中国藏黑水城汉文文献》第二册,北京:国家图书馆出版社,2008年,第291页。

M1·0200［F116:W618］：

……里亦集乃路总管……

……行中书省三月□□日令史李恕……

□□申计□定大德十一年人户合纳税粮

……数目①仰照勘,如委纳足,开坐实收各色粮

……仓收足月日官吏重甘保结,申省,承此

……仓官也火苟站秃呈:照勘到大德……

□□ 十月初五日开仓收至十二月二十八日□□

□ 收到各色粮数开坐前去,保结是实,

□ 此府司官吏合行重甘保结,开

……伏乞

开②

……中书省

□□ 元年六月 吏赵震(押印)③

两件大德十一年税粮文卷中均提到"人户合纳税粮",M1·0200［F116:W618］照勘的税粮是从十月初五开仓收纳至十二月二十八日结束,这个时间段与上文M1·0198［F116:W614］残存的征收地税时间一致,"大德十一年地税粮数自十月初五日为始开仓收□……二十八日收足",所以这两件文书中"人户合纳税粮"当为地税。在另一件大德十一年税粮文卷M1·0207［F116:W351］中残存有"人户依限赴",载:"……纳税粮依限……渠官答合玉阿都赤等催并人户依限赴……放足当职非敢违限,今将实征到仓各……开坐前去,合行再算讫"④,河渠官答合玉阿都赤催缴税粮,人户依限赴仓交纳,其中的"人户"为交纳税粮的单位,税粮账册中往往是以户为单位,详细记录地税的数量,如"一户张孔孔地壹拾伍亩,粮肆斗伍升,小麦叁(斗)(大)麦壹斗伍升"⑤,以张孔孔来代表户籍意义上的这一户,黑水城出土元代文书中的"人户合纳","人户"是指以个人(很可能是户主)作为户的

---

① "数目",《黑城出土文书》第118页录为"各自"。
② "开",《黑城出土文书》录为"关"。
③ 塔拉、杜建录、高国祥编:《中国藏黑水城汉文文献》第二册,北京:国家图书馆出版社,2008年,第287页。
④ 塔拉、杜建录、高国祥编:《中国藏黑水城汉文文献》第二册,北京:国家图书馆出版社,2008年,第294页。
⑤ 塔拉、杜建录、高国祥编:《中国藏黑水城汉文文献》第一册,北京:国家图书馆出版社,2008年,第75页。
( )中为补充的内容,下同。

代称,"合纳"的税粮是地税而非丁税。

黑水城出土元代文书交纳赋税的有汉人、党项人、蒙古人等。根据名字推测,M1·0046[F146:W16]《吴剌住等户纳粮文书》中的"陈子兴"[1]当是汉族人、M1·0043[F16:W1]《管都火儿等户纳粮文卷》中的"台不花"[2]当是蒙古人,M1·0049[84东南墙角A]《合只嵬纳粮文书》中的"合只嵬"[3]当是党项人。由于长期的杂居生活,还出现了一些具有多民族特征的名字,如M1·0044[F13:W129]《吾即玉立蒲等纳粮文卷》中的"吾即帖木不花"[4],族姓为"吾即",与西夏《碎金》中记载的党项姓氏"勿即"[5]音同形异,当为同一族姓的不同写法,但是其名字"不花",却具有典型的蒙古族特征,这种党项姓蒙古名,以及M1·0759[F105:W2]《社长与俵水名录》中沙立渠社长刘嵬令普和本渠俵水何逆你立嵬[6]的汉姓党项名,M1·0043[F16:W1]中任不花这样的汉姓蒙古名等,既可能是民族间长期杂居,相互接受、吸收的结果,也可能是民族通婚的产物。此外,M1·0039[F116:W548]中还出现了"经女女"[7]这样一个人名,通常在赋税文书中出现的户主多为男性,但是这里的经女女,从名字上来看,很可能是女性,这样的话,这一户当为女户,至今在西夏故地宁夏南部和陕西的一些地方,还把女孩称作女女或女子,故推测经女女很可能是西夏遗民,类似女性作为户主的情况在阿斯塔那出土的神龙三年(707年)高昌县崇化乡点籍样[8]和黑水城出土的6342号西夏户籍文书[9]中都曾出现过。

为什么在黑水城出土文书中亦集乃路只征地税,而不征丁税,我们可以从以下两个方面考虑:

第一,《元史》记载中兴府、西宁州、兀剌海三处验地征税,亦集乃路与之同属甘肃行省,执行同样的征税标准。"至元八年(1271年),又定西夏中兴路、西宁州、兀剌海三处之税,其数与前僧道同",僧道的征收标准为"工匠僧道验地,官吏商贾验丁"[10]。正史中并没有说明中兴路、西宁州、兀剌海三地纳地税的原因,但中兴府、西宁州、兀剌海均属甘肃行中书省,甘肃行中书省有路七、州二、属州五。

---

[1] 塔拉、杜建录、高国祥编:《中国藏黑水城汉文文献》第一册,北京:国家图书馆出版社,2008年,第83页。
[2] 塔拉、杜建录、高国祥编:《中国藏黑水城汉文文献》第一册,北京:国家图书馆出版社,2008年,第80页。
[3] 塔拉、杜建录、高国祥编:《中国藏黑水城汉文文献》第一册,北京:国家图书馆出版社,2008年,第85页。
[4] 塔拉、杜建录、高国祥编:《中国藏黑水城汉文文献》第一册,北京:国家图书馆出版社,2008年,第81页。
[5] 聂鸿音、史金波:《西夏文本〈碎金〉研究》,《宁夏大学学报》1995年第2期。
[6] 塔拉、杜建录、高国祥编:《中国藏黑水城汉文文献》第五册,北京:国家图书馆出版社,2008年,第986页。
[7] 塔拉、杜建录、高国祥编:《中国藏黑水城汉文文献》第一册,北京:国家图书馆出版社,2008年,第74页。
[8] 邓小南:《六至八世纪的吐鲁番妇女——特别是她们在家庭以外的活动》,《敦煌吐鲁番研究》第4卷,北京:北京大学出版社,1999年,第215—227页。
[9] 史金波:《西夏户籍初探——4件西夏文草书户籍文书译释研究》,《民族研究》2004年第5期。
[10] [明]宋濂等:《元史》卷九三,北京:中华书局,2011年,第2358页。

七路分别是甘州路、永昌路、肃州路、沙州路、亦集乃路、宁夏府路、兀剌海路,二州为山丹州和西宁州①,其中《元史》中的西宁州为行省所辖下州,兀剌海路为下路,中兴路属宁夏府路,既然《元史》中有明确记载的三处验地纳税,那么甘肃行省下的其他路、州与它们实行相同的征收标准也是有可能的。

第二,亦集乃路地广人稀,地税收入相对较多。作为政府的重要财政收入,赋税的征收当然是在一定承受力内越多越好,所以在制定税粮制度之初就规定"丁税少而地税多者纳地税,地税少而丁税多者纳丁税"②,对于亦集乃路这个拥有大片荒地、人烟稀少的地方来说,地税的收入可能会比丁税多。正史中一些关于屯田的材料就可以从侧面反映出,亦集乃路有广阔的闲置土地无人开垦。世祖至元十六年(1279年),调归附军人于甘州,至元十八年(1281年),以充屯田军。至元二十二年(1285年),迁甘州新附军二百人,往屯亦集乃合即渠开种,为田九十一顷五十亩③,至元二十五年(1288年)四月,命甘肃行省发新附军三百人屯田亦集乃④,虽然通过屯田的方式对亦集乃路耕地开发和人口增加起到了一定的作用,但要从根本上改变这种状况还是很难。从甘肃行省这个大环境来看,地广人稀的情况依然存在,甘肃行省的面积为548100平方公里⑤,在元代8个行省(除岭北、云南、征东外)中排名第四,其中河南江北、江浙、四川、江西等行省均列其后,但是在至元二十七年(1290年)的统计中,甘肃行省下的甘州路户数1550,口数23987,肃州路户数1262,口数8679⑥,是这一年统计的所有25个路、府、州中户数最少的⑦,甘肃行省下唯一一个按人口多寡、土地广阔划分为上等的甘州路人口密度程度尚且如此,处于下等的亦集乃路情况就可想而知了。

至元十七年(1280年)定制中,元代户部大定诸例,无论是地税还是丁税,都是以交粟为标准,曰:"全科户丁税,每丁粟三石,驱丁粟一石,地税每亩粟三升。减半科户丁税,每丁粟一石。……协济户丁税,每丁粟一石,地税每亩粟三升。"⑧具体到亦集乃路,税粮的种类有大麦、小麦、糜子、黄米四种。

将黑水城出土元代赋税文书中涉及税粮种类的文书统计如下:中国藏赋税文书共18件,其中记录大麦的文书有15件,小麦的14件,糜子的2件,黄米的1

---

① [明]宋濂等:《元史》卷六〇,北京:中华书局,2011年,第1449—1452页。
② [明]宋濂等:《元史》卷九三,北京:中华书局,2011年,第2357页。
③ [明]宋濂等:《元史》卷一〇〇,北京:中华书局,2011年,第2569页。
④ [明]宋濂等:《元史》卷六〇,北京:中华书局,2011年,第1451页。
⑤ 梁方仲:《中国历代户口、田地、田赋统计》,上海:上海人民出版社,1993年,第185页。
⑥ [明]宋濂等:《元史》卷一五,北京:中华书局,2011年,第312页。
⑦ 梁方仲:《中国历代户口、田地、田赋统计》,上海:上海人民出版社,1993年,第178—184页。
⑧ [明]宋濂等:《元史》卷九三,北京:中华书局,2011年,第2358页。

件，交纳税粮时常有两种谷物，大麦、小麦，大麦、糜子或者是小麦、糜子，大麦和小麦多一同出现；俄藏中有3件文书，交纳大麦、小麦、糜子；斯坦因第三次中亚考古所获文书中有2件，税粮交纳的是大、小麦。这23件文书包括税粮账册、大德十一年税粮文卷、税票以及申验税粮公文等类型，记载内容丰富，时间有大德十一年(1307年)、至正十三年(1353年)、至元六年(1340年)等，虽然受到文书本身数量、完整程度等的限制，这些数字不能完全还原亦集乃路税粮征收的实际情况，但是以大、小麦为主的基本格局不会改变。具体情况如表4所示：

表4　黑水城出土元代赋税文书税粮种类统计表

序号	收藏地	编号	名　称	大麦	小麦	糜子	黄米
1	中国藏	M1·0039［F116:W548］	经女女等纳税粮文卷	√	√		
2		M1·0042［F197:W25］	马兀木南子杨即合税粮文卷	√			
3		M1·0043［F16:W1］	管都火儿等户纳粮文卷	√			
4		M1·0044［F13:W129］	吾即玉立蒲等纳粮文卷		√	√	
5		M1·0045［F97:W5］	哈只吉你等交纳大小麦文书	√	√		
6		M1·0047［Y1:W10］	冯智通等纳粮文书	√	√		
7		M1·0072［F50:W4］	海答立迷失等户纳税文书	√			
8		M1·0205［F116:W465］	大德十一年税粮文卷	√			
9		M1·0206［F116:W197］	大德十一年税粮文卷	√			
10		M1·0210［F116:W539］	大德十一年税粮文卷	√			
11		M1·0945［F193:W13］	至正十三年广积仓收到太不花纳大小麦凭据	√	√		
12		M1·0948［F135:W72］	广积仓收到大不花下徐大纳大小麦凭据	√	√		
13		M1·0949［F135:W71］	广积仓收到大不花下徐五纳大小麦凭据	√	√		
14		M1·0950［F270:W6］	广积仓收到沙立渠台不花税粮票据	√	√		
15		M1·0951［F105:W5］	广积仓票据	√			
16		M1·0952［F166:W9］	广积仓收到本渠马军吾即阿剌大小麦凭据	√	√		√
17		M1·0953［F97:W3］	广积仓票据	√			
18		F214:W1			√		
19	俄藏	B53	申亦集乃路总管府验粮文	√	√		
20		TK230	麦子等入账	√	√		
21		TK235	糜麦账	√	√	√	
22	英藏	OR.8212/760 K.K.I.0232(a)	元鲁奴等纳田粮税册	√			
23		OR.8212/759 K.K.0117(d)(i)	元至元六年(1340)纳税粮凭	√	√		
			总计	20	19	3	1

中国藏黑水城文书M1·0952[F166:W9]是表格中为数不多记载黄米的赋税文书。

> 广积仓今收到本渠马军
> 一户吾即阿剌小麦柒斗、大麦壹
> 斗外,黄米捌升叁角,折大麦式
> 斗,依数①收足,凭此照用。
> 　　不②

文书中黄米并非正支,而是由于大麦不足或其他原因折支,本渠马军吾即阿剌应纳税粮为小麦、大麦,以黄米八升三角折大麦二斗交纳。

表格中有三件交纳糜子的文书,其中M1·0044 [F13:W129]《吾即玉立蒲等纳粮文卷》较为完整,载:

> ……赤屈　吾即玉立蒲　男托真布
> 　　　吾即帖木不花
> 　小麦三石　糜子六石
> □□十二日收本人糜子二石七斗　△△𝍩
> □日收本人糜子一石四斗　△𝍫
> 同日又收糜子九斗𝍫　又收糜子五石
> 八月廿六日收本人小麦五石　○○○○○
>
> 　吾即帖□儿□□　弟不颜帖木　吾即斡赤屈
> 　……　糜子三石五斗
> 七……③本人小麦二石八斗　○○𝍩
> 　廿八日收小麦两石四斗　○○𝍫
> 　八月廿六日收糜子两石七斗四升　△△𝍩𝍭
> 　廿一年十二月十日算計定欠小麦三石④

---

① 《黑城出土文书》第185页漏录"数"。
② 塔拉、杜建录、高国祥编:《中国藏黑水城汉文文献》第六册,北京:国家图书馆出版社,2008年,第1221页。
③ 《黑城出土文书》第110页漏录"七"。
④ 塔拉、杜建录、高国祥编:《中国藏黑水城汉文文献》第一册,北京:国家图书馆出版社,2008年,第81页。

第三章 黑水城文书反映的元代赋税 >> 145

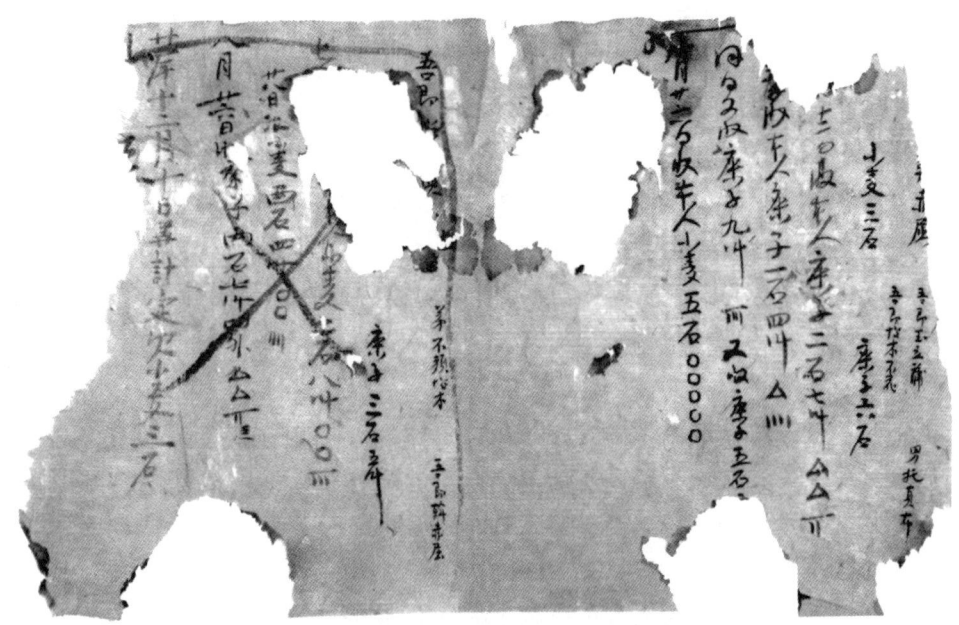

M1·0044［F13:W129］吾即玉立蒲等纳粮文卷

文书中交纳的税粮有小麦和糜子两种，以"○"表示小麦，"△"表示糜子，用○、△结合算码统计小麦与糜子的数量，五个○表示小麦五石，一个△四条竖线表示糜子一石四斗。与黑水城出土其他税粮账册和税票不同的是，这件是多次纳粮的计账，而不是对总纳粮数的统计。

俄藏黑水城元代文献中编号为B53的《申亦集乃路总管府验粮文》详细记录了收到大麦、小麦的数量。前申纳大麦五石二斗，小麦数残，存十石，此次申文收到小麦二十一石八斗，大麦十石零九斗。

……
　　　　　陆斗
　　前申收粮壹拾伍石□□
　　　　小麦壹拾石□□
　　　　大麦伍石弍斗
　　今申二十九日实收粮叁拾弍石柒斗
　　　　小麦弍拾壹石捌斗
　　　　大麦壹拾石令玖斗

右具如前，伏乞
　　亦集乃路总管府
照验　谨具①

英藏黑水城元代文献中 OR.8212/760 K.K.I.0232（a）《元鲁奴等纳田粮税册》②以户为单位，记录了每一户的土地数、粮数、大麦数和小麦数。OR.8212/759 K.K.0117（d）（i）《元至元六年（1340）纳税粮凭》中，税粮的种类也是大麦和小麦两种。

OR.8212/759 K.K.0117（d）（i）
……
一户勒俺布地壹顷式拾陆亩玖分玖厘
　　　肆毫，粮叁石捌斗玖合捌勺式抄，
　　小麦式石伍斗叁升玖合捌勺捌抄，
　大麦壹石式斗陆升玖合玖勺肆抄
右给付
　　至元六年九月　日□③

此外，TK230《麦子等入账》文书首行写有"八日中收""一十二石""小麦九斗 大六斗""六石四斗四升七分式"等收大小麦石、斗、升的记载④。TK235《糜麦账》残损成两块碎片，一块上写有"小麦""大麦""糜子"⑤等字，另一块是以石、斗、升、合、沙（勺）为计量单位的小麦、大麦、糜子粮食账。虽然这两件文书均为残片，但从只言片语中还是可以看出大、小麦的重要性，而且它们很可能是赋税文书。综上所述，元代亦集乃路税粮的征收以大麦、小麦为主，兼有糜

---

①　俄罗斯科学院东方研究所圣彼得堡分所、中国社会科学院民族研究所、上海古籍出版社编：《俄藏黑水城文献》第六册，上海：上海古籍出版社，2000年，第15页。
②　沙知、吴芳恩编：《斯坦因第三次中亚考古所获汉文文献》（非佛经部分）第一册，上海：上海辞书出版社，2005年，第230页。
③　沙知、吴芳恩编：《斯坦因第三次中亚考古所获汉文文献》（非佛经部分）第一册，上海：上海辞书出版社，2005年，第229页。
④　俄罗斯科学院东方研究所圣彼得堡分所、中国社会科学院民族研究所、上海古籍出版社编：《俄藏黑水城文献》第四册，上海：上海古籍出版社，1998年，第241页。
⑤　俄罗斯科学院东方研究所圣彼得堡分所、中国社会科学院民族研究所、上海古籍出版社编：《俄藏黑水城文献》第四册，上海：上海古籍出版社，1998年，第246页。

子,黄米是在特殊情况下的折支,反映到农业种植上就是大、小麦为当地的主要农作物。

二、税粮的征收

元代每亩所征粮数从太宗初定税制到至元十七年(1280年)确立赋税制度大致经历了三次大的变化。丙申年(1236年)为地税中田每亩二升又半、上田三升、下田二升,水田每亩五升;至元五年(1268年)诏文中,僧、道、也里可温、答失蛮、儒人凡种田者,白地每亩输税三升,水地每亩五升;至元十七年,无论白地、水地,一律每亩交粮三升①。从黑水城出土文书来看,无论是中国藏还是英藏,税粮账册与纳税凭据,都是按顷亩纳税,每亩纳粮三升。

中国藏 M1·0045[F97:W5]《哈只吉你等交纳大小麦文书》中"一户哈立撒耳立□地式拾亩,粮陆斗,小麦肆斗,大麦式斗"②,M1·0039[F116:W548]《经女女等纳税文卷》中"地壹拾亩,粮叁斗,小麦式斗,大麦壹斗""地叁拾亩,粮玖斗,小麦陆斗,大麦叁斗""地壹拾伍亩,粮肆斗伍升,小麦叁斗,大麦壹斗伍升"③,M1·0048[84H·F68:W5/0911]《贺古剌纳粮文书》中"一户贺古剌地式拾亩,粮陆斗,小麦肆斗,大麦式斗"④,英藏 OR.8212/759 K.K.0117(d)(i)《元至元六年(1340)纳税粮凭》中"一户勒俺布地壹顷式拾陆亩玖分玖厘肆毫,粮叁石捌斗玖合捌勺式抄,小麦式石伍斗叁升玖合捌勺捌抄,大麦壹石式斗陆升玖合玖勺肆抄"⑤ OR.8212/760 K.K.I.0232(a)《元鲁奴等纳田粮税册》中"地壹拾亩,粮叁斗,小麦式斗,大麦壹斗"⑥。将上述土地顷亩、税粮总数,以及大小麦数分别统计如表5所示:

---

① [明]宋濂等:《元史》卷九三,北京:中华书局,2011年,第2358页。
② 塔拉、杜建录、高国祥:《中国藏黑水城汉文文献》第一册,北京:国家图书馆出版社,2008年,第82页。
③ 塔拉、杜建录、高国祥:《中国藏黑水城汉文文献》第一册,北京:国家图书馆出版社,2008年,第73页。
④ 塔拉、杜建录、高国祥:《中国藏黑水城汉文文献》第一册,北京:国家图书馆出版社,2008年,第84页。
⑤ 沙知、吴芳恩编:《斯坦因第三次中亚考古所获汉文文献》(非佛经部分)第一册,上海:上海辞书出版社,2005年,第229页。
⑥ 沙知、吴芳恩编:《斯坦因第三次中亚考古所获汉文文献》(非佛经部分)第一册,上海:上海辞书出版社,2005年,第230页。

表5　哈只吉你等户所纳税粮数据表

编号	文书	土地数(亩)	税粮数(升)	小麦数(升)	大麦数(升)
M1·0045[F97:W5]	哈只吉你等交纳大小麦文书	20	60	40	20
M1·0039[F116:W548]	经女女等纳税文卷	40	120	80	40
		10	30	20	10
		30	90	60	30
		15	45	30	15
M1·0048[84H·F68:W5/0911]	贺古剌纳粮文书	20	60	40	20
OR.8212/759 K.K.0117(d)(i)	元至元六年(1340)纳税粮凭	126.994	380.982	253.988	126.994
OR.8212/760 K.K.I.0232(a)	元鲁奴等纳田粮税册	10	30	20	10

我们可以看到,同一户税粮数是土地顷亩的三倍,即每亩土地交纳三升粮,符合《元史》所载至元五年(1268年)白地每亩输税以及至元二十七年(1290年)户部大定诸例中地税每亩三升的税额,可见,虽然亦集乃路地处偏远,但严格执行了元朝政府制定的赋税政策。

除了亩税三升,黑水城文书还反映出了正史没有记载的内容,即同一户所交小麦数是大麦数的一倍。中国藏M1·0043[F16:W1]《管都火儿等户纳粮文卷》中"玉朴渠一户管都火儿粮一石五斗,小麦壹石,大麦伍斗;沙立渠一户台不花粮壹拾壹石一斗,小麦柒石四斗,大麦叁石七斗""吾即渠一户任思你立布粮壹石伍斗,小麦壹石,大麦伍斗;耳卜渠一户任三保粮叁斗,小麦式斗,大麦壹斗"[①];M1·0072[F50:W4]《海答立迷失等户纳税文书》中"小麦陆升陆合,大麦叁升叁合"[②];M1·0950[F270:W6]《广积仓收到沙立渠台不花税粮票据》中"广积仓今收到沙立渠一户台不花至正十一年税粮壹拾壹石壹斗,小麦柒石肆斗,大麦叁石柒斗"[③];M1·0951[F105:W5]《广积仓票据》中"小麦玖升玖合陆勺伍抄式作,大麦肆升玖合捌勺式抄陆作"[④];俄藏B53《申亦集乃路总管府验粮文》中"申二十九日实收粮叁

---

① 塔拉、杜建录、高国祥编:《中国藏黑水城汉文文献》第一册,北京:国家图书馆出版社,2008年,第80页。
② 塔拉、杜建录、高国祥编:《中国藏黑水城汉文文献》第一册,北京:国家图书馆出版社,2008年,第108页。
③ 塔拉、杜建录、高国祥编:《中国藏黑水城汉文文献》第六册,北京:国家图书馆出版社,2008年,第1219页。
④ 塔拉、杜建录、高国祥编:《中国藏黑水城汉文文献》第六册,北京:国家图书馆出版社,2008年,第1220页。

拾式石柒斗,小麦式拾壹石捌斗,大麦壹拾石令玖斗"①。

在税额为亩税三升,税粮总数为大、小麦之和,同一户交纳小麦数是大麦数一倍的基础上,可以进一步衍生出更多的规律,如同一户所交小麦数为总税粮数的2/3,大麦数为1/3,每亩土地交小麦2升,大麦1升等。若已知土地、税粮、大麦、小麦中的任意一者,则可计算出其他缺少的信息,这些结论的得出为复原文书起到了重要作用。下文即是据已知内容,对黑水城出土文书进行的部分复原,其中,☐☐中的字是补充的内容,空白的☐☐为无法复原的人名。

M1·0039[F116:W548]《经女女等纳税文卷》:
(4-2)(4-3)
一户☐☐地叁拾亩,粮玖斗
　　小麦陆斗　大麦叁斗
一户经女女地肆伯伍拾亩,粮壹拾叁石伍斗
　　小麦玖石　　大麦肆石伍斗
一户☐☐地壹拾亩,粮叁斗
　　小麦式斗　大麦壹斗
一户☐☐地叁伯叁拾伍亩,粮壹拾石令伍升
　　小麦陆石柒斗　大麦叁石叁斗伍升
一户☐☐地捌拾亩,粮式石肆升
　　小麦壹石陆斗　大麦捌斗
一户☐☐地肆拾亩,粮壹石式斗
　　小麦捌斗　大麦肆斗
一户☐☐地壹拾亩,粮叁斗
　　小麦式斗　大麦壹斗
一户☐☐三保地叁拾亩,粮玖斗
　　小麦陆斗　大麦叁斗
一户张孔孔地壹拾伍亩,粮肆斗伍升
　　小麦叁斗　　大麦壹斗伍升
一户王☐阿耳……
　　地壹……

---

① 俄罗斯科学院东方研究所圣彼得堡分所、中国社会科学院民族研究所、上海古籍出版社:《俄藏黑水城文献》第六册,上海:上海古籍出版社,2000年,第15页。

（4-4）

……叁斗

一户也火①□□地壹

拾伍亩，粮肆斗伍升

小麦叁斗　　大麦壹斗伍升

一户□□□地壹拾亩，粮叁斗

小麦式斗　　大麦壹斗

……七斗②

M1·0045[F97:W5]《哈只吉你等交纳大小麦文书》：

一户哈撒□□□地叁拾伍亩，粮壹

石伍升

小麦柒斗　　大麦叁斗伍升

一户哈立撒耳立□地式拾亩，粮③陆斗

小麦肆斗　　大麦式斗

一户哈只吉你□□地式拾亩，粮陆斗

小麦肆斗　　大麦式斗

一户耳……④

M1·0049[84东南墙角A]《合只蔑纳粮文书》：

……石式拾伍收

……支式斗伍升

……人合只蔑地四十五亩，粮壹拾叁斗伍升

小麦九斗　　大麦四斗伍升⑤

---

① "也火"，《黑城出土文书》第109页录为"也可"。

② 塔拉、杜建录、高国祥编：《中国藏黑水城汉文文献》第一册，北京：国家图书馆出版社，2008年，第73—76页。书中该文书有4个序号，其中(4-1)为全图，故从(4-2)开始录文。黑体部分残存的信息太少，只能根据文书的书写格式判断"叁斗"为大麦数，"七斗"为税粮总数，在计量单位斗前面是否还有石，土地数"壹"当指"壹亩"还是"壹拾亩"，都很难进一步确定，所以不做复原。

③ "粮"，《黑城出土文书》第109页录为"收粮"，衍"收"。

④ 塔拉、杜建录、高国祥编：《中国藏黑水城汉文文献》第一册，北京：国家图书馆出版社，2008年，第82页。

⑤ 塔拉、杜建录、高国祥编：《中国藏黑水城汉文文献》第一册，北京：国家图书馆出版社，2008年，第85页。

第三章 黑水城文书反映的元代赋税 >> 151

M1·0951[F105:W5]《广积仓税票》：
广积仓今收到额 迷渠一户 ☐
至正十年税粮地柒亩壹分壹厘捌毛,粮弍拾壹升叁合
伍勺肆抄,除免外实收壹拾肆升玖合肆勺柒抄捌作
　　小麦玖升九合陆勺伍抄弍作
　　大麦肆升玖合捌勺弍抄陆作
　　右给付本人准此
　　　　至正十年十二月廿一日攒①典陈（墨色押印）
仓抄②　　广积仓付使孟　（墨色押印）
　　　　广积仓大使☐③（墨色押印）
　　　　广积仓监支纳 …… ④

OR.8212/760　K.K.I.0232(a)《元鲁奴等纳田粮税册》：
一户 ☐ 地壹拾亩,粮叁斗
　　小麦弍斗　大麦壹斗
一户 ☐ 地壹拾亩,粮叁斗
　　小麦弍斗　大麦壹斗
一户 鲁奴地伍拾伍亩,粮壹石陆斗伍升
　　小麦壹石壹斗　大麦伍斗伍升
一户 ☐同麦地肆拾亩,粮壹石弍斗
　　小麦捌斗　　大麦肆斗
一户 ☐☐☐地,肆拾亩粮壹石弍斗
　　小麦捌斗　大麦肆斗⑤

并非所有的黑水城出土赋税文书都符合上述规律,M1·0072[F50:W4]、M1·0949[F135:W71]、M1·0952[F166:W9]三件文书就是例外。

---

① "攒",《黑城出土文书》第184录为"积"。
② "仓抄",《黑城出土文书》,杜建录主编：《中国藏黑水城汉文文献释录》第八册,北京：中华书局、天津：天津古籍出版社,2016年,第24页录为"包抄"。
③《黑水城出土文书》漏录"广积仓大使☐"这一行。
④ 塔拉、杜建录、高国祥编：《中国藏黑水城汉文文献》第六册,北京：国家图书馆出版社,2008年,第1220页。
⑤ 沙知、吴芳恩编：《斯坦因第三次中亚考古所获汉文文献》(非佛经部分)第一册,上海：上海辞书出版社,2005年,第230页。

M1·0072[F50:W4]《海答立迷失等户纳税文书》的书写格式与其他税粮账册一致,以户为单位,详细记录了户主姓名、土地数、税粮数和大小麦数。文中残存有三户,第二户海答立迷失的大、小麦数保存完好,分别为3.3升和6.6升,小麦数是大麦数的一倍,据此统计出税粮总数当为9.9升,若依上述规律,土地当为3.3亩,但是从它的残存数字"贰"来看,已经超出了每亩纳三升的税额。第三户怯来的土地数"贰亩"保存完整,大、小麦数仅剩前半部分"陆升陆"和"叁升",可依据第二户海答立迷失的大小麦之比进行复原,小麦补"合"字,大麦补"叁合",并通过复原的大小麦数计算出税粮总数,补充"玖升玖合"等文字。

    小麦陆升陆合
    大麦叁升叁合
  一户海答立迷失地贰亩粮玖升玖合
    小麦陆升陆合
    大麦叁升叁合
  一户怯来地贰亩粮玖升玖合
    小麦陆升陆合
    大麦叁升叁合①

复原后这件文书中三户的土地顷亩、税粮数、大小麦数是一样的,所纳小麦数是大麦数的一倍,符合黑水城出土元代赋税文书的基本情况。但税额为每亩纳粮4.95升,超出了每亩纳三升的税额,与至元五年(1268年)规定的"水地每亩五升"②大体吻合。究竟是什么原因,目前尚无法解释,有待于文献的进一步发现与解读。但从迄今所能见到的黑水城文书来看,元代亦集乃路地税绝大多数是亩税三升,亩税4.95升还是个案。

M1·0949[F135:W71]《广积仓收到大不花下徐五纳大小麦凭证》是一件完整的税票,记录了徐五所纳大、小麦的数额。

  广积仓
  今收到大不花下徐五纳
  小麦壹石六斗大麦玖斗

---

① 塔拉、杜建录、高国祥编:《中国藏黑水城汉文文献》第一册,北京:国家图书馆出版社,2008年,第108页。
② [明]宋濂等:《元史》卷九三,北京:中华书局,2011年,第2358页。

元统三年十月卅日给
　　　　　　付使杨猪儿（押印）
白帖　　　　大使
　　　　　　监支纳八叉（押印）①

　　税票中没有土地顷亩，根据之前的结论，交纳小麦一石六斗，大麦当为八斗，而文书中实际记载的小麦数是九斗。M1·0948[F135:W72]《广积仓收到大不花下徐大纳大小麦凭证》②是与它几乎完全相同的另一件税票，书写格式、字体、用纸乃至文书中的时间、官员姓名等细节都如出一辙，唯一不同的是纳粮人。M1·0948[F135:W72]中小麦数就是大麦数的一倍，由此推测这件文书中的数字可能为税票书写过程中出现的错误，或由其他原因所致，并非一个具有普遍意义的规律。

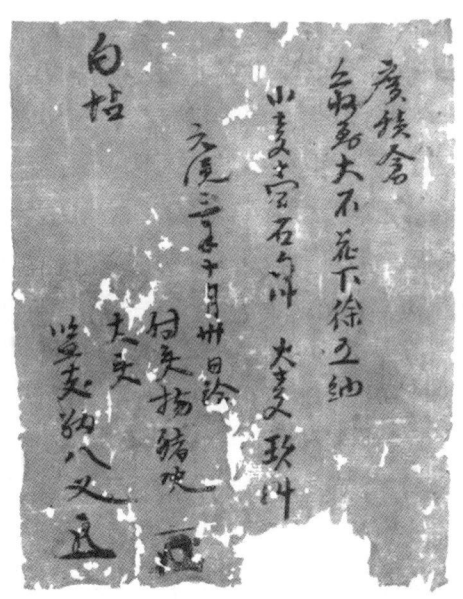

M1·0949[F135:W71] 广积仓收到大不花下徐五纳大小麦凭证

---

①塔拉、杜建录、高国祥编：《中国藏黑水城汉文文献》第六册，北京：国家图书馆出版社，2008年，第1218页。

②塔拉、杜建录、高国祥编：《中国藏黑水城汉文文献》第六册，北京：国家图书馆出版社，2008年，第1217页。

M1·0952[F166:W9]《广积仓收到本渠马军吾即阿剌大小麦凭证》也是一件完整的税票。它记录了本渠一户马军吾即阿剌所交大、小麦数,其中小麦七斗,大麦当为三斗五升,但文书中却是三斗,包括大麦一斗和黄米八升三角折支大麦二斗,少的五升是否因折支而有所损失就不得而知了。

> 广积仓今收到本渠马军
> 一户吾即阿剌小麦柒斗、大麦壹
> 斗外,黄米捌升叁角,折大麦弍
> 斗,依数①收足,凭此照用。
> 不②

正史中关于亩税三升的记载,至少在丙申年(1236年)就已经出现了,至元五年(1268年)、至元二十七年(1290年)的规定中进一步补充完善,而大小麦的纳税比例并无提及,我们可以通过黑水城文书对这一标准的实施时间进行大致的推算。符合同一户每亩土地交纳小麦数是大麦数一倍的文书多数都没有具体时间,除了几件票据,如中国藏黑水城文献中的元统三年(1335年)M1·0948[F135:W72]《广积仓收到大不花下徐五纳大小麦凭证》、至正十年(1350年)M1·0951[F105:W5]《广积仓税票》、至正十一年(1351年)的M1·0950[F270:W6]《广积仓收到沙立渠台不花税粮票据》、至正十三年(1353年)M1·0945[F193:W13]《票据》;英藏黑水城文献中的OR.8212/759 K.K.0117(d)(i)《元至元六年(1340)纳税粮凭》。除了这些文书,俄藏黑水城文献B53《申亦集乃路总管府验粮文》虽无具体时间,但根据文书内容中"亦集乃路总管府"的字样和背面的宣光二年(1372年)正月文书,将其大致推断为至正二十四年(1364年)前后的文书③。据此,符合同一户每亩土地所交小麦数是大麦数一倍的文书从元统三年到至正二十四年,大致在元朝末年顺帝时期。当然,这个结论依据的是目前所见保存有年款的黑水城出土文书,随着更多资料的发现,时间还会进一步拓展。

亦集乃路征收税粮的时间,在黑水城出土大德十一年(1307年)税粮文书和税票中有所反映。大德十一年税粮文书中出现了两个时间点:一处在正文中,时

---

① 《黑水城出土文书》第185页漏录"数"。
② 塔拉、杜建录、高国祥编:《中国藏黑水城汉文文献》第六册,北京:国家图书馆出版社,2008年,第1221页。
③ 马彩霞:《关于黑水城所出元代一件经济文书的考释》,《西域研究》2004年第4期。

间为"大德十一年";一处在落款,时间为"至大元年(1308年)"。大德十一年与至大元年为连续的两年,M1·0202[F116:W614]可以解释为什么会出现这样的情况。这件公文可以大致分为两个部分,第一部分从开头至第四行"地税仓官也火苟站秃承奉总府……承奉甘肃等处行中书省劄付仰照勘大德十一年实收到各……税粮,耘同开仓收足月日保结呈来事",说明了这件公文的起因,即甘肃行省下达札付令照勘大德十一年实收各色数量同开仓收足月日,并以保结的形式上呈。接下来的"承此,依上照□……大德十一年地税粮数自十月初五日为始开仓收□……二十八日收足。今将实收到各色粮数开坐前去保结""合行具呈,伏乞"是按照上级指示后所做的工作,以及这件公文的性质和目的。这是一件保结公文,目的是将实收各色粮数开坐上呈,文中明确了大德十一年地税粮数开仓足的月日,从大德十一年十月初五开始开仓收粮,至……二十八日闭仓收足。文书中闭仓的月份残缺,M1·0200[F116:W618]中记:"大德……□□十月初五日开仓收至十二月二十八日□□",两件文书说的是同一件事,前者残缺截止时间的月份,后者缺少年份和具体的文字说明,将这两件文书互补,可知,大德十一年税粮的征收时间自十月初五开始至十二月二十八日结束。M1·0202[F116:W614]落款处的"至大元年"为仓官也火苟站秃完成照勘后上呈保结公文的时间,而不是征收税粮的时间,因此不能将末尾的落款年月作为收税时间,公文中明确提到的十月初五至十二月二十八日才是大德十一年亦集乃路的纳粮时间。

  M1·0202[F116:W614]:
  □税仓官也火苟站秃承奉
  总府……承奉
  甘肃等处行中书省劄付:仰[①]照勘大德十一年实收到各……
  税粮耘[②]同开仓收足月日保结呈来事。承此,依上照□……
  大德十一年地税粮数自[③]十月初五日为始开仓收□……
  ……二十八日收足。今将实收到各色粮数开坐前去保结
  ……合行具呈,伏乞
  ……具

[①]《黑城出土文书》第116页漏录"仰"。
[②]《黑城出土文书》漏录"耘",此字《中国藏黑水城汉文文献的整理与研究》(上)第184页录为"粮"。
[③]《黑城出土文书》录为"税粮数目自",衍"目"。

至大元年六月 日 即①兀鲁都赤 也火苟站秃
（押印）
廿日（官印）②

M1·0200［F116:W618］：
……里亦集乃路总管……
……行中书省三月□□日令史李恕……
□□ 申计□定大德十一年人户合纳税粮
……数目③仰照勘，如委纳足，开坐实收各色粮
……仓收足月日官吏重甘保结，申省，承此
……仓官也火苟站秃呈：照勘到大德……
□□ 十月初五日开仓收至十二月二十八日□□
□ 收到各色粮数开坐前去，保结是实，
□ 此府司官吏合行重甘保结，开
……伏乞
开④
……中书省
□□ 元年六月 吏赵震（押印）⑤

  税票是政府在收到税粮后开出的纳税凭证，末尾落款日期就是交税的时间，黑水城出土文书中的这个时间不约而同地集中在十月、十一月、十二月，进一步印证了大德十一年税粮文书所反映的十月至十二月的纳税时段。M1·0949［F135:W71］和M1·0948［F135:W72］均为元统三年（1335年）十月三十日的税票，M1·0951［F105:W5］为至正十年（1350年）十二月的税票，M1·0946［F146:W9］和M1·0953［F97:W3］虽然年份已经残缺，但月份依然保留，均为十一月。

  M1·0946［F146:W9］《广积仓收据》：
□□十年十一月廿七日……

---

① "即"，《黑城出土文书》录为"那"。
② 塔拉、杜建录、高国祥编：《中国藏黑水城汉文文献》第二册，北京：国家图书馆出版社，2008年，第289页。
③ "数目"，《黑城出土文书》第118页录为"各自"。
④ "开"，《黑城出土文书》录为"关"。
⑤ 塔拉、杜建录、高国祥编：《中国藏黑水城汉文文献》第二册，北京：国家图书馆出版社，2008年，第289页。

广积仓付使……

广积仓大使钱……

广积仓监支纳……①

M1·0953［F97:W3］《广积仓票据》：

……乃路广积仓今收到

……至……税粮

……耳宜法师和

……大麦□□

……壹伯石□……

……耳宜法师……

……十一月　日□

……仓付使蔡（押印）

……大使卫（押印）

……支纳石（押印）②

F214:W1为一件蒙汉合璧税粮文书，在畏兀儿体蒙古文旁译写汉文，但汉文并不是对畏兀儿体蒙古文的简单翻译，其中重要的一个原因是，汉文部分没有收小麦的时间，而畏兀儿体蒙古文中有，为十月、十一月③。

M1·0945［F193:W13］由两件文书粘贴在一起。第一件由字体不同的前后两部分组成，前半部分是刻印的公文，内容为告知百姓按时交纳税粮，其中明确规定了纳粮的时间，载："皇帝圣旨里亦集乃路总管府钦奉……圣旨节该：蒙古汉儿并人匠，不以是何诸色人等，富毫势要之家，但种田者依例征纳税粮，钦此。本路照依上年计，□到合该税石，须要钦依宣限送纳升足，不致违限。如违，依例断罪。今将本户税粮开列于后：初限十月终，中限十一月终，末限十二月终。"④公文先是援引一段元代的法律法规，凡种田者一律依例交纳税粮，其涵盖范围包括

---

① 塔拉、杜建录、高国祥编：《中国藏黑水城汉文文献》第六册，北京：国家图书馆出版社，2008年，第1216页。

② 塔拉、杜建录、高国祥编：《中国藏黑水城汉文文献》第六册，北京：国家图书馆出版社，2008年，第1222页。

③ ［日］松井太：《カラホト出土蒙汉合璧税粮纳入簿断简》，《待兼山论丛》（史学篇），1997年，第25—49页。

④ 塔拉、杜建录、高国祥编：《中国藏黑水城汉文文献》第六册，北京：国家图书馆出版社，2008年，第1215页。

蒙古人、汉人、各诸色人等、富豪势要之家,然后笔锋一转,从国家层面到亦集乃路,各纳税户须在规定的时间内交纳完毕,不得违限,如违断罪,公文的末尾进一步明确了交纳税粮的时间"初限十月终 中限十一月终 末限十二月终"。第一件文书的后半部分基本是手写的太不花纳税情况。第二件为广积仓纳税凭据,记录的也是太不花交纳税粮的内容,与第一件后半部分所载纳税数额相同,时间一致,均为"至正十三年",据此,我们可以知道执行这一交税时限的时间是在1353年。

综上所述,黑水城文书反映的税粮征收时间在十月至十二月之间,这些文书涉及大德十一年(1307年)、元统三年(1335年)、至正十年(1350年)和至正十三年(1353年),前后近50年,而《元史》中的一段记载进一步将这个时间段向前扩展。至元十七年(1280年)规定:

> 输纳之期,分为三限:初限十月,中限十一月,末限十二月。违者,初犯笞四十,再犯杖八十。成宗大德六年,申明税粮条例,复定上都、河间输纳之期。上都,初限次年五月,中限六月,末限契约。河间,初限九月,中限十月,末限十一月。①

至元十七年定制的输纳之期分为初限、中限、末限,大德六年(1302年)改革上都、河间纳税时间,文中虽未说明更改原因,但大致缘于地理差异。上都地处寒冷,作物成熟较晚,输纳之期推迟至第二年,河间位于华北平原,气候温暖,输纳之期提前一个月。结合黑水城文书保留有输纳之期的文书可知,亦集乃路征纳税粮的时间从政策制订之初的世祖时期到顺帝中期共七十多年基本没有发生变化,亦集乃路为甘肃行省的下路,其反映的输纳之期执行情况或许可以窥见整个甘肃行省。

税粮的征收除了每亩所纳粮食的数量、征税的时间,还应包括征税的机构,黑水城出土各种税票和大德十一年税粮文书集中体现了亦集乃路催缴和接收的机构及其官员的设置情况。税票主要反映的是负责接收税粮和发放税票的机构,即广积仓及其官员监支纳、大使、付使的情况。大德十一年税粮文书主要反映的是负责催征的亦集乃路总管府及其官员经历、知事、提控案牍、府吏等的情况。

广积仓是亦集乃路的府仓,粮食的收支机构。税票抬头往往写有"广积仓今

---

① [明]宋濂等:《元史》卷九三,北京:中华书局,2011年,第2358页。

收到",末尾落款处为监支纳、大使、付使三位官员的逐级签字画押，M1·0950［F270:W6］《广积仓收到沙立渠台不花税粮票据》和M1·0952［F166:W9］《广积仓收到本渠马军吾即阿剌大小麦凭据》记录的是沙立渠居民台不花和本渠居民吾即阿剌向广积仓交纳大、小麦的情况，既体现出纳税户完税后广积仓有开具票据的职能，也可以看出所纳税粮的去处，即送至广积仓存储。李逸友先生认为广积仓的建筑遗址位于今黑水古城东南隅，高墙大院内建有储存粮食的大仓房[1]。广积仓的职能不仅限于收粮、存粮、开税票，同时兼具放支粮食，M1·0426［F26:W101正］《至大四年七月阿黑不花宁肃王分例文卷》是诸王分例文书中保存最好的一件[2]，文中亦集乃路总管府令广积仓、支持库分别放支至大四年（1311年）阿黑不花宁肃王分例的白米实支白米壹拾贰硕、中统钞□拾肆定贰拾两，其中"一下广积仓"对应的是放支粮食，"一下支持库"对应的是放支钱钞。

在税粮征收的过程中，亦集乃路并非只有广积仓一个收粮机构，M1·0042［F197:W25］《马兀木南子杨即合税粮文卷》中在城和马兀木南子也设有能够储存税粮的仓库，下文载："在城仓大麦玖石令柒升玖勺玖抄，税粮壹石伍斗柒升玖勺玖抄""马兀木南子杨即合收税粮大麦叁拾壹石伍斗令伍合。"

    外有见[3]在粮捌拾□……石柒斗式升叁合□……
   ……斗肆升……
    大□肆拾石伍斗柒升伍合玖勺玖抄
     在城仓大麦玖石令柒升玖勺玖抄
      税粮壹石伍斗柒升玖勺玖抄
      横收□鲜马□柒石伍斗
     马兀木南子杨即合收税粮大麦叁拾壹[4]石伍斗令伍合
右具如前伏乞
亦集乃路□□府[5]

亦集乃路管辖纳怜道上的蒙古八站，其中在城和马兀木南子均设有站赤，M1·0861［F131:W8］《在城并马兀木南子山口普筑四站增添驼只》中载："甘肃等处

---

[1] 李逸友：《黑城出土文书》（汉文文书卷），科学出版社，1991年，第14页。
[2] 塔拉、杜建录、高国祥：《中国藏黑水城汉文文献》第三册，北京：国家图书馆出版社，2008年，第523页。
[3] 《黑城出土文书》第113页漏录"见"。
[4] 《黑城出土文书》漏录"壹"。
[5] 塔拉、杜建录、高国祥编：《中国藏黑水城汉文文献》第一册，北京：国家图书馆出版社，2008年，第79页。

行中书省来申：本路所辖站赤沿路沙漠石川，相难远弯，其余站赤俱设驼五只，唯在城并马兀木南子、山口、普筑四站，未曾添设驼只，若蒙补买走递，不致靠损站马，乞明降事。"[1]站赤中来往官员的饮食由官府供给，因此会有部分税粮送至在城和马兀木南子等站赤的仓库，为祗应过往使臣所需。

尽管在城仓和马兀木南子仓也能储存税粮，但它们与广积仓的职能是有区别的。M1·0779[Y1:W36]《出郭迎接甘肃行省镇抚状》中甘肃行省差镇抚薛来前去亦集乃路，吏礼房告示本路司属、官吏于元统二年(1334年)十月初八日绝早出廓迎接，司属中位列第一的即为广积仓[2]，而在城仓、马兀木南子仓等站赤仓库及其他仓储地并不在其中。由此可知，广积仓是亦集乃路的府仓，其重要性是其他仓库不能比拟的。

付使、大使、监支纳为广积仓的具体负责人，只有他们三人逐级签字、画押，发放的税票才有效。税票的审核从品级最低的官员开始，所以落款处最前面的签名是广积仓付使，其次为大使、监支纳。监支纳主要掌管仓库物资出纳之事，京师二十二仓、河西务十四仓、通州十三仓、十七河仓均设此职，秩自正七品至从八品不等，大使、付使依次降低一品。

亦集乃路设有地税仓官，负责地税的征收。大德十一年(1307年)税粮文卷M1·0202[F116:W614]、M1·0198[F116:W617]和M1·0200[F116:W618]中提到的"也火苟站秃"负责照勘亦集乃路大德十一年各色地税粮数。M1·0198[F116:W617]中甘肃行省下达了照勘实收各色税粮及开仓收月日的剳付给亦集乃路总管府，亦集乃路总管府接到任务后发文至地税仓官也火苟站秃，文书中载"右下地税仓官也火苟站秃照勘十一年税粮"，令其照勘后保结呈来。

M1·0198[F116:W617]：
□帝圣旨里亦集乃路总管府承奉
　　甘肃等处行中书省剳付云云　　承□
　　□府合下仰照验，照勘实收各色税粮
　　□仓收足月日保结呈来
右下地税仓官也火苟站秃

---

[1] 塔拉、杜建录、高国祥编：《中国藏黑水城汉文文献》第五册，北京：国家图书馆出版社，2008年，第1084页。

[2] 塔拉、杜建录、高国祥编：《中国藏黑水城汉文文献》第五册，北京：国家图书馆出版社，2008年，第1009页。

……　赵震(押印)
　　提控案牍罗　孝祥(押印)
照勘十一年税粮
　　　知　　事孟　杰①(押印)
　　　经　　历
　　(押印)(押印)
十二日(官印)②

仓官虽非要职,但是掌管官方物资,责任重大,容易出现侵欺钱粮的问题,所以元代对于仓官资格的审查还是很严格的,黑水城文书M1·0776[F114:W3]《选有抵业无过之人充仓库官》有记载:

中书省咨:照得各处钱粮造作,责□司管领,
俱有正官提调,每设有亏欠,省落追□。其仓库
官员在前俱系各路自行选充,近年以来,本省
铨至,中间恐无抵业,若侵欺钱粮,追究无可折刬,
有累官府,除为未便,省府仰照验。今后照依
都省咨文内事理,于各处见役司吏,或曾受三品
已上衙门文凭,历过钱谷官三界相应人员,□
……用有抵业无过之人充仓库官,遍谕各
路,依例于路府请俸司吏,或有相应钱谷官内
抵业物力高强、通晓书算者点差,齐年随
粮交代,庶革官吏贪贿之弊,亦绝疲民积久
之患,钦此。③

仓官原来由各路自行选充,曾有侵盗国家粮食的现象出现,政府没有行之有效的追究措施,所以甘肃行省决定选拔家境富足、通晓书算、曾受三品以上衙门文凭、有做过钱谷官的经验、没犯过错误的见役司吏充当仓官,这些要求无非是

---

① "杰",《黑城出土文书》第117页录为"集"。
② 塔拉、杜建录、高国祥编:《中国藏黑水城汉文文献》第二册,北京:国家图书馆出版社,2008年,第284—285页。
③ 塔拉、杜建录、高国祥编:《中国藏黑水城汉文文献》第五册,北京:国家图书馆出版社,2008年,第1001页。

希望提高仓官的个人素质,以防再次出现贪贿的情况,即使有违纪现象,物力高强者也有丰厚的家业作为抵押。

大德十一年税粮文书中负责催缴税粮的官员涉及提控案牍、同知、河渠官、府吏等。亦集乃路总管府设立于至元二十三年(1286年)[①],是亦集乃路最高行政设置,负责管理一切事务。

> 二十年,定十万户之上者为上路,十万户之下者为下路。当冲要者,虽不及十万户亦为上路。上路秩正三品。达鲁花赤一员,总管一员,并正三品,兼管劝农事,江北则兼诸军奥鲁。同知、治中、判官各一员。下路秩从三品,不置治中员,而同知如治中之秩,余悉同上。至元二十三年,置推官二员,专治刑狱,下路一员。经历一员,知事一员或二员,照磨兼承发架阁一员。[②]

亦集乃路总管府属下路,如《元史》所记当设达鲁花赤、总管、同知、判官、推官、经历、知事、照磨兼承发架阁等。文书所反映的职官与之相比略微有些出入,如照磨兼承发架阁的名称就有很多,M1·0778[F197:W33]《至元五年军政文卷》中的提控案牍兼照磨承勘架阁[③]、M1·0040[F270:W11]《至顺元年课税文书》[④]和M1·576[F1:W57]《至元五年盗物案》[⑤]中的提控案牍兼照磨收发架阁等。

在这些官员中承担税粮催征任务的有同知、提控案牍。M1·0197[F116:W616]分为四部分,节录的第二、第三部分为公文的主要内容,其中第三部分所载"当职非敢违限,今将实征□各色粮数开坐,前去请照验事"是此次发文的目的。

M1·0197[F116:W616]:
(4-2)
……外,今承前因当
府除外,合行移关请
照验,依奉

---

① [明]宋濂等:《元史》卷六〇,北京:中华书局,2011年,第1451页。
② [明]宋濂等:《元史》卷九一,北京:中华书局,2011年,第2316页。
③ 塔拉、杜建录、高国祥编:《中国藏黑水城汉文文献》第五册,北京:国家图书馆出版社,2008年,第1006页。
④ 塔拉、杜建录、高国祥编:《中国藏黑水城汉文文献》第一册,北京:国家图书馆出版社,2008年,第77页。
⑤ 塔拉、杜建录、高国祥编:《中国藏黑水城汉文文献》第四册,北京:国家图书馆出版社,2008年,第714页。

省劄内①事理催并闭纳齐足缴
连无欠通关违限的本招伏,希
公文发来,待凭具申,施行。
一下首领官提控案牍罗孝祥
　　照得,先奉
甘肃行省劄付该:计拨定大德十
一年税粮实征数目,以下本职与
本路同知小云赤卜花一同催部外,
今准前因,总府除外,合下仰照
验,依奉

(4-3)
……乇曾都……关照验
□今准前因,当职非敢违限,今将实征(朱色官印)
□各色粮数开坐,前去请照验事,准此□
□行开坐,具申,伏乞
□□施行
　　　开②
甘肃等③行中书省④

文书中大德十一年税粮征缴的工作由首领官提控案牍与同知小云赤卜花共同担任。第二部分有载"本职与本路同知小云赤卜花一同催部",其中"本职"是公文的主体"首领官提控案牍罗孝祥"。同知小云赤卜花在文书中有三种不同的写法,除了这件文书,还有M1·0204[F116:W463]中的"小云失不花"⑤、M1·0205[F116:W465]中的"小云失卜花"⑥,由于《元史》中规定诸路总管府下设同知一员,所以这三个名字应该是同一个人,之所以出现差异,是因为音译的原因。通常同

---

① "内",《黑城出土文书》第116页录为"付"。
② "开",《黑城出土文书》录为"关"。
③《黑城出土文书》录为"甘肃等处行中书省",衍"处"。
④ 塔拉、杜建录、高国祥编:《中国藏黑水城汉文文献》第二册,北京:国家图书馆出版社,2008年,第278—281页。
⑤ 塔拉、杜建录、高国祥编:《中国藏黑水城汉文文献》第二册,北京:国家图书馆出版社,2008年,第291页。
⑥ 塔拉、杜建录、高国祥编:《中国藏黑水城汉文文献》第二册,北京:国家图书馆出版社,2008年,第292页。

知为机构之副官,品秩随所属衙署而定,自正二品至正七品不等,M1·0205〔F116:W465〕中同知小云失卜花的全称为"□训大夫亦集乃路总管府同知小云失卜花"①,据元朝职官制度可知,缺的这个字当为"奉",即奉训大夫,为文散官名,元四十二阶之第十三,秩从五品。因此,大德十一年税粮文书中的同知小云失不花的品秩为从五品。

河渠官掌治理河渠、堤防、水利、桥梁之事,大德十一年税粮文书中的河渠官也与催缴税粮有关。文中河渠官名为答合玉阿都赤,任务是"催并人户依限赴……",而这次的催缴也有所收获,于是有了后文的"当职非敢违限,今将实征到仓各(色粮数)开坐"。

M1·0207〔F116:W351〕:
……纳税粮依限
……渠官答合玉阿都赤等②催并人户依限赴
……放足,当职非敢违限,今将实征到仓各
……开坐前去,合行再算讫③

除了提控案牍、同知、河渠官,在黑水城文书中负责催缴的还有亦集乃路总管府的府吏。下面两组公文中的内容有重叠,所以放在一起,其间明确提到催缴的官员有府吏徐友义、赵震以及同知小云失不花、河渠官答合玉阿都赤。

M1·0196〔F116:W313〕:
(2-1)
……总管府承奉
……劄付该,本路计拨
……征粮数,委部粮正官
……限赴仓闭纳前□
……仍具部粮正官并□
……申来,承此照得□□
……实征税粮移关

---

① 塔拉、杜建录、高国祥编:《中国藏黑水城汉文文献》第二册,北京:国家图书馆出版社,2008年,第292页。
② 《黑城出土文书》漏录"等"。
③ 塔拉、杜建录、高国祥编:《中国藏黑水城汉文文献》第二册,北京:国家图书馆出版社,2008年,第294页

第三章 黑水城文书反映的元代赋税 >> 165

……训以下首领官提
……司吏徐友义专一催□□
……赴
□□十一年钱粮计拨至大……
……今承前因移准……
……关该,照依元定限次
……河渠官答合①

M1·0204[F116:W463]:
(2-1)
……拨定大德十一年人户合纳税粮□□
……吏赵震依限催征,须要限内齐足具数
……考较大德十一年钱粮司吏徐友义
……陆合玖勺肆抄内,除并免三分外,实合征②粮
……部粮官同知小云失不花等,依限征纳齐
□到仓数粮③并无不实。得此,省府合下
……坐实收各色粮数,同开仓收足□
者

(2-2)
……见申到省府,须合开下仰照验
□□须议劄付者④

司吏徐友义在M1·0196[F116:W313]中的职责为"专一催(促)",第二件中他还是负责"考较大德十一年钱粮司吏"。府吏赵震在M1·0204[F116:W463]中的职责是"依限催征,须要限内齐足具数"。除了司吏,文书中还涉及"部粮官同知小云失不花""训以下首领官提""河渠官答合",他们就是上文所述同知、提控案牍及河渠官。在M1·0204[F116:W463]中部粮官为同知小云失不花,"依限征纳

---

① 塔拉、杜建录、高国祥编:《中国藏黑水城汉文文献》第二册,北京:国家图书馆出版社,2008年,第277页。
② "征"与下一行"征纳"的"征",《黑城出土文书》第115页录为"收"。
③ "数粮",《黑城出土文书》第115页录为"粮数"。
④ 塔拉、杜建录、高国祥编:《中国藏黑水城汉文文献》第二册,北京:国家图书馆出版社,2008年,第291页。

齐□到仓数粮并无不实"。"训以下首领官提"中"训"前面所缺字为"奉","提"后所缺为"控案牍",奉训大夫即总管府同知、部粮正官小云失不花,其下首领官提控案牍在M1·0197[F116:W616]中为罗孝祥。"河渠官答合"在M1·0207[F116:W351]中为答合玉阿都赤。黑水城出土文书中的府吏赵震和徐友义、同知小云失卜花、提控案牍罗孝祥、河渠官答合玉阿都赤均与亦集乃路大德十一年税粮的税粮催征有关,只是各有分工,有所侧重。府吏为专一催征,负责催缴的具体工作。从催缴公文下达给提控案牍可知,提控案牍和同知是府吏上一级的领导,直接的负责人。

三、税粮票据

税粮票据是官方收到纳税人交纳的粮食后开具的纳税凭据,从程序上看,税票是纳税的最后一个环节,即完税的证明。以往研究多以是否钤盖朱印将黑水城出土税粮票据分为白帖、红契或者仓票和白帖两种。本文按照票据的性质把黑水城出土税粮票据分为官票、仓票。官票是亦集乃路总管府发出的,以M1·0945[F193:W13]《票据》为代表,其上写有"官"字。仓票是广积仓发出的,有M1·0950[F270:W6]《广积仓收到沙立渠台不花税粮票据》、M1·0951[F105:W5]《广积仓票据》、M1·0954[F64:W5]《广积仓票据》等,票据上写有"仓"字。

仓票均为木板刻印,有统一的格式、固定的内容。M1·0950[F270:W6]《广积仓收到沙立渠台不花税粮票据》、M1·0954[F64:W5]《广积仓票据》在醒目的位置刻印有一个大大的"仓"字,M1·0951[F105:W5]《广积仓票据》在同样的位置印有"仓抄"。

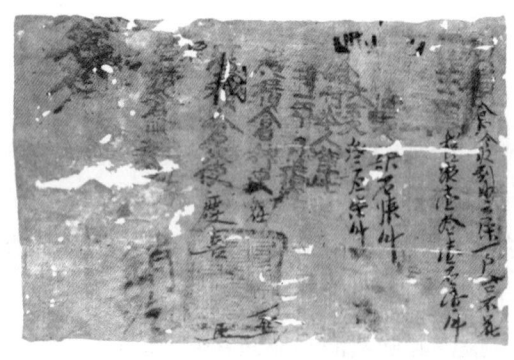

M1·0950[F270:W6]

广积仓收到沙立渠台不花税粮票据

M1·0954[F64:W5]

广积仓票据

第三章 黑水城文书反映的元代赋税 >> 167

　　仓票中一些固定的信息在刻版时已经刻印完毕,并留出足够的空白,以备手填。广积仓是收粮单位,也是开具票据的主体,所以开头为"广积仓",票据的主体还刻印有年份、"小麦""大麦""右给付本人准此"等字样。需要手填的部分有纳税者的姓名、税粮的总数、大小麦数,以及官员签名、画押。为方便进一步论述,现将M1·0950[F270:W6]录文如下。

　　M1·0950[F270:W6]《广积仓收到沙立渠台不花税粮票据》：
　　广积仓今收到沙立渠一户台不花(官印)
　　至正十一年税粮壹拾壹石壹斗
　　　　小麦柒石肆斗
　　　　大麦叁石柒斗
　　右给付本人准此
　　至正十一年　月攒①典
　　　广积仓付使任（押印）
　　　广积仓大使庆喜（押印）（官印）
　　　广积仓监支纳　　　销讫
　　仓

　　有的仓票上除了税粮、大小麦等信息外还写有土地顷亩和免征税粮等重要内容。如M1·0951[F105:W5]。

　　M1·0951[F105:W5]：
　　广积仓今收到额……
　　　至正十年税粮地柒……壹升叁合
　　　　伍勺肆抄除免外实□壹□□升玖合肆勺柒抄捌作
　　　　小麦玖升玖合陆勺伍抄式作
　　　　大麦肆升玖合捌勺式抄陆作
　　　右给付本人准此
　　　　至正十年十二月廿一□攒②典陈（押印）

---

① "攒",《黑城出土文书》第184页录为"积"。
② "攒",《黑城出土文书》第184页录为"积"。

仓①抄　　广积仓付使　孟（押印）
　　　　　　　广积仓大使……②
　　　　　　　广积仓监支纳

　　仓票上的年份是刻印的。M1·0950[F270:W6]《广积仓收到沙立渠台不花税粮票据》中的"至正十一年"共有两处，第一处是在仓票的第二行，明显与其下的交粮信息字体不一，第二处是官员签名画押处的"至正十一年　月"。"至正十一年"是提前刻印好的，而交粮数是交税后手填的，有一个先后的顺序。M1·0951[F105:W5]《广积仓票据》刻印的时间是"至正十年"，与上一件仓票情况类似，有两处年份，都是在票据刻版时刻好的，其中官员签字画押处"至正十年　月"中的月份留白，"十二"是后写的。这说明每一年都会重新刻印新的票据，有固定的格式和内容，当然仓票刻印的部分也会略有不同，如至正十一年M1·0950[F270:W6]中刻了"广积"二字，而在至正十年M1·0951[F105:W5]刻印有"广积仓今收到"等。另外，M1·0951[F105:W5]中记有免征的税粮，票据上"除免外"三个字也是刻印的，可见，每年根据不同的情况会有免税，需要专门刻印一些针对蠲免的仓票。

　　仓票落款为广积仓三位官员，品秩从低至高依次为"广积仓付使""广积仓大使""广积仓监支纳"。M1·0950[F270:W6]和M1·0951[F105:W5]在年月日的下面，还刻印有"攒典"，说明攒典也是广积仓收粮、发放税票的重要参与者。攒典金朝始置，为掌管钱粮账目的吏员，元朝沿袭，仓、库、务中均设，它的位置写在"广积仓付使"的前面，反映出攒典的品秩低于广积仓付使。

　　官印是正式仓票与白帖的区别之一。一件完整的仓票往往钤盖四方朱色官印。M1·0950[F270:W6]盖在"至正"、手写的税粮数额、"广积仓付使"、广积仓大使"庆喜"四处，M1·0951[F105:W5]盖在大小麦数、至正十年十二月、攒典、大使和监支纳四处。有的仓票四周有边栏，如M1·0946[F146:W9]《广积仓收据》和M1·0951[F105:W5]《广积仓票据》是同样花纹的栏框。

---

①"仓"，《黑城出土文书》第184页、《中国藏黑水城汉文文献释录》第八册第24页录为"包"。
②"广积仓大使……"，《黑城出土文书》漏录这一行。

第三章　黑水城文书反映的元代赋税　>> 169

M1·0946[F146:W9]广积仓收据

M1·0951[F105:W5]广积仓票据

白帖在元代史籍中有记载,至元二十四年(1287年)六月,尚书省户部呈:议拟到万亿库出入钱物各项事理,都省准呈"库子人等今后毋得递相用白帖子出入侵借官钱,如违痛行追断"①。《元典章》卷一三载:至元十四年(1277年),行中书省"诸官府凡有保明官吏,推问刑狱,科征差税,应支钱谷,必须圆签文字'有故者非'。今后非奉上司明文,毋得擅自科敛差役。如承准上司许科明文,须要公厅圆押,不得用白帖子科敛差役,支遣钱谷,亦不得用职印行发系官文字勾摄军民人等"②。在元朝,无论是钱物收支,还是科敛差役等,都要有政府签署的正式公文,上面加盖印信,末尾有相关官员的签名、押印等,没有印信,不被认可,明令禁止使用。

黑水城文书中的白帖出现在三件文书中,分别是编号为M1·0065[F111:W72]的《天字号抽分文卷》③、编号为M1·0949[F135:W71]的《广积仓收到大不花下徐五纳大小麦凭据》④和编号为M1·0948[F135:W72]的《广积仓收到大不花下徐大纳大小麦凭据》⑤。其中M1·0065[F111:W72]《天字号抽分文卷》写道"羊五十八口",抽分收到了"四十两白帖"⑥,而黑水城其他抽分多以钱钞结算。另外两件为税粮票据,是没有加盖朱印的仓票,内容略有不同,但格式完全一致,以其中一件为例。

---

① 郭成伟点校:《大元通制条格》卷一四,北京:法律出版社,2000年,第161页。
② 陈高华等点校:《元典章》卷一三吏部卷之七《圆座署事》,北京:中华书局,2011年,第502页。
③ 塔拉、杜建录、高国祥编:《中国藏黑水城汉文文献》第一册,北京:国家图书馆出版社,2008年,第101页。
④ 塔拉、杜建录、高国祥编:《中国藏黑水城汉文文献》第六册,北京:国家图书馆出版社,2008年,第1218页。
⑤ 塔拉、杜建录、高国祥编:《中国藏黑水城汉文文献》第六册,北京:国家图书馆出版社,2008年,第1217页。
⑥ 塔拉、杜建录、高国祥编:《中国藏黑水城汉文文献》第六册,北京:国家图书馆出版社,2008年,第101页。

M1·0948[F135:W72]
　　　广积仓
今收到大不花下徐大纳
　　小麦壹石肆斗大麦柒斗
　　　元统三年十月卅日给
　　　　　付使杨猪儿　（押印）
白帖　　　　大使
　　　　　监支纳八察　（押印）

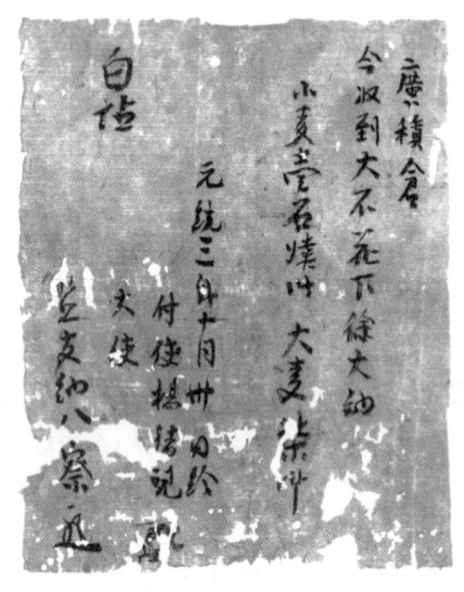

M1·0948[F135:W72]　广积仓收到大不花下徐大纳大小麦凭据

　　这两件白帖是广积仓发出的纳粮凭据，与其他黑水城出土的仓票相比，书写格式、书写内容大致相同，不同的是没有加盖印章，不是刻印，完全手写，在上述仓票记有"仓"或"仓抄"的位置写有"白帖"二字。末尾有广积仓大使、监支纳的画押，说明这件白帖也是官方发放的，得到了广积仓的认可，但不知为何没有按照元朝的规定发放正规的仓票，而是以白帖代替。
　　M1·0945[F193:W13]《票据》是不同于仓票的另一种文书，由两纸大小不一、性质不同的文书粘贴在一起。

第三章　黑水城文书反映的元代赋税 >> 171

M1·0945[F193:W13] 票据

　　皇帝圣旨里亦集乃路总管府钦奉……
　　圣旨节该：蒙古汉儿并人匠，不以是何诸色人等，富豪势要之家，但种田
者依例征纳①税粮，钦此。本路照依上年计，□到合②该税石，须要钦依
宣限送纳升③足，不致违限。如违，依例断罪。今将本户税粮开列于
后：
　　初限十月终　中限十一月终④　末限十二月终
　　　　沙立渠怯薛丹一户太不花地⑤叁顷柒拾亩粮壹拾壹石壹斗
　　　　　　　小麦柒石肆斗
　　　　　　　大麦叁石柒斗
　　　　　　……本人准此
　　至正十三年　月　日给
　　（畏兀儿体蒙古文）（押印）

---

① "征纳"，《黑城出土文书》第184页录为"征缴"。
② "合"，《黑城出土文书》漏录，《中国藏黑水城汉文文献的整理与研究》（下）第914页录为"官"。
③ "升"，《黑城出土文书》录为"开"。
④ 《黑城出土文书》漏录"中限十一月终"。
⑤ 《黑城出土文书》漏录"地"。

官（押印）
（畏兀儿体蒙古文）
　　广积仓今收到太不花
　　至正十三年粮壹拾壹石壹斗
　　　小麦柒石肆斗
　　　大麦叁石柒斗
右给付本人准此
至正十三年　月……攒典①……
　广积仓付……

第一纸较大的公文包括两部分，以总管府名义发给农户的税粮通知书和至正十三年（1353年）沙立渠怯薛丹一户太不花税粮交纳信息，醒目的位置写有一个大大的"官"字。在大公文的末尾处粘贴有一件小文书，小文书有残损，内容与第一张纸后半部分内容相同，同为至正十三年太不花税粮信息。刻印的公文源于《通制条格》"中统五年二月中书省奏准节该"后半段的摘要引用，目的是征税。

　　仰中书省照依成吉思皇帝、哈罕皇帝圣旨体例，僧、道、也里可温、答失蛮、儒人种田者，依例出纳地税，白田每亩叁升，水田每亩伍升。买卖者出纳商税。据不该纳丁税蒙古、回回、河西、汉儿并人匠，及不以是与何投下诸色人等、官豪势要之家，但种田者依上征纳地税外，仰行下领中书省左右部兼诸路都转运司、随路宣慰司一体实行。②

李逸友先生认为大公文在元代似应作勘合或地税帖、传唤贴，这也是过去未曾见过的一种文书③。如果将写有"仓"的税粮票据称之为"仓票"，写有"白帖"的税粮票据称之为"白帖"，那么这件写有"官"的税粮票据当称之为"官票"。官票上先刻印有圣旨、纳粮期限和年款，后手写户名、土地数、应纳税粮品种和数量。

类似于M1·0945［F193:W13］的官票我们在《斯坦因第三次中亚考古所获汉文文献》（非佛经部分）中找到了一件OR.8212/759 K.K.0117(d)(i)《元至元六年(1340)纳税粮凭》。

---

① "攒典"，《黑城出土文书》漏录。
② 方龄贵校注：《通制条格校注》卷二九，北京：中华书局，2001年，第718页。
③ 李逸友编著：《黑城出土文书》（汉文文书卷），北京：科学出版社，1991年，第76页

第三章　黑水城文书反映的元代赋税　>>　173

　　……是何诸色人等□
　　……钦纳税粮，钦此□□
　　□照依上年□□□□□石□具？□
　　□□□□纳外？□□□追？复？□□□□断？□合将□
　　□□实有□顷□税粮开立于后
　　　　一户勒俺布地壹顷弍拾陆亩玖分玖厘
　　　　　　肆毫，粮叁石捌玖合捌勺弍抄
　　　　　　小麦弍石伍斗叁升玖合捌勺捌抄
　　　　　　大麦壹石弍斗陆升玖合玖勺肆抄
　　右给付
　　　　至元六年九月　　日①

《元至元六年(1340年)纳税粮凭》的前半部分为刻印，勒俺布纳税部分为手写。刻印的内容难以辨识，带问号的地方表示录文时有疑问、不确定，从已经抄录的文字可以看出这两件文书的公文部分是很接近的，或者说刻印的内容应该是完全一样的，因为这部分在同类型的税票中属于程式化的内容，已经按照一定的模式刻印好，所以可以用M1·0945[F193:W13]复原OR.8212/759 K.K.0117(d)(i)中尚未识别的内容。但遗憾的是这件文书破损比较严重，而且出版的图版也不够清晰，看不到"官"字，但从已有信息，可以将二者归为一类。

粘贴在M1·0945[F193:W13]官票后的一纸文书是仓票，而且从票据的内容、格式、官印等方面来判断，残存部分与M1·0950[F270:W6]《广积仓收到沙立渠台不花税粮票据》几乎一致，是广积仓分别于至正十一年、至正十三年分别发放给同一人的纳粮凭据。M1·0950[F270:W6]中载：沙立渠一户台不花至正十一年纳税粮一十一石一斗，小麦七石四斗，大麦三石七斗；M1·0945[F193:W13]中载：沙立渠怯薛丹一户太不花至正十三年纳粮一十一石一斗，小麦七石四斗，大麦三石七斗。两件票据的纳税人住址相同，交纳税粮总数一致，只是名字的音译有区别，因此，至正十一年纳税粮人台不花与至正十三年纳税粮人太不花为同一人。

黑水城出土文书记有台不花交纳税粮的文书还有一件M1·0043[F16:W1]《管都火儿等户纳粮文卷》：

---

① 沙知、吴芳恩编：《斯坦因第三次中亚考古所获汉文文献》(非佛经部分)第一册，上海：上海辞书出版社，2005年，第229页。

　　　　大麦式石壹斗四升陆合玖勺
　　玉朴渠一户管都火儿粮一石五斗
　　　　小麦壹石，大麦伍斗
　　沙立渠一户台不花粮壹拾壹石一斗
　　　　小麦柒石四斗，大麦叁石七斗
　　廿□①
　　吾即渠一户任思你立布粮壹石伍斗
　　　　小麦壹石，大麦伍斗
　　耳卜渠一户任三保粮叁斗
　　　　小麦式斗，大麦壹斗
　　吾即渠一户任不花粮玖斗②

　　这件文书登记有玉朴渠、沙立渠、吾即渠、耳卜渠等亦集乃路多个渠道纳税户的税粮，其中台不花住在沙立渠，所纳税粮总数、大小麦数与前面两件税票完全一致。可见亦集乃路每户纳税至少有三种相关文书，反映了税粮登记、税票发放的过程。诸如M1·0043[F16:W1]《管都火儿等户纳粮文卷》此类的各户交纳税粮登记簿，文书上记有时间"廿□"，据此推断它是交纳税粮之后的记录，其余两件是完税后的凭据，台不花在纳税之后分别有两件票据，一件就是由广积仓发放的仓票即M1·0950[F270:W6]和M1·0945[F193:W13]中的第二纸，另一件就是写有"官"的官票，即M1·0945[F193:W13]的第一纸，将仓票和官票粘贴在一起，表示该户纳税完毕。这点与西夏纳税凭据略有不同，武威出土西夏纳税票据中也有两件，一件写有"官"字，一件写有"户"字，各自分执。但总的来看，这种一式两份的模式大致是相同的。

---

① "廿□"，《黑城出土文书》第110页漏录，《中国藏黑水城汉文文献的整理与研究》（上）第42页录为"廿二"。

② 塔拉、杜建录、高国祥编：《中国藏黑水城汉文文献》第一册，北京：国家图书馆出版社，2008年，第80页。

第二节　其他元代赋税

一、抽分

抽分作为一种牲畜税，是元朝建立以前就已经实行的税制，因为适应蒙古民族游牧的特点和元朝畜牧业的发展，逐渐由蒙古族生活之地推广至全国。早在太宗窝阔台即汗位时，就规定了对草原蒙古人的抽分制度。太宗元年（1229年）八月，敕令蒙古人有马、牛、羊等牲畜者，百头抽一，而且还规定"为永制"[1]，成为对草原蒙古民族征税的基本内容。元成宗元贞二年（1296年）五月，又"诏民间马牛羊，百取其一，羊不满百者亦取之，惟色目人及数乃取"[2]，将不足百头的羊也要抽分一头作为补充，并且把规定的实施范围推进到非畜牧经济的其他地区，即史料中的"民间"，只是"民间"是否指全国各地，尚未说明，对于迁居内地的色目人，还提出了不满百者不取的优待政策。大德八年（1304年）三月，"诏诸路牧羊及百至三十者，官取其一，不及数者勿取"[3]，进一步将抽分制的范围扩大至全国各地，并且将百取其一的上下限定为30—100，隐含了不足30者不取的规定。

黑水城出土抽分文书有 M1·0065[F111:W72]《天字号抽分文卷》、M1·0066[Y5:W11a]《抽分文卷》、M1·0069[F111:W58]《抽分文书》等，以 M1·0065[F111:W72]保存最为完整。

朵立……

吾即不剌合羊一百口

未[4]照勘合

天字一百号鲁[5]即花不答儿羊一百二[6]口

兀……

四十一口

鲁即卓立温布羊一百七十口

---

[1] [明]宋濂等：《元史》卷二，北京：中华书局，2011年，第29页。
[2] [明]宋濂等：《元史》卷一九，北京：中华书局，2011年，第404页。
[3] [明]宋濂等：《元史》卷二一，北京：中华书局，2011年，第458页。
[4] "未"，《黑城出土文书》第101页录为"来"。
[5] "鲁"，《黑城出土文书》录为"吾"。
[6] "二"，《黑城出土文书》漏录。

　　　　　红头和尚羊四十七口
　　　　　也火耳立义羊廿六口

　　　　　即兀令只羊六十口
　　　未发勘合陈真宝羊八十四口收钞肆拾两
　　　　　月鲁帖木儿羊四十八口係①投下
八月照勘合
　　　　拔剌侄吾即耳立甕羊一百六十口
十两②
　　　　　乌马儿羊五十四口
　　天字五十四号　　　　　　总收八十两
　　　　　昔宝赤羊七十口
　　　　……羊五十八口收四十两白帖③

M1·0065[F111:W72] 天字号抽分文卷

---

① "係",《黑城出土文书》第111页录为"保"。
② "两",《黑城出土文书》《中国藏黑水城汉文文献释录》第一册均录为"一日"。
③ 塔拉、杜建录、高国祥编:《中国藏黑水城汉文文献》第一册,北京:国家图书馆出版社,2008年,第101页。

黑水城文书中抽分羊只的时间是八月。文书在"吾即耳立嵬羊一百六十口"的前面小字标注有"八月照勘合"的字样，与《大元通制条格》记载抽分的时间在七八月间，限十月以内的记载基本一致，曰："大德七年（1303年）十月，中书省户部呈：宣徽院经历司呈，照得各处隘口抽分羊马人员，年例柒捌月间，钦赉元受圣旨，各该铺马驰驿前去拘该地面抽分，限拾月已里赴都送纳。"①

黑水城文书中抽分纳钞，有四十两和八十两两种，三十至一百只羊纳钞四十两，低于三十只不纳，超过一百只纳钞八十两。文卷中有一部分只记录了羊的数量，没有具体的抽分数额，涉及抽分数额的在文书中都用墨笔做有标记，有"陈真宝羊八十四口收钞肆拾两""乌马儿羊五十四口，昔宝赤羊七十口，总收八十两"
"……羊五十八口收四十两白帖"。从数量上看，陈真宝的羊在一百口之内，纳钞四十两，乌马儿和昔宝赤的羊总数为一百二十四口，超过一百但零头却不足三十，纳钞八十两，最后一户羊五十八口纳钞四十两，大致是一百至三十只纳钞四十两，不满三十者不取，与《元史》中"诸路牧羊及百至三十者，官取其一，不及数者勿取"②的记载相符，不同的是正史中收取的是牲畜，而黑水城文书中将"一口羊"换成了四十两钞。抽分羊口纳钞是有一定依据的，《通制条格》中载抽分羊口时，附近的纳羊，远的纳钞，曰："取见羊口数目，依已定的体例，教抽分羊口，附近有的只教纳羊，远的回易作钞教纳。"③这件抽分文书纳钞的原因是否如此，尚待考证。根据其他黑水城出土文书推算，纳钞的钱数大致为羊的时价。黑水城出土延祐四年（1317年）桑哥失里大王分例羊酒文书中每口羊折价为中统钞一锭，即五十两，M1·0478[F116:W573]《桑哥失里大王分例羊酒文卷》中"羊中等……拾玖口半，每口折……壹定，计壹拾玖定……"④，M1·0429[Y1:W15]《分例羊酒文卷》中"羊中等，月支壹拾叁口，三个月该羊叁拾玖口，每口价钱中统钞壹定，计钞叁拾玖定"⑤。但在M1·0466[F209:W28]《分例羊钱文书》中也有"羊壹拾叁口，价钱不等"⑥的说法，M1·0443[F20:W57]《诸王妃子驸马屯住分例羊口文书》中泰定四年（1327年）诸王妃子驸马的屯住分例羊口按斤重分为上、中、下三等，载："诸王妃子驸马屯住分例羊口，比依内府支持上、中、下等弟羊口斤重则例支付。"⑦综上，抽分

---

① 郭成伟点校：《大元通制条格》卷一五，北京：法律出版社，2000年，第183页。
② [明]宋濂等：《元史》卷二一，北京：中华书局，2011年，第458页。
③ 郭成伟点校：《大元通制条格》卷一五，北京：法律出版社，2000年，第184页。
④ 塔拉、杜建录、高国祥编：《中国藏黑水城汉文文献》第三册，北京：国家图书馆出版社，2008年，第591页。
⑤ 塔拉、杜建录、高国祥编：《中国藏黑水城汉文文献》第三册，北京：国家图书馆出版社，2008年，第526页。
⑥ 塔拉、杜建录、高国祥编：《中国藏黑水城汉文文献》第三册，北京：国家图书馆出版社，2008年，第559页。
⑦ 塔拉、杜建录、高国祥编：《中国藏黑水城汉文文献》第三册，北京：国家图书馆出版社，2008年，第536页。

时将《元史》中的百口抽一羊折合成四十两钞,基本按照中等羊的价格支付。

抽分的人有汉族、蒙古人、西夏遗民等。M1·0065[F111:W72]为一件涂改过的文书,其中记录人名和羊只的部分为大字书写,墨迹较重,文书上方和下方的涂改部分,字体较小,墨迹较轻,而且"陈真宝""吾即耳立嵬""乌马儿""昔宝赤"等交纳抽分钱两的五人,都做了特殊的标记。初步判断,"吾即耳立嵬""即兀令只"是西夏遗民,"陈真宝"是汉族人,"月鲁帖木儿"是蒙古人。此外,文书中还记有"红头和尚羊四十七口""昔宝赤羊七十口",昔宝赤本应为鹰房之执役,这件文书中记录的都是人名而非官职,所以此"昔宝赤"很可能是人名而非职名,《元史》中就出现过,曾于大德十年(1306年)从讨云南诸部的人名叫"昔宝赤"。可见,交纳抽分的人包括了元朝当时的几大主体民族,涉及的范围广泛。

纳税人抽分完毕后,官方需发放勘合。勘合是元朝政府在钱物收、支过程中用于验证的纸质公文,勘合上用千字文编有字号,中间加盖印信,使用时双方各执一半,用半印勘合与元发号簿比对验照,字体大小、墨迹等照验无差,方可继续钱物的收、支。元朝规定,收支钱物必须要比对勘合,"如有收支钱物,须要本库色目汉儿库子、攒典眼同开同,比对勘合,明白销附,书押收支,如违痛行治罪"[①]"照得凡收支钱物,必须半印勘合"[②]。黑水城出土文书中多次提到勘合,并有一件勘合实物。

M1·0140[HF193A正] 广积仓支黄米文书

[①] 郭成伟点校:《大元通制条格》卷一四,北京:法律出版社,2000年,第161页。
[②] 郭成伟点校:《大元通制条格》卷一四,北京:法律出版社,2000年,第180页。

M1·0065［F111:W72］的小字部分注明抽分的勘合情况,除了"吾即耳立嵬羊一百六十口"前写有"八月照勘合"之外,"陈真宝羊八十四口收钞四十两"未发勘合,最后一位的抽分收到了"四十两白帖"。M1·0069［F111:W58］《抽分文书》中也提到勘合,至元三年(1337年)羊口抽分,勘合二十道。

> 取责人蒲文路……
> 今当
> 官责领到抽分至元三年羊
> ……勘合式拾道,中间并无[①]

抽分羊畜等由各路负责。M1·0066［Y5:W11a］《抽分文卷》为一件因为抽分发生的纠纷。

> 等处行中书省据肃州路申:棚落状告年五十三岁□
> 火儿麻思所管伉俪人户见在肃州阿儿八邦地面住坐□
> 棚[②]落等一般人户俱在肃州所管阿儿八邦地面住坐□
> 凡为一切和雇和买仓粮、杂泛差役、抽分羊畜具隶本□
> □管应纳[③],至今不曾有阙,与亦集乃路并无干涉,昨□
> 内有亦集乃路所委抽分羊官□□[④]

状称火儿麻思所管伉俪人户现在肃州路阿儿八邦地住坐,为官府承担各种赋税差役,包括一切和雇、和买、仓粮、杂泛、差役、抽分均隶属肃州路管辖,至今不曾有阙,与亦集乃路没有关系,但亦集乃路却委派抽分羊官前去肃州路地界,具体做了什么文书的后半部分内容缺失。从这件文书可以看出,抽分按纳税者所在各路划分,在哪里住,从哪一路交税。

二、酒醋课

酒醋课分为酒课和醋课两种,主要是各糟房酒户、醋户酿造酒醋所交纳的课

---

① 塔拉、杜建录、高国祥编:《中国藏黑水城汉文文献》第一册,北京:国家图书馆出版社,2008年,第105页。
② "棚",《黑城出土文书》第111页录为"朔"。
③ "纳",《黑城出土文书》录为"差"。
④ 塔拉、杜建录、高国祥编:《中国藏黑水城汉文文献》第一册,北京:国家图书馆出版社,2008年,第102页。

程,"元之有酒醋课,自太宗始。其后皆著定额,为国赋之一焉,利之所入亦厚矣"①。太宗二年(1230年)元朝规定"诸路课税,酒课验实息十取一"②,开始征收酒课。辛卯年(1231年)又"立酒醋务坊场官,榷沽办课"③,实行酒由政府专营的"榷酤法",主要按用粮的多少,酒课连工本一起征收,米一石收钞十两,当时糯米一石及酒曲等工本约七两,则酒课为三两左右,同年三月改令酒户自备工本,米一石收酒课五两,至元二十二年(1285年)二月,"命随路酒课依京师例,每石取一十两"④,三月,"令酒户自具工本,官司拘卖,每石止输钞五两"⑤。至元二十七年(1290年)前后,全面罢废"榷酤法",推行"散办法",也叫"门摊",在离城郭十里外的农村,为按户摊派酒课,门摊酒课按户定额,实际征收时以税粮和田亩多寡为标准。门摊初行于北方中原地区,早在太宗时期就已经出现,随着征服地域的不断扩大逐渐南移,到至元二十二年,推广至全国各地。元政府对醋的控制相对较松,纳课即可自酿,至元二十二年,准许乡民自造食醋,"诏免农民醋课"⑥,至元二十七年左右,乡村醋课与酒课同行门摊。

元代黑水城出土文书中涉及酒醋课的文书数量很少,只有M1·0055[F270:W7]、M1·0038[F116:W562]、M1·071[84H·F41:W9/0780]三件,受资料的限制,无法从中获知当时的税额,但有些细枝末节,对于进一步了解亦集乃路的酒醋课还是有一定帮助的。

M1·0038[F116:W562]⑦为一件保存相对完整的至元三十一年(1294年)酒醋课程的呈文,大致内容是至元三十一年上下半年的酒醋课,为中统钞七锭,但实际的交纳方式为课羊七口,具体情况由周的吉认办,不是亦集乃路总管府负责。

　　……奉:
　　……台旨:仰⑧将至元卅一年,上下半
　　……□另具解申报者,奉此。
　　　　……□呈者
　　……酒醋等课:羊七口,系周

---

① [明]宋濂等:《元史》卷九四,北京:中华书局,2011年,第2394页。
② [明]宋濂等:《元史》卷二,北京:中华书局,2011年,第30页。
③ [明]宋濂等:《元史》卷九四,北京:中华书局,2011年,第2395页。
④ [明]宋濂等:《元史》卷九四,北京:中华书局,2011年,第2395页。
⑤ [明]宋濂等:《元史》卷九四,北京:中华书局,2011年,第2395页。
⑥ [明]宋濂等:《元史》卷九四,北京:中华书局,2011年,第2395页。
⑦ 塔拉、杜建录、高国祥编:《中国藏黑水城汉文文献》第一册,北京:国家图书馆出版社,2008年,第69页。
⑧ "仰",《黑城出土文书》第112页漏录,《中国藏黑水城汉文文献的整理与研究》(上)第35页录为"仍"。

的吉认办,不系本
　　路管。

税课:中统钞柒定

……办中统钞柒定

酒醋等课,系周的吉
　　认办,

……税课中统钞柒定

……赴　行中书省丰备库
　　　解纳了当,见有[①]
　　　纳到朱抄为凭

……□酒醋等课系周的吉认办
　　　　……□羊七口,不系本路管

……课中统□□定

……□钞七定

……□酒醋等课系周的吉
　　　认办

……税课中统钞柒定

……速赴　行中书省丰备
　　　总库,解纳了当

M1·0071［84H·F41:W9/0780］《课税文书》中的酒课纳钞。

　　正月
　　脱儿欠一口……　羊□二口
　　税羊三口　羊二口……
　　酒课四两　羊一口……[②]

M1·0055［F270:W7］中提到了"酒解"一词。

　　□贰拾伍两陆钱陆分肆厘

---

① "有",《黑城出土文书》第112页录为"将"。
② 塔拉、杜建录、高国祥编:《中国藏黑水城汉文文献》第一册,北京:国家图书馆出版社,2008年,第107页。

酒解,呈乞照验。得此,除将
见解课程钞定,另行起解
外,总府合下仰照验,即将
……季分依期起解施行①

酒解与盐引类似,代替货币,成为政府控制酒的生产和销售的重要手段,酒解中包含有酒课,所以在以钱换取酒解的过程中已经交纳了酒税,拿到酒解后才能支酒。文书中还提到"总府合下仰照"等词,说明支取酒前需要进一步的审核,其权力机关为亦集乃路总管府,酒解的衡量标准为钞,文书中有"贰拾伍两陆钱陆分肆厘"作为印证,此外,从文书中还可以了解到,酒解的发放是分期分批的,比如在M1·0055[F270:W7]中"……季分依期起解"说明酒解是按季度发放的。

三、契本税

所谓契本,就是在买卖、交易完成后,由官府发给纳税人的凭证,契本本身也是有一定价值的,美其名曰"工墨之费","上都地里遥远,商旅往来不易,特免收税以优之,惟市易庄宅、奴婢、孳畜,例收契本工墨之费"②,所以买卖人在交纳商税的同时,还要付契本税。不同时期契本的价值会有所变化,"二十二年(1285年),又增商税契本,每一道为中统钞三钱"③"至大三年(1310年),契本一道复增作至元钞三钱"④,每道至元钞三钱相当于中统钞一两五钱。由于商业的繁荣,契本税也随之水涨船高,逐渐成为国家"额外课"的一个组成部分,"然国之经用,亦有赖焉"⑤。

黑水城文书M1·0129[F116:W488]中记录了一些关于契本税的情况,载:

……实有粮斛照勘呈来,承此,依上照勘到⑥
……前去合行具呈
　　　　分捌厘
杂色钱弌伯捌拾定肆拾叁两捌钱肆分
籴料钱叁伯定

---

① 塔拉、杜建录、高国祥编:《中国藏黑水城汉文文献》第一册,北京:国家图书馆出版社,2008年,第92页。
② [明]宋濂等:《元史》卷七,北京:中华书局,2011年,第129页。
③ [明]宋濂等:《元史》卷九四,北京:中华书局,2011年,第2397页。
④ [明]宋濂等:《元史》卷九四,北京:中华书局,2011年,第2398页。
⑤ [明]宋濂等:《元史》卷九四,北京:中华书局,2011年,第2403页。
⑥ 《黑城出土文书》第108页漏录"到"。

第三章　黑水城文书反映的元代赋税　>>　183

马脚涩壹阡壹伯伍拾付
　　□ 本壹万弍阡捌伯道
　　……弍伯个　帖草籇弍伯个[①]

倒数第二行缺的这个字如果是"钞"字,其下应是总计钞本的钞额数,如果是未经使用的契本,其下可不书写钞定数字。因此,李逸友先生推测,此缺字当系"契"字[②]。亦集乃路征收商税的定额不详,但却有一万多件契本没有使用,可见其征税范围之广、课程项目之多,否则不会准备这么多的契本。每道契本中统钞三钱,额外课为七百六十余锭,也算是项不小的政府收入了。正史中对契本税的统计也很少,只记载了天历元年(1328年)共有契本三十万三千八百道,每道中统钞一两五钱,计中统钞九千一百一十四锭。内腹里,六万八千三百三十二道,计钞二千四十九锭四十八两;行省,二十三万五千四百六十八道,计钞七千六十四锭二两[③]。元朝统一全国后,前后设立有陕西、四川、甘肃、云南、江浙、江西、湖广、河南、辽阳、岭北十个行省,若将天历元年行省的二十三万五千四百六十八道平均分至十个行省,每个行省有契本二万三千余道。亦集乃路作为甘肃行省的一个下路就有契本一万余道,反映出其商业也是相当繁荣了。

虽然黑水城契本税文书仅此一件,但却有十件木板刻印的契本,多数残缺不全,从残存部分可以看出,它们的格式是统一的。M1·0959[F1:W94正]是其中保存较为完好的一件,为我们提供了一次认识契本的机会。

　　皇帝圣旨里中书户部
　　　　钦奉
　　　　圣旨条画内一款该匿税者,其匿税之物一半
　　　　没官,于没官物内一半付告人充赏。犯
　　　　人仍笞[④]五十,其回回通事并[⑤]使官银
　　　　买卖人等,入门不吊引者[⑥],同匿税法[⑦]。

[①] 塔拉、杜建录、高国祥编:《中国藏黑水城汉文文献》第二册,北京:国家图书馆出版社,2008年,第218页。
[②] 塔拉、杜建录、高国祥编:《中国藏黑水城汉文文献》第一册,北京:国家图书馆出版社,2008年,第75页。
[③] [明]宋濂等:《元史》卷九四,北京:中华书局,2011年,第2404页。
[④] "笞",《黑城出土文书》第185页录为"答"。
[⑤] "并",《黑城出土文书》录为"非"。
[⑥] "者",《黑城出土文书》录为"等"。
[⑦] "法",《黑城出土文书》漏录。

184 << 黑水城出土赋役文书研究

   钦奉,如此省部除外。今印造到随路
   契本,发下各路行用办[①]课等事。
    用价
  到
   凭牙保文里验□□
 条赴务投税附历[②]讫。今后但立诸[③]□
  如无省部契本者,便同偷税。
  据此合行出给者。
        年 □给[④]

M1·0959[F1:W94 正] 契本

---

① "办",《黑城出土文书》漏录,《中国藏黑水城汉文文献的整理与研究》(下)第926页录为"抽"。
② "历",《黑城出土文书》录为"用"。
③ "立诸",《黑城出土文书》漏录。
④ 塔拉、杜建录、高国祥编:《中国藏黑水城汉文文献》第六册,北京:国家图书馆出版社,2008年,第1226页。

契本由政府统一刻印,黑水城出土的契本四周花栏,不仅格式相同,文字内容也一致,相互之间可以补缺,由于这是件空白契本,尚未使用,所以末尾的时间没有填写,若已经使用的,上面还会加盖朱印。

契本上的内容是对逃税者的惩罚,主要来源于相关法律法规,以起到警示的作用。文书M1·0959[F1:W94正]中记:"匿税者,其匿税之物一半没官,于没官物内一半付告人充赏。犯人仍笞五十。"与《元史》中对于逃税者的规定"诸匿税者,物货一半没官,于没官物内一半付告人充赏,但犯笞五十"[①]完全吻合。可知逃税者一旦被发现,不仅钱财受损,而且还要受皮肉之苦,值得注意的是,在这条规定中,还有对揭发人的奖赏,进一步激发了人们的积极性,同时有助于官府的管理。此外,契本中还有诸如"买卖人等,入门不吊引者,同匿税法","无省部契本者,便同偷税"的记载,与"中统四年(1263年),用阿合马、王光祖等言,凡在京权势之家为商贾,及以官银卖买之人,并令赴务输税,入城不吊引者同匿税法"[②]的规定基本一致。

除了一些关于偷税漏税方面的惩罚措施外,《元史》中对于契本也有一些记载,如"诸伪造宣慰司印信契本,及商税务青由欺冒商贾者"有"杖一百七"[③]的严厉惩罚,不能按时纳税,"初犯笞四十,再犯杖八十"[④]。由于赋税是关系国家命脉的大事,所以政府尤为重视,为避免办税官员可能出现的问题制订了一些相关规定,如"诸办课官,估物收税而辄抽分本色者,禁之。其监临官吏辄于税课务求索什物者,以盗官物论,取与同坐。诸办课官所掌应税之物,并三十分中取一,辄冒估直,多收税钱,别立名色,巧取分例,及不应收税而收税者,各以其罪罪之,廉访司常加体察。诸城及乡村有市集之处,课税有常法。其在城税务官吏,辄于乡村妄执经过商贾匿税者,禁之。诸办课官,侵用增余税课者,以不枉法赃论罪。诸职官,印契不纳税钱者,计应纳税钱,以不枉法论"[⑤]。与对百姓政策不同的是,对官员的惩罚没有明确具体的处罚措施,仅用"禁之"二字带过,很难达到以儆效尤的目的,也从一定意义上助长了官员操纵赋税、剥削百姓的气焰。

---

① [明]宋濂等:《元史》卷一〇四,北京:中华书局,2011年,第2649页。
② [明]宋濂等:《元史》卷九四,北京:中华书局,2011年,第2404页。
③ [明]宋濂等:《元史》卷一〇五,北京:中华书局,2011年,第2667页。
④ [明]宋濂等:《元史》卷九三,北京:中华书局,2011年,第2358页。
⑤ [明]宋濂等:《元史》卷一〇四,北京:中华书局,2011年,第2649—2650页。

第四章 黑水城文书反映的元代徭役

元代按照"诸色人等各有定籍"的户计制度征发税役。诸色户计很复杂,有依民族不同而立者,有依宗教信仰不同而立者,更多的是依社会职业不同而确立的世袭户计,一人一经定户,便世代相承,不得擅自改籍、逃亡、迁徙,针对不同的户计,差发不同的徭役。黑水城文书中有民户、军户、站户、匠户、脚户等,其中以民户占绝大多数,军户、站户次之,民户服杂泛差役,军户服军役,站户服站役。

第一节 差役

元代的差役主要由民户承担。民户是区别于军、站、匠户和其他各种专业户计的一种,包括一般的地主、自耕农民、半自耕农和无地的佃户等小生产者,诸王公、贵族、豪强地主的驱口及附籍的荫庇户被放良或改正为良由官府"收系当差"者,还有其他户计被官府改籍为民户者,如军户、站户无丁顶替的户绝者,或是无力再服本役等原因而改籍为民者等,均为民户[①]。民户是诸色户计中数量最多的一种,也是元代各种赋税和杂泛差役的承担者。黑水城文书中民户的差役包括里正、坊正、社长、牢子、管勾、库子等,其中坊正、巷长、社长、俵水服务于基层组织,牢子、提领府差役服役于官方机构。

一、坊正、巷长、社长、俵水

金代在城郭设坊正,村社置里正、主首,按户籍比例征调,以催督赋役,劝课农桑,载:"京府州县郭下则置坊正,村社则随户众寡为乡置里正,以按比户口,催督赋役,劝课农桑。村社三百户以上则设主首四人,二百以上三人,五十户以上二人,一下一人,以佐里正,禁察非违。"[②]元继承了金的设置,并在后来的发展中

[①] 高树林:《元代赋役制度研究》,保定:河北大学出版社,1997年,第144页。
[②] [元]脱脱等:《金史》卷四六,北京:中华书局,2013年,第1031页。

不断完善对基层组织的管理体系,在各城镇设立隅正、坊正等,掌官府排办造作、祗应杂物、羁管罪人、递送官物、闭纳酒课、催征地钱,在乡村设置里正、主首、社长等。亦集乃路在城区设置坊、巷,以坊正、巷长管理城内基层组织。在乡村以渠为基层组织,设置渠社,立社长和俵水,坊正、巷长、社长、俵水作为基层组织的职事人员,并非公职吏目,而是指派的差役。

亦集乃路城垣规模不大,居民住在城内和东门外的关厢地方。城内除总管府及司属机构占住地带之外,居民住坐区域被划分成若干坊,黑水城出土元代文书所见坊名有永平坊、清平坊、极乐坊、崇教坊、庠序坊等,城外东关厢地方通称作东关或东关外。

M1·0186[Y1:W11A]《付令只巴等借粮文书》,是一件借小麦的账目,按户记录,除了借麦者姓名,文书中还标记有他们的住所,分别是清平坊住人汤文彬、极乐坊住人付令只巴、崇教坊住人余改受。

　　一户……
　　　　　　十二月　日
　　一户清平坊住人汤文彬,借讫市斗小麦贰硕伍斗
　　　　　　十二月初六日
　　一户极乐坊住人付令只巴,借讫市斗小麦壹硕伍斗
　　　　　　十二月初一日
　　一户崇教坊住人余改受,借讫市斗小麦壹硕伍斗[1]

M1·0582[F1:W22b]《阿思兰盗窃案》中阿思兰与阿厘、杜长寿携带白羊角靶大刀子一把,盗窃永平坊住人刘译的商铺,被告发。载:

　　要行偷盗他人财物,阿思兰起意……
　　[阿]思兰与阿厘、杜长寿赍夯陈玉立沙元带
　　白羊角靶大刀子一把[2],抽夯与阿厘、杜长寿一同前去,以至在城永
　　平坊今告事主刘译铺儿门首,听探得铺内无人
　　看守睡卧,以此令阿厘、杜长寿四向[3]的五人……

---

[1] 塔拉、杜建录、高国祥编:《中国藏黑水城汉文文献》第二册,北京:国家图书馆出版社,2008年,第265页。
[2] "把",《黑城出土文书》第149页漏录。
[3] "向",《黑城出土文书》录为"面"。

……于到①

每坊设坊正,由能力强且有一定家财者充任,按户籍比例征发。《金史》中坊正采取富民出钱雇佣的形式,每位坊正的工资不得超过百贯,服役不得超过一年,载:"凡坊正、里正,以其户十分内取三分,富民均出顾钱,募强干有抵保者充,人不得过百贯,役不得过一年。"②到了元代,坊正也是差役的一种,需要有一定资财的民户担任,一旦出现问题以个人财产抵充,久之,坊正成为一种负担,民不愿任,故而采取雇佣的形式。《元史·赵琏传》载:"浙右病于徭役,民充坊里正者,皆破其家。朝廷令行省召八郡守集议便民之法,(赵)琏献议以属县坊正为雇役,里正用田赋以均之,民咸以为便。"③

目前所见黑水城文书中,"坊正"出现的次数并不多,《失林婚书案卷》在叙述闫从亮的身份和经历时提到有坊正,姓沈,汉族人,与他人合伙从事熟造油皮鞴的营生。

M1·0668[F116:W71B](4-3)
后知名小闫,名从亮,于沈坊正房上瞰晒熟造④……
生活,及于……
识失林于闫从亮……
阿无前往岭北达达地面作买卖……
因活,将前因文字说与闫从亮……
阿兀元娶你婚书偷来,我交人看……⑤

M1·0673[F116:W32](3-1)
正十九年,被红巾贼人将巩昌城池残破……
年正月内,从亮⑥避兵前来永昌甘州住坐。至……
廿一年正月廿一日到来亦集乃路东关……
近住坐。至正廿二年十一月十五日,从亮与在城住……

---

① 塔拉、杜建录、高国祥编:《中国藏黑水城汉文文献》第四册,北京:国家图书馆出版社,2008年,第719页。
② [元]脱脱等:《金史》卷四六,北京:中华书局,2013年,第1031页。
③ [明]宋濂等:《元史》卷一九四,北京:中华书局,2011年,第4402页。
④ "瞰晒熟造",《黑城出土文书》第165页录为"晾晒熟过"。
⑤ 塔拉、杜建录、高国祥编:《中国藏黑水城汉文文献》第四册,北京:国家图书馆出版社,2008年,第881页。
⑥ "从亮",《黑城出土文书》第166页录为"从良"。

坊正合□①熟造油皮鞴生活。②

文书中闫从亮并非亦集乃路人，至正十九年（1359年），红巾军起义的战火烧到巩昌，闫从亮为躲避战争来到甘肃行中书省，先后在永昌路、甘州路住坐，至正二十一年（1361年）来到亦集乃路东关，至正二十二年（1362年），与在城住坐的沈坊正合伙经营熟造油皮鞴的生意，就是在这段时间认识了商人阿兀的妻子失林，闫从亮唆使失林趁阿兀前往岭北达达做买卖之际偷出婚书并将其烧毁，以解除失林与阿兀之间的婚姻关系，事情被阿兀发现后将闫从亮和失林告上官府。文书M1·0668[F116:W71B]中闫从亮在沈坊正房上晾晒熟造的油皮鞴，"后知名小闫，名从亮，于沈坊正房上瞭晒熟造……"，M1·0673[F116:W32]中坊正前缺"沈"字，沈坊正在在城住坐，二人合伙熟造油皮鞴，"至正廿二年十一月十五日，从亮与在城住……坊正合□熟造油皮鞴生活"。鞴垫马鞍子下面垫垂在马背两旁可以挡泥土，沈坊正与闫从亮合伙经营加工熟皮的生意，推测沈坊正有一定家财。

M1·0787[F125:W54]《仰唤社长与巷长赴府文状》为通知社长和巷长赴亦集乃路总管府的帖子。

仰唤下项人等赴
　　社长：成德、
府　　　杨天福；
　　巷长：卜八吉、
　　　　陈别吉帖木
　　今月廿五日发行③

文书中仰唤社长成德、杨天福，巷长卜八吉、陈别吉帖木于今月二十五日赴亦集乃路总管府。通过这件文状我们可以了解到亦集乃路在基层除了有坊正，还设社长、巷长，这里共有两位社长、两位巷长，社长是汉族，巷长有少数民族，也有汉族。

社长的设置以自然村落为基础，每五十家设一员，一百家置二员，不足五十家，与邻村合并，由社众推选，年高、通晓农事、有兼丁者担任，社长的主要职责是

---

① "□"中的字《黑城出土文书》录为"于"，《中国藏黑水城汉文文献的整理与研究》（上）第656页录为"房"。
② 塔拉、杜建录、高国祥编：《中国藏黑水城汉文文献》第四册，北京：国家图书馆出版社，2008年，第889页。
③ 塔拉、杜建录、高国祥编：《中国藏黑水城汉文文献》第五册，北京：国家图书馆出版社2008年，第1017页。

劝农。

是年,又颁农桑之制一十四条:县邑所属村疃,凡五十家立一社,择年高晓农事者一人为之长。增至百家者,别设长一员。不及五十家者,与近村合为一。地远人稀,不能相合,各自为社者听。其合为社者,仍择数村之中,立社长官司长以教督农民为事。①

《通制条格》中也有类似的记载:

诸县所属村疃,凡伍拾家立为壹社,不以是何诸色人等,并行入社,令社众推举年高、通晓农事、有兼丁者,立为社长。如壹村伍拾家以上,只为壹社,增至伯家者,另设社长壹员。如不及伍拾家者,与附近村分相并为壹社。若地远人稀,不能相并者,斟酌各处地面,各村自为壹社者听。或叁村,或伍村,并为壹社,仍于酌中村内选立社长。②

具体到亦集乃路,民户靠水生活,依渠而居,将元代在全国范围内普遍设立的村社与渠道结合在一起实行渠社制。社长是基层组织渠社的管理者,社长的设置以渠为单位,根据渠的长短大小确定人数。黑水城文书中的渠道有本渠、合即渠、吾即渠、沙立渠、玉朴渠、耳卜渠、额迷渠、本渠下支水小渠、合即小渠、墙痕支渠、泉水渠等。本渠是该路最大的一条干渠。合即渠是唯一一条在《元史》中有记载的渠道,开凿的时间比亦集乃路总管府设置的时间还早一年,至元二十二年(1285年)"亦集乃总管忽都鲁言:'所部有田可以耕作,乞以新军二百人凿合即渠于亦集乃地,并以傍近民、西僧余户助其力。'从之,计屯田九十余顷"③。吾即渠是一条以党项族称命名的西夏渠道。M1·0759[F105:W2]《社长与俵水名录》记有沙立渠和本渠的社长、俵水。

沙立渠社长弍名:李觅令普
　　　　　　　　沙的
俵水叁名:

---

① [明]宋濂等:《元史》卷九三,北京:中华书局,2011年,第2354页。
② 方龄贵校注:《通制条格校注》卷一六《田令》,北京:中华书局,2001年,第457页。
③ [明]宋濂等:《元史》卷六〇,北京:中华书局,2011年,第1451页。

第四章　黑水城文书反映的元代徭役　>> 191

　　　李汝中普　刘㞦令普
　　　何高住
　　本渠社长叁名：撒的　许帖木……
　　　　　　　　俺普
　　俵水叁名：
　　　　何逆你立㞦　樊答失帖木……
　　　　……哈剌那孩 [1]

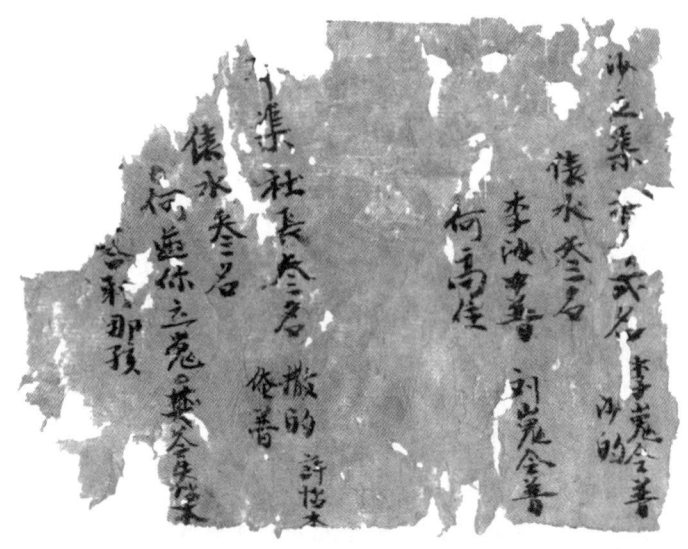

M1·0759[F105:W2] 社长与俵水名录

　　文书中沙立渠社长两名、俵水三名，本渠社长三名、俵水三名，若按照《元史》和《通制条格》的记载，每五十家置一社长，那么沙立渠有至少一百户，本渠有至少一百五十户。M1·0083[F57:W6]《屯田栽树文书》载："总计本□点视所辖农民二十三屯，计肆佰四十三户八百四十三丁，一千五十令七口。"[2]李逸友先生认为"本"后所缺字为"渠"[3]，M1·0013[F1:W51]《吾即渠与本渠户籍》中以渠为单位统计人口，载："吴即渠：大口肆伯八十八口，小口一百廿口；本渠：大口……，小口贰

----

[1] 塔拉、杜建录、高国祥编：《中国藏黑水城汉文文献》第五册，北京：国家图书馆出版社，2008年，第986页。
[2] 塔拉、杜建录、高国祥编：《中国藏黑水城汉文文献》第一册，北京：国家图书馆出版社，2008年，第123页。
[3] 李逸友编著：《黑城出土文书》（汉文文书卷），北京：科学出版社，1991年，第13页。

百柒拾陆口。"①由此可知,吴即渠有大口488人,小口120人,共计608人,大小比例约为4:1,本渠小口276人,参照吴即渠大、小口比例,大口约1100人,大小口共计1300余人,与《屯田栽树文书》中的本渠计1507口接近。本渠无论是1300余口还是1507口,按照每五十家置一社长的记载,社长的数量应该远远高于《社长与俵水名录》中的三名。

社长的任务是专一教督农事,所立社长,可免本身杂役。社长设立的初衷是为劝农,但一段时间之后,多以差科干扰,大失元朝立社长之意,所以至元二十八年(1291年)进一步明确了主首、里正、社长的职能范围,规定:"诸村主首,使佐里正催督差税,禁止违法。""其社长使专劝课,凡农事未喻者,教之,人力不勤者,督之,必使农尽其功,地尽其利。"②"官司并不得将社长差占,别管余事,专一照管教劝本社之人务勤农桑,不致堕废。如有不肯听从教劝之人,籍记姓名,候提点官到彼,对社众责罚。所立社长,与免本身杂役。"③ 黑水城文书中不见主首、里正,其催督差税、劝民农桑等职责似为社长兼任。

俵水的任务是分俵水利,俵有散发、分发之意,俵水,即分水人员,在黑水城这个以灌溉农业为主的绿洲地区,分水是一项非常重要的工作。黑水城出土元代M1·0605[Y1:W66B]《俵水纠纷案》是一件因为强行分水引发纠纷的案件。

> 均俵,讹屈自合依奉,却不合
> 不遵官司区处讹屈主意,都领汝足梅,
> 吾即躯汝中玉、亦称布、买④驴并觅如法师雇
> 人班的等二十余人将水攞夺,尽行闸浇讫⑤,讹屈
> 并吾即、汝足梅、觅如法师等大小二麦糜谷拾
> ……至二十日,有马旺前来向讹屈言说,你⑥
> ……遵官司自下而上均俵水分……⑦

农业灌溉往往自下而上,依次、轮流浇灌,而在这件文书中吾即驱口汝中玉、

---

① 塔拉、杜建录、高国祥编:《中国藏黑水城汉文文献》第一册,北京:国家图书馆出版社,2008年,第50页。
② 方龄贵校注:《通制条格校注》卷一六《田令》,北京:中华书局,2001年,第451页。
③ 方龄贵校注:《通制条格校注》卷一六《田令》,北京:中华书局,2001年,第457页。
④ "买",《黑城出土文书》第154页为"贾"。
⑤ "二十余人",《黑城出土文书》漏录"人","攞夺"录为"揽夺","讫"录为"溉"。
⑥ 《黑城出土文书》漏录"你"。
⑦ 塔拉、杜建录、高国祥编:《中国藏黑水城汉文文献》第四册,北京:国家图书馆出版社,2008年,第749页。

亦称布、买驴并鬼如法师等二十余人,不遵守官司制定的规定,将水封堵揽夺,尽行闸浇,从而引起纠纷。黑水城出土西夏律令中曾有规定,渠头因畏惧权贵而违规放水,导致渠道断破时,所损失畜物、财产、地苗、役草之数,量其价,与渠头渎职不好好监察,致渠口破水断,罪则相同,畜物、财产所损失数当偿二分之一。若渠头主动索要贿赂,未按顺序放水,渠头为主犯,未轮至而索水者以从犯法判断。黑水城法律文献中的渠头与元代社会文书中的俵水在分俵水利中的起到了相同的作用,西夏文献中对于渠头在分水时可能出现的问题有详细的规定和惩罚措施,这些问题在以渠道灌溉的农业区较为普遍,可以为元代俵水所参照。

二、牢子、提领府差役

除了坊正、巷长、社长、俵水,黑水城文书中还有牢子、提领府差役。《通制条格》中牢子于四两包银户内选差。元贞二年(1296年)八月,载:

> 江西行省咨:"所辖路分,合设祗候、曳剌、牢子等,未有定例"。兵部照拟:"比附迤北、腹里额数体例,俱于肆两包银户内选差,开坐各该人数,从长定夺为是。江南别无送纳包银,拟于税粮叁石之下户内差充。"都省准拟。
> 诸上路
> 祗候三十五名 禁子十五名 曳剌壹拾名
> 诸下路
> 祗候贰拾伍名 禁子壹拾名 曳剌陆名
> 散府直隶省部
> 祗候贰拾伍名 禁子壹拾名 曳剌陆名
> 散府本路所辖
> 祗候贰拾名 禁子伍名 曳剌伍名
> ……①

省略的部分还包括上州直隶省部、上州本路所辖、中州直隶省部、中州本路所辖、下州直隶本路、下州本路所辖以及上县、中县、下县、上路录事司等祗候、禁子、曳剌的人数。牢子与禁子同义,本属狱卒,或专指一般衙役。元代牢子或禁子是差役的一种,在南方从税粮三石之下户内差充,在北方从四两包银户中选差,四两包

---

① 方龄贵校注:《通制条格校注》卷一七,北京:中华书局,2001年,第511页。

银户都包括哪些？中统元年(1260年)之后，对包银的规定较之以前更为详细。

> 元管户内，丝银全科系官户，每户输系官丝一斤六两四钱、包银四两；全科系官五户丝户，每户输系官丝一斤、五户丝六两四钱，包银之数与系官户同；减半科户，每户输系官丝八两、五户丝三两二钱、包银二两；止纳系官丝户，若上都、隆兴、西京等路十户十斤者，每户输一斤，大都以南等路十户十四斤者，每户输一斤六两四钱；止纳系官五户丝户，每户输系官丝一斤、五户丝六两四钱。交参户内，丝银户每户输系官丝一斤六两四钱、包银四两。漏籍户内，止纳丝户每户输丝之数，与交参丝银户同；止纳钞户，初年科包银一两五钱，次年递增五钱，增至四两，并科丝料。协济户内，丝银户每户输系官丝十两二钱、包银四两；止纳丝户，每户输系官丝之数，与丝银户同。摊丝户，每户科摊丝四斤。储也速觯儿所管户，每户科细丝，其数与摊丝同。复业户并减成丁户，初年免科，第二年减半，第三年全科，与旧户等。①

将上述文字整理如表6所示，可以更加清晰地看到四两包银户涵盖的户别，同时这里要特别说明的是四两包银只是平均数，具体交纳的数量依户等高下而有所不同，因此牢子的选差既有户别之分，也有户等之分。

表6 包银户户别、户等统计表

户别		纳包银数
元管户	丝银全科系官户	包银四两
	全科系官五户丝户	包银四两
	减半科户	包银二两
	止纳系官丝户	
	止纳系官五户丝户	
交参户	丝银户	包银四两
漏籍户	止纳丝户	
	止纳钞户	初年科包银一两五钱,次年递增五钱,增至四两,
协济户	丝银户	包银四两
	止纳丝户	
摊丝户		
储也速觯儿所管户		
复业户、减成丁户		初年免科,第二年减半,第三年全科

---

① [明]宋濂等：《元史》卷九三，北京：中华书局，2011年，第2361—2362页。

M1·0785[Y1:W16]《当直府吏巡检与牢子名单》中记有牢子,据上文《通制条格》所载,下路选差牢子十名,亦集乃路属甘肃行省的下路,当是如此,文书中的牢子有张官宝、山驴、俺布、侍哥四人。

　　初九日当直府吏:段君杰
　　　巡检:哈剌
　　　牢子:张官宝
　　右附札①:山驴　俺布
　　　　　侍哥
　　　今月　日示②

除了牢子,黑水城文书M1·0755[F131:W1]《刘住哥籍贯与祖父三代历仕状》和M1·0019[83H·F4:W2/0134]《真定路当差民户文》中都提到了"当差民户",前者曾在路府提领所当差,后者原为真定路当差民户,现在亦集乃路,"……系真定路当差民户,见在亦集乃"③。

　　M1·0755[F131:W1]《刘住哥籍贯与祖父三代历仕状》
　　一　刘住哥,见年卅二岁……系寄受
　　路庠序坊住贯平凉府民籍,自来
　　不曾更名,见□此寄受路府提领所民户④
　　差役。
　　一　三代:
　　曾祖父不记名讳
　　祖父刘文振,钦管

　　宣命奉议大夫赠宣……⑤

---

① "札",《黑城出土文书》第99页录为"孔"。
② 塔拉、杜建录、高国祥编:《中国藏黑水城汉文文献》第五册,北京:国家图书馆出版社,2008年,第1015页。
③ 塔拉、杜建录、高国祥编:《中国藏黑水城汉文文献》第一册,北京:国家图书馆出版社,2008年,第54页。
④ "民户",《黑城出土文书》第89页录为"军户"。
⑤ 塔拉、杜建录、高国祥编:《中国藏黑水城汉文文献》第五册,北京:国家图书馆出版社,2008年,第982页。

这是一件刘住哥任职前的考查文书。文书包括两部分内容：第一部分是刘住哥本人的履历，现年三十二岁，原为平凉府民籍，现为库序坊住户，自来不曾更名，为路府提领所民户差役；第二部分是刘住哥三代历仕情况，存曾祖父不记名讳，祖父刘文振钦管宣命奉议大夫。与这件文书内容相关的是M1·0756［F64:W2］《沙州路达鲁花赤总管府据税使司呈准本司副使刘住哥历仕状》：

皇帝圣旨里沙州路达鲁花赤总管府据税史
司呈：准本司付史刘住哥关①除前历仕，前至正
廿三年三月内祇受②
甘肃行省③劄付，除充前役④，代兀马儿满阙，自⑤至正
廿四年三月内前役勾当，至至正廿五年三月内有新
任付史唐完者代讫，计历一十二月。缘住哥自到任
至得代，中间并无侵借系官钱粮……付与□⑥，
亦无公私过犯，抄连所受⑦文凭，开坐三代历
仕，关请照验，转达给由施行。准此，申乞照验。得⑧此
付勘无过，办凭无伪。今将本人历仕三代开坐在
前，今用天字五十四号半印勘合书填前去，官吏
保结，合行具申，伏乞
照验施行。须至申者：
……□人氏□计□……
……□……
……集乃寄居，本家听除……⑨

这件文书中"抄连所受文凭，开坐三代历仕，关请照验""今将本人历仕三代开坐在前，今用天字五十四号半印勘合书填前去，官吏保结"记录了《刘住哥籍贯

---

① "关"，《黑城出土文书》第88页，《中国藏黑水城汉文文献释录》第七册第24页录为"开"。
② "受"，《黑城出土文书》录为"候"，《中国藏黑水城汉文文献释录》录为"当"。
③ "甘肃行省"，《黑城出土文书》录为"甘肃行中书省"。
④ "除充前役"，《黑城出土文书》漏"前役"。
⑤ "自"，《黑城出土文书》录为"至"。
⑥ "付与□"，《黑城出土文书》录为"付正官"。
⑦ "抄连所受"，《黑城出土文书》录为"按连所需"，《中国藏黑水城汉文文献释录》录为"执达所需"。
⑧ "得此"，《黑城出土文书》录为"将比"，《中国藏黑水城汉文文献释录》录为"将此"。
⑨ 塔拉、杜建录、高国祥编：《中国藏黑水城汉文文献》第五册，北京：国家图书馆出版社，2008年，第983页。

与祖父三代历仕状》的作用,以及与《沙州路达鲁花赤总管府据税使司呈准本司副使刘住哥历仕状》的关系。刘住哥现任沙州路达鲁花赤总管府税使司付使,任期内并无侵借系官钱粮、亦无公私过犯,被调至亦集乃路总管府任职,在上任之前需将个人履历及三代历仕情况上报审核,于是就有了《刘住哥籍贯与祖父三代历仕状》。将这两件文书合到一起勾勒出刘住哥从陕西行省到甘肃行省、从沙州路到亦集乃路、从提领所民户差役到税使司官员的经历。刘住哥原籍平凉府,是陕西等处行中书省所辖五府之一,"平凉府,唐为马监,隶原州。宋为泾原路,升平凉军。金立平凉府。元初并潘原县入平凉,华平入华亭,隶巩昌帅府。领县三:平凉、狄道、合水"①,迁至甘肃行省后,刘住哥曾为路总管府提领所民户差役,从至正二十四年(1364年)三月至至正二十五年三月整一年任沙州路税使司付使,该职由唐完者接替,刘住哥将调入亦集乃路任职。

第二节　兵役

一、宿卫军和镇戍军

元朝建立之前,蒙古实行的是部族兵,所有丁壮均随军出征,随着征金战争的胜利,补充了大量的武装力量,军队数量大增,部族兵的比例越来越小。元朝建立后,兵制确立,形成了宿卫军和镇戍军两大系统,"元制,宿卫诸均在内,而镇戍诸军在外"②。宿卫军由怯薛和侍卫亲军组成。镇戍军是军户中人数最多的部分,由蒙古军、探马赤军、汉军、新附军四部分组成。《元史》中载:"蒙古军皆国人,探马赤军则诸部族也。""既平中原,发民为卒,是为汉军。""其继得宋兵,号新附军。"③蒙古军由蒙古丁壮组成,探马赤军由各部拣选的士兵混合组成,汉军由蒙古征金过程中降蒙的金军、汉族地主,以及在中原汉地不断签发的汉人组成,新附军在元代军队中等级最低,由征发南宋过程中收编的南宋降军组成。除了新附军沿用南宋的募兵制以外,其余均服兵役,并且一旦定为军户,不得私自更改,家族世袭,终身服役。《元史》载:"天下既平,尝为军者,定入尺籍伍符,不可更易。诈增损丁产者,觉则更籍其实,而以印印之。病死戍所者,百日外役次丁;死阵者,复一年。贫不能役,则聚而一之,曰合并;贫甚者、老无子者,落其籍。户绝

---

① [明]宋濂等:《元史》卷六〇,北京:中华书局,2011年,第1429页。
② [明]宋濂等:《元史》卷九九,北京:中华书局,2011年,第2523页。
③ [明]宋濂等:《元史》卷九八,北京:中华书局,2011年,第2508页。

者,别以民补之。奴得纵自便者,俾为其主贴军。其户逃而还者,复三年,又逃者杖之,投他役者还籍。"[1]

黑水城文书中的宿卫军主要是怯薛丹,史料中常作"怯薛歹",为蒙古语对音,有护卫、宿卫等意。《元史》载:"怯薛者,犹言番直宿卫也。""若夫宿卫之士,则谓之怯薛歹,亦以三日分番入卫。"[2]M1·0945[F193:W13]《票据》中记录了至正十三年(1353年)沙立渠怯薛丹一户太不花的土地数和税粮数[3]。M1·1041[Y1:W96]《怯薛丹饮食等文卷》为卷宗类文书,记有"一件怯薛丹饮食马匹草粮"[4]。

　　一件从仕官照会
　　一件怯薛丹饮食
　　　马匹草粮
　　一件达投分省咨文
　　一件铺马车辆□

其余几件涉及怯薛的文书,多在其中指明怯薛的身份,如M1·1111[F9:W30B]《举荐信》"普伯忽歹,年卅四岁,畏兀氏,高昌王位下怯薛丹身世"[5],M1·0556[F1:W65]《拜都婚姻案》"拜都年四十三岁,无病。系……干答儿大王位下怯薛丹户计"[6],M1·0705[84H·F21:W4/0721]《词讼状残件》"一名答海,年一十六岁,无病……实监宁肃王位下怯薛丹"[7]。其中M1·1111[F9:W30B]《举荐信》反映了怯薛入仕的情况,普伯忽歹原为高昌王位下怯薛丹,至正二十九年(1369年)七月由内蒙大尉买住举荐充亦集乃路司狱,任职十四月后,宣光元年(1371年)又经岐王大尉丞相朵只巴举荐任知事一职。

　　一员普伯忽歹[8],年卅四岁,畏兀

---

[1] [明]宋濂等:《元史》卷九八,北京:中华书局,2011年,第2508页。
[2] [明]宋濂等:《元史》卷九九,北京:中华书局,2011年,第2524、2525页。
[3] 塔拉、杜建录、高国祥编:《中国藏黑水城汉文文献》第六册,北京:国家图书馆出版社,2008年,第1215页。
[4] 塔拉、杜建录、高国祥编:《中国藏黑水城汉文文献》第六册,北京:国家图书馆出版社,2008年,第1302页。
[5] 塔拉、杜建录、高国祥编:《中国藏黑水城汉文文献》第六册,北京:国家图书馆出版社,2008年,第1357页。
[6] 塔拉、杜建录、高国祥编:《中国藏黑水城汉文文献》第四册,北京:国家图书馆出版社,2008年,第690页。
[7] 塔拉、杜建录、高国祥编:《中国藏黑水城汉文文献》第四册,北京:国家图书馆出版社,2008年,第933页。
[8] "歹",《黑城出土文书》第194页漏录。

氏,高昌王位下怯薛丹身世
除前历仕外,始由至正廿九年七
月内蒙①大尉丞相买住举
充亦集乃路司狱,移咨
中书省定夺……②至当年十一月
……到任勾当,历过十四月。至宣
光元年正月③内,又蒙
岐④王大尉丞相朵只巴举充
知事,先行照会⑤,到任勾当。仰望
大人主盟提携,于
□义⑥王下分中书省断事……
知事或四部相……
至死不敢忘也□……⑦

怯薛丹入仕当官在元代并非少数,普伯忽歹从亦集乃路当差服役者晋升为官员,其中与怯薛世袭军户、个人才识必然脱不了干系,除此之外,怯薛是诸王位下亲信,容易得到诸王的信任,"若夫宿卫之士,则谓之怯薛歹,亦以三日分番入卫。其初名数甚简,后累增为万四千人。揆之古制,犹天子之禁军。是故无事则各执其事,以备宿卫禁庭;有事则惟天子之所指使。比之枢密各卫诸军,于是为尤亲信者也"⑧。文书中普伯忽歹两次均因举荐任职,在这种官员任免的方式中,怯薛入仕既有客观原因,也有主观优势。

怯薛之职分火儿赤、昔宝赤、怯怜赤、扎里赤、必阇赤、博儿赤、云都赤、阔端赤、八剌哈赤、答剌赤、兀剌赤、莫伦赤、速古儿赤、帖麦赤、火你赤、忽剌罕赤、虎儿赤、拔突。

---

① "蒙",《黑城出土文书》录为"据"。
②《黑城出土文书》在"定夺"之后还录有"定于先会照",《中国藏黑水城汉文文献的整理与研究》(下)第1038页为"定夺,□定于",此处图版已删去并于左侧增补,增补内容未识,以省略号代替。
③ "正月",《黑城出土文书》录为"六月"。
④ "岐",《黑城出土文书》第194页录为"政"。
⑤ "照会",《黑城出土文书》录为"具呈"。
⑥ "义",《黑城出土文书》未识。
⑦ 塔拉、杜建录、高国祥编:《中国藏黑水城汉文文献》第六册,北京:国家图书馆出版社,2008年,第1357页。
⑧ [明]宋濂等:《元史》卷九九,北京:中华书局,2011年,第2525页。

其怯薛执事之名:则主弓矢、鹰隼之事者,曰火儿赤、昔宝赤、怯怜赤。书写圣旨者,曰扎里赤。为天子主文史者,曰必阇赤。亲烹饪以奉上饮食者,曰博尔赤。侍上带刀及弓矢者,曰云都赤、阔端赤。司阍者,曰八剌哈赤。掌酒者,曰答剌赤。典军马者,曰兀剌赤、莫伦赤。章内府尚供衣服者,曰速古儿赤。牧骆驼者,曰帖麦赤。牧羊者,曰火你赤。捕盗者,曰忽剌罕赤。奏乐者,曰虎儿赤。又名忠勇之士,曰霸都鲁。勇敢无敌之士,曰拔突。①

黑水城文书中多次出现昔宝赤,为怯薛中掌鹰隼者。M1·0577[HF193B正]《皇庆元年认状文书》载:"一名古都不花年廿五岁,无病,系御位下昔宝赤头目哈剌帖伦次男,见在迤北党鲁地面住坐,前来亦集乃买卖寄居。"②古都不花的父亲是御位下昔宝赤头目,古都不花为次子,寄居在亦集乃路,以做生意为生,《元史》载:"自御位及诸王,皆有昔宝赤,盖鹰人也。"③古都不花父亲当是如此。M1·0607[F209:W55]《昔宝赤军户在城地界案》载:"忙哥帖木儿大王位下理问马元帅所管昔宝赤军户见在亦集乃在城住坐。"④文中昔宝赤军户属忙哥帖木儿大王位下理问马元帅所管辖。除了昔宝赤,黑水城文书M1·0244[F167:W25a]《泰定二年米粮文书》中还提到了怯薛诸职中的必阇赤,这是一件有关救荒的文书,因裁减仅保存个别语句,其中有"皇帝圣旨里中书省准中书省咨""来咨议到救荒急务""完者帖木儿必阇赤"⑤等。

黑水城文书中涉及的镇戍军名目有征西元帅府军、北庭元帅府军、蒙古元帅府军、朵立只罕翼军、忽剌木翼军、亦令只失加普大王位下渐丁军等,从兵种上分为正军、阔立赤、马军等。M1·1033[Y1:W22]《纳冬妃子分例等文卷》照验上呈多件军人钱粮文卷,其中包含有上述镇戍军的名称。

　　钱粮房司吏
　　谨呈:今将本房见行文卷开坐前去,合行具呈,伏乞
　　照验施行,须至呈者

---

① [明]宋濂等:《元史》卷九九,北京:中华书局,2011年,第2524、2525页。
② 塔拉、杜建录、高国祥编:《中国藏黑水城汉文文献》第四册,北京:国家图书馆出版社,2008年,第715页。
③ [明]宋濂等:《元史》卷一〇一,北京:中华书局,2011年,第2599页。
④ 塔拉、杜建录、高国祥编:《中国藏黑水城汉文文献》第四册,北京:国家图书馆出版社,2008年,第751页。
⑤ 塔拉、杜建录、高国祥编:《中国藏黑水城汉文文献》第二册,北京:国家图书馆出版社,2008年,第345页。

　　　　一总计文卷
　　　　　　一件
　　　　亦令只失加普大王位下渐丁军粮
　　　　　　　　分例
　　　　纳冬妃子分例
　　　　　　　　一件米面　　　　　　一件羊酒
　　　　□□失妃子分例
　　　　　　　　一件米面　　　　　　一件羊酒
　　　　卜鲁罕妃子分例
　　　　　　　　一件米面　　　　　　一件羊酒
　　　　倒剌的斤妃子分例
　　　　　　　　一件米面　　　　　　一件羊酒
　　　　　　军人支粮
　　　　　　　　一件征西元帅府军人口粮　一件北庭元帅府军人口粮
　　　　　　　　一件蒙古元帅府军人口粮　一件朵立只罕翼军人口粮
　　　　　　　　一件忽剌木翼军人口粮　　一件看仓库人口粮
　　　　　　　　　　　　　　……儒学教授俸秩[①]

　　文书为钱粮房司吏开列征西元帅府军、北庭元帅府军、蒙古元帅府军、朵立只罕翼军、忽剌木翼军、亦令只失加普大王位下渐丁军的支粮文卷名目。黑水城文书中多有放支军人口粮的记载，供给除了大麦、小麦、黄米外，还有柴薪、钱钞等生活物资，M1·0270[F175:W7]《支持库支钱粮柴文书》："支持库支每名月支钞贰两伍钱，计钞壹定肆拾伍两。柴薪每名月支硬柴伍秤，计柴壹伯玖拾秤，每秤价钱钞叁钱，计钞壹定令柒两。添支钞每名壹两，计钞叁拾捌两。"[②]根据军种的不同，口粮的放支标准各不相同，其中正军、阔录赤在文书中提到的次数最多，即使是同一军种，口粮也不相同，如"正军、阔录赤□白（百）一十八名，各支不等"[③]。正军即正军户，从军出征之人。元代军户，除独户军外，由二三家合出一人从军，有人从军出征之户为正军户，其余补贴鞍马、衣装、器仗、盘费等所需之

[①] 塔拉、杜建录、高国祥编：《中国藏黑水城汉文文献》第六册，北京：国家图书馆出版社，2008年，第1295页。
[②] 塔拉、杜建录、高国祥编：《中国藏黑水城汉文文献》第二册，北京：国家图书馆出版社，2008年，第372页。
[③] 塔拉、杜建录、高国祥编：《中国藏黑水城汉文文献》第二册，北京：国家图书馆出版社，2008年，第371页。

户为贴军户。《元史》载:"户出一人,曰独户军,合二三而出一人,则为正军户,余为贴军户。"① "丁力强者充军,弱者出钱,故有正军、贴户之籍。"② 阔立赤,又称阔录赤、阔端赤。韩儒林先生在其《元代阔端赤考》③一文中写道,阔端赤为音译,是司马之官。《元史》载:"阔端赤牧养马驼,岁有常法,分布郡县,各有常数,而宿卫近侍,委之仆御,役民放牧。始至,即夺其居,俾饮食之,残伤桑果,百害蜂起;其仆御四出,无所拘钤,私鬻刍豆,瘠损马驼。大德中,始责州县正官监视,盖暖棚、团槽枥以牧之。至治初,复散之民间,其害如故。监察御史及河间路守臣屡言之。臣等议:宜如大德团槽之制,正官监临,阅视肥瘠,拘钤宿卫仆御,著为令。"④马军在黑水城文书中多次出现,M1·0273[F197:W23a]《马军也火哈剌章等》文书中有马军十一名,"(也火)哈剌章牌下马军一十名:也火哈剌章、米占受、汝足剌、吾即不颜、也火不花、高耳立支"⑤,M1·0276[F197:W13]《马军梁兀纳答等》文书中有马军的人员名单,"鲁即柔责牌下马军一十名:鲁即柔责、吾即失剌、周……、也火答合、赵海哥、卜……、梁兀纳答、畏兀儿□干"⑥。这些人有的是西夏遗民,有的是汉人,有的是蒙古人,他们被编入牌子下,"上马则备战斗,下马则屯聚牧养"⑦。

二、军户负担

元代承担兵役的户计是军户。黑水城多件文书中记有军户,M1·0607[F209:W55]《昔宝赤军户在城地界案》有"忙哥帖木儿大王位下理问马元帅所管昔宝赤军户见在亦集乃在城住坐"⑧,M1·0664[F116:W117]《失林婚书案卷》有"取状人小闫名从亮,右从良年廿四岁,无病,系……巩西县所管军户"⑨,他们有的有土地,有的生活窘迫。

M1·0982[F13:W130]《至正二十五年十一月初七日大吉合同婚书》中太子位下所管军户脱欢因缺少出征盘缠将弟媳巴都麻改嫁给哈立巴台。

---

① [明]宋濂等:《元史》卷九八,北京:中华书局,2011年,第2508页。
② [明]宋濂等:《元史》卷九八,北京:中华书局,2011年,第2519页。
③ 韩儒林:《元代阔端赤考》,载《韩儒林文集》,南京:江苏古籍出版社,1985年,第97—110页。
④ [明]宋濂等:《元史》卷一七五,北京:中华书局,2011年,第4081页。
⑤ 塔拉、杜建录、高国祥编:《中国藏黑水城汉文文献》第二册,北京:国家图书馆出版社,2008年,第375页。
⑥ 塔拉、杜建录、高国祥编:《中国藏黑水城汉文文献》第二册,北京:国家图书馆出版社,2008年,第378页。
⑦ [明]宋濂等:《元史》卷九八,北京:中华书局,2011年,第2508页。
⑧ 塔拉、杜建录、高国祥编:《中国藏黑水城汉文文献》第四册,北京:国家图书馆出版社,2008年,第751页。
⑨ 塔拉、杜建录、高国祥编:《中国藏黑水城汉文文献》第四册,北京:国家图书馆出版社,2008年,第872页。

立合同大吉婚书文字人,领北傀列地面,系太子位下所管军户脱欢等。今为差发重仲,军情未定,上马不止,盘缠厥少,无可打兑出[①]期。今有弟脱火赤,军上因病身故,抛下伊妻巴都麻,自为只身,难以独居住坐,日每无甚养济。今凭媒证人帖哥作媒,说合与亦集乃路屯田张千户所管纳粮军户吴子忠家内,存日从良户下当差吴哈厘抛下长男一名,唤哈立巴台,说合作为证妻。对众亲眷,言定财钱市斗内白米壹石,小麦壹石,大麦壹石,羊酒筵席尽行下足。脱欢一面收受了当。择定良辰吉时迎取到家。诚亲之后,并不欠少分文不尽财钱。如有脱欢将弟妻巴都麻改嫁中内别有不尽言词,前夫未曾身故,慢妹改嫁,一切为碍,并不干吴子忠之事。系脱欢等一面证会头词[②]。如哈立巴台将伊妻不作妻室台举,罚小麦壹石。如巴都麻不受使用,非理作事,正主婚人罚白米壹石,充官用度。恐后凭,故立大吉合同婚书文字为用。

　　至正廿五年十一月初七日正主婚人脱欢(押)
　　　　　　　　　　　付主婚人巴都麻(押)
后[③]吉大利　　　　　同主婚人塔叉儿(押)
　　　　　　　　　　　同主婚人帖木儿(押)

　　知见人李住哥[④]

---

① "出",《黑城出土文书》第186页录为"照"。
② "证会头词",《黑城出土文书》第186页录为"证人无头词",《中国藏黑水城汉文文献的整理与研究》第949页录为"证会无词"。
③ "后",《黑城出土文书》录为"取"。
④ 塔拉、杜建录、高国祥编:《中国藏黑水城汉文文献》第六册,北京:国家图书出版社,2008年,第1251页。

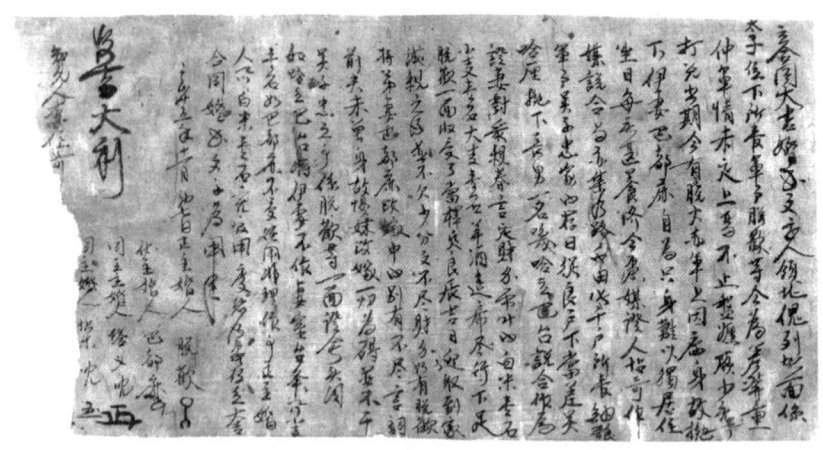

M1·0982[F13:W130] 至正二十五年十一月初七日大吉合同婚书

这是一件婚书合同。《通制条格》规定,但为婚姻,须立婚书,作为婚姻的凭据,末尾签字画押的付主婚人巴都麻是主婚人脱欢的弟媳。脱欢为领北傀列地面太子位下所管军户,岭北即岭北行省,原为和林等处行中书省,皇庆元年(1312年)改称岭北等处行中书省;傀列为蒙古语,指柱墙环绕的建筑,岭北傀列地面就是岭北和林城内,太子位下即元顺帝太子爱猷识理达腊位下所属。脱欢弟脱火赤,军人,因病身故,抛下妻子巴都麻,只身难以独居,每日无甚养济。时值差发重仲,军情未定,上马不止,盘缠缺少,无可打兑,于是脱欢作主,由媒证人帖哥从中说合,将弟媳巴都麻改嫁给亦集乃路屯田张千户所管纳粮军户吴子忠家内从良户下当差的吴哈厘长子哈立巴台,财钱市斗白米壹石、小麦壹石、大麦壹石,共计粮食叁石。在这件文书中有三位军人,其中吴子忠家境不错,为张千户所管纳粮军户,家有从良驱口,脱欢和脱火赤这两位军人的生活却不如意,弟弟脱火赤因病身故,妻子无生活来源,被迫改嫁,哥哥脱欢无力负担随军出征的盘缠,故而将弟媳说合与他人。黑水城的这件婚书合同签订于至正二十五年(1365年),当时农民起义声势浩大,朱元璋已攻占大片土地,元朝皇太子率兵转战中原,大都岌岌可危,脱欢为太子位下军户,随时可能被差发兵役,缺少的盘缠应该也是随军出征的费用。

M1·0978[F255:W35]《至正十一年五月阿的火者借麦契》中军户阿的火者生活窘迫,因短少种子,订立契约借小麦、大麦。

　　立借式麦文字人军户……

为短少种子，别无借处，遂问到①……

人□柴祥住②借到小麦、大麦伍……欠其本③

限至七④□□交还。如限……

来□清□如…东西身⑤……

……代保人将本息一面替还无……

……无凭，立此文字为用。

至正十一年五月初五日立文字人阿的火者（押）

　　　　　同立文字人哈升日（押）

　　　　　同立文字人阿厘（押）

　　　　　知见人霍洛（押）

　　　　　知见人张⑥二

　　　　　立字代书人王一⑦

军人贫乏者，在元代并不在少数。中统三年（1262年）六月，"以军士诉贫乏者众，命贫富相兼应役，实有不能自存者存恤三年"⑧。军人生活窘迫的原因之一是元代军人需自备鞍马、衣装、器杖，时有长途跋涉，异地出征戍军，"蒙古军在山东、河南者，往戍甘肃，跋涉万里，装橐鞍马之资，皆其自办，每行必鬻田产，甚则卖妻子"⑨。此外，虽然元朝规定军户按户等差发，但富户往往贿赂官府，逃避签发，以贫户充数，"诸应当差发，多系贫民，其官豪富强，往往侥幸苟避"⑩，无形之中加重了兵役的负担。

除了承担繁重的兵役，军人还会被管军户等擅自差发。M1·0778［F197:W33］《至元五年军政文卷》为一件基本完整的元代公文，是至元五年（1339年）亦集乃路总管府对许顺和等告擅放军役一事的处置建议。

---

① "遂问到"，《黑城出土文书》第186页漏录，此处为"次其"，当在下一行，这件文书中将不同行文字混在一起的情况较多。

② "柴祥住"，《黑城出土文书》"柴"字未识。《中国藏黑水城汉文文献释录》第八册第95页录为"柴拜住"。

③ "欠其本"，《黑城出土文书》录为"次其……"。

④ "限至七"，《黑城出土文书》录为"伊……"。

⑤ "东西身"，《黑城出土文书》入上一行，录为"……西自"。

⑥ "张二"，《黑城出土文书》未识"张"。

⑦ 塔拉、杜建录、高国祥编：《中国藏黑水城汉文文献》第六册，北京：国家图书出版社，2008年，第1247页。

⑧ ［明］宋濂等：《元史》卷九八，北京：中华书局，2011年，第2511页。

⑨ ［明］宋濂等：《元史》卷一三四，北京：中华书局，2011年，第3258页。

⑩ 郭成伟点校：《大元通制条格》卷一七《赋役·科差》，北京：法律出版社，2000年，第217—218页。

　　　　皇帝圣旨里亦集乃路总管府呈……
　　　　　一申甘肃行省　府司除已牒呈
　　　　　　　河西陇北道肃政廉访司照详
　　　　　　　外合行具申　伏乞
　　　　　　　照详施行
　　　　　　　　　开
　　　一牒呈宪司　府司除已备申
　　　　　甘肃行省照详外合行牒呈伏请
　　　　　照详施行
　　　　　　　开
　　　右各行
　　（骑缝印）
　　至元五年五月　吏赵彦明（押）
　　　　提控案牍兼照磨承发①架阁倪　文通（押）
　　许顺和等告擅放军役
　　　　　知　事　袁　亦怜只（押）
　　　　　经　历　王（押）
　　（押）（押）
　　廿九日（官印）（押）②

屯戍征进军人承担兵役，久服劳苦，因此元朝诏免除一切杂泛差役，并不得擅自差发军役。《元典章》载："军户和雇合买、杂泛差役，除边远出征军人全行除免，其余军户有物力之家，奥鲁官凭准有司印信文字，官给价钞，和雇和买依例应副。无物之家，不得封椿科着。外据人夫、仓官、库子、社长、主首、大户车牛等一切杂泛，并行除免。"③蒙古军、汉军军户均由奥鲁管理，奥鲁负责军户军人的签发、顶替，不得妄有科配，这件文书中，许顺和等人被擅自差发兵役，故而将此事上告。

---

① "发"，《黑城出土文书》第98页录为"勘"。
② 塔拉、杜建录、高国祥编：《中国藏黑水城汉文文献》第五册，北京：国家图书馆出版社，2008年，第1008页。
③ 陈高华等点校：《元典章》卷三十四，北京：中华书局，2011年，第1173页。

为了躲避兵役，军人逃亡、出家为僧道者屡见不鲜。M1·0286[F166:W11]《在逃正军阔录赤文书》为延祐二年(1315年)在逃军人名册，有二十八名之多，其中五月、六月均有逃役的正军和马军。

五月分正军……

六月……

阔录赤叁……

五月分……

六月一名魏闪皮……

……在逃正军、阔录赤二十八名，具于延祐二年月……[①]

《元史》记载："征西元帅府自泰定初调兵四千一百人戍龙剌、亦集乃，期以五年为代，今已七年，逃亡者众，宜加优恤，期以来岁五月代还。"[②] 可见，由于屯戍时间过长等原因，亦集乃等地常有军人在逃。不仅亦集乃路，在元代，为躲避兵役，时有军人在逃，至元十一年(1274年)五月，便宜总帅府言："本路军经今四十年间，或死或逃，无丁不能起补，见在军少，乞选择堪与不堪丁力，放罢贫乏无丁者，于民站内别选充役。"[③] 因军人在逃成为一种现象，所以甘肃行省咨文讨论在逃军人的口粮，在逃军人的口粮如抛下，则收还官粮，如无抛下，所管头目赔纳。大德七年(1303年)十月，甘肃行省咨："征西元帅府呈：'所管军马内，常有身死在逃军人，逐月粮数开除。今蒙行省照身死在逃月日食用不尽粮数，却于见在支粮军内就除。'实是有亏现役军人。"户部照拟得："甘肃行省边远重地镇遏军人，粮米艰得。若将逃亡军人歇空日数，作实有米粮于现役军人粮内揩除，似涉偏负。今后身死军人，如有抛下米粮，拘收还官，如无，下月开除。在逃军人抛下米粮亦收还官，如无，着落所管头目陪纳。"[④] 都省准拟。

元朝在税粮方面对军户实行优待，这是对军户承担兵役的补偿。汉军军户最初比民户减半交纳，后来规定免除四顷的地税，这四顷地被叫作"赡军地"，超出的部分仍然按照每亩三升交纳，"初视民输半租，既而蠲四项曰赡军地，余田赋如常法"[⑤]。蒙古军军户和探马赤军军户，元朝同样采取对待汉军军户的办法，即

---

① 塔拉、杜建录、高国祥编：《中国藏黑水城汉文文献》第二册，北京：国家图书馆出版社，2008年，386页。
② [明]宋濂等：《元史》卷三五，北京：中华书局，2011年，第793页。
③ [明]宋濂等：《元史》卷九八，北京：中华书局，2011年，第2515页。
④ 方龄贵校注：《通制条格校注》卷七，北京：中华书局，2001年，第312页。
⑤ [元]苏天爵编：《元文类》，载《四库文学总集选刊》，上海：上海古籍出版社，1993年，第1367—540页。

四项以下免税,"给西川蒙古军钞,使备铠仗,耕遂宁沿江旷土以食,四项以下者免输地税"①。元朝规定,汉军军户、蒙古军军户和探马赤军军户从事农耕者,免交四顷地的税粮,"军、站户除地四顷免税,余皆征之"②。新附军除了每人每月支取六斗米一斤盐之外,家属还要每人按月支取四斗米,即使军人死去,留下的家小,仍有"官为养济""每月放支口粮四斗",因此,新附军有土地的要按亩纳税,不能和汉军、蒙古军、探马赤军一样,免四顷地税。M1·0945[F193:W13]《票据》中,太不花在沙立渠住坐,为军户,至正十三年(1353年)交纳土地税粮一十一石一斗,纳税人太不花并不是新附军,所以所交税粮当为免四顷赡军地之后的数量。

第三节　站役

元代驿传称为站赤,为了站赤的正常运行,元朝政府签发大量站户服役,一旦入籍,不得更改,终身服役,世代相传。"元制站赤者,驿传之译名也。盖以通达边情,布宣号令,古人所谓置邮而传命,未有重于此者焉。凡站,陆则以马以牛,或以驴,或以车,而水则以舟。其给驿传玺书,谓之铺马圣旨。遇军务之急,则又以金字圆符为信,银字者次之;内则掌之天府,外则国人之为长官者主之。其官有驿令,有提领,又置脱脱禾孙于关会之地,以司辨诘,皆总之于通政院及中书兵部。而站户阙乏逃亡,则又以时签补,且加赈恤焉。于是四方往来之使,止则有馆舍,顿则有供帐,饥渴则有饮食,而梯航毕达,海宇会同,元之天下,视前代所以为极盛也。"③站户除了入站服役之外,还要供应过往使臣、其他乘驿人员所需酒食,置备驿站所需交通工具等,负担沉重。

一、签发站役

站户的签发在黑水城文书M1·0926[F116:W434]《签补站户文卷》中有详细的记载。

……□并新佥人户……
……中书省
……送总兵……军站户、计看守系官……

---

① [明]宋濂等:《元史》卷一三,北京:中华书局,2011年,第267页。
② [明]宋濂等:《元史》卷九三,北京:中华书局,2011年,第2358页。
③ [明]宋濂等:《元史》卷一〇一,北京:中华书局,2011年,第2583页。

……院□前去,于□□有州县于①见官一……

……□的委通政院官前……

……□令各处官司施……□儿②应当军站……□了磨道告……

……多有,奏呵,再从便商量……者磨道,有……

……□得佥补逃亡贫难站户、除怯薛丹、躯口并昔宝赤及各投下已籍应当军站户计……

……守系官花园户、匠户、礼乐户、晋山种粱米户不许佥补外,令③拘该路府州县于目……

……□应当差民户及除差祗候、巡军、弓手、急递铺户内依……有抵业物力人丁之家佥补,如或不敷,于应有析居放良还俗僧道漏④籍等户及投充别管……

官司诸物户计内,依验人丁、事产物力高强,依例佥补,替下站户收系当差,已佥站户内,果系怯薛丹躯口并昔宝赤,为投下应当

……谕了,其有司官吏,若□丁力之字作贫乏……

……呈□□永攒造众……二年十月廿七日……

……御史廉访司随即体覆……佥补,钦此。又

……令头目于其下及……在官司□……⑤

……奉……

……户及除……

……充站户与消乏……

……户壹千二佰九十二户……

……本户消乏,佥充□……

李元、徐郁、李……杨小厮盖因二户消乏,合……

……当壹匹正马东安因□……比皆然,为此取具□……

各村庄花名,分当站役□……会验至顺三年二月十七……

……奉⑥

---

① "院□前去""于□□有""州县于",《黑城出土文书》第176页分别录为"院内前去""于所有""州县无"。
② "施""□儿",《黑城出土文书》分别录为"强""仅见"。
③ "令",《黑城出土文书》录为"今",据下文改。
④ "放良",《黑城出土文书》录为"改良",漏录"漏"字。
⑤ 从"呈□□"至"令头目",《黑城出土文书》漏录三行。
⑥ 在"奉"之前七行文字,《黑城出土文书》第177页漏录。

……补逃亡贫难站户，除怯薛丹、驱口并昔宝赤各投下已籍应当……

……花园户、匠户、礼乐户、晋山种梁米户不许签补外，令拘该路□……

……民户及除差祗候巡①军……急递铺户内依验殷实有抵业物力、人丁之家签补，如

或不敷於应有析居、改良还俗僧道、漏籍等户及投充……

亦验人丁、事产物力高强，依例佥补，替下站户收系当差。又一款，如各处站户元申在逃复

业，从差去②官……同照勘，除堪役外，如有消乏不堪当役，可合并者，

……役人户保勘是实，放罢为民。

……陆运提……户，除见当役，……府州县于殷实，有……

……应委官与真定、保定二□提调官一同从实……到佥补。

……□系被灾去处，拟合委自各处正官一员提调，行移廉访司……体覆明白，于相

□户内佥补，品答各各丁力，就发文申车头应役，具实佥□各各村庄花名，

攒造俻细文册，呈报在逃人户之事产，召人租赁。另……招诱复业，依例给付收足，其复业存恤限□一户既是见行当役，别无定夺外，据籍内

……站户即目见行歇……体覆是实，就便佥补，及重役周立一户

……定应当站……照详。得此，覆奉都堂……陆运提举

……重复③，更为照勘明白，依……

……俗一十四……已佥事……

……等数晋宁

……□成等卅④

这件文书涉及两部分内容，第一部分主要叙述的是站户的签补，第二部分提到了站户的消乏、复业。站户的签补涉及哪些人需要服役当差。文书中首先排除了一部分不得签补为站户的人，有逃亡贫难站户、怯薛丹、驱口、昔宝赤、各投

---

① "巡"，《黑城出土文书》录为"处"。
② "去"，《黑城出土文书》录为"告"。
③ "重复"，《黑城出土文书》录为"重役"。
④ 塔拉、杜建录、高国祥编：《中国藏黑水城汉文文献》第五册，北京：国家图书馆出版社，2008年，第1143页。"州"，《黑城出土文书》第177页录为"卅"。

下已籍应当军站户计、系官花园户、匠户、礼乐户、晋山种粱米户,这些人中有的户计已定,不能更改,有的是逃亡贫难站户、驱口,财力不足难以负担站役。其次文书说明了应当签补服役的范围,包括应当差民户、除差祗候、巡军、弓手、急递铺户,其中民户是站户的主要来源。紧接着文书进一步指出签补站户服役的条件为殷实有抵业物力、人丁之家,人丁和家财是签补站户的重要指标,贫难户不在服役的范围之内。最后文书补充道,如或不敷,于析居、放良、还俗僧道、漏籍等户中验人丁、事产物力高强者签补。所谓"事产",按照元人的说法,"营业谓之事,家财谓之产",黑水城户籍文书M1·0001[F125:W73]《即兀汝户籍》中登记有人口、事产、孳畜等三类,其中事产包括房屋和土地等,"事产:房五间;地土五顷四伯七十培,见种二百六十培麦子廿二石,硬碱不堪廿一石子地"[①]。M1·0923[F116:W433]《签补站户文卷》将"新签站户不分上中下三等一概佥充",上、中、下三等是元代对户等的划分。元初,站户和军户一样,主要是按户等从中等或中等以上人户中签发,发展到黑水城文书中所记载的至顺四年(1333年),亦集乃路签补站户已经不再拘泥于户等的界限,只要人丁、事产达到一定标准就可以了。

站户的消乏和复业部分残损比较严重。站户无力应役,可以消乏,如文书所载"如有消乏不堪当役""保勘是实,放罢为民"。这件文书中的站户消乏起因在于杨小厮等两户不堪役而消乏。正是因为有像杨小厮这样的消乏户,以及不经过官方允许擅自逃亡的站户,站役受到影响,需要重新签补,所以才出现了上文各种签补站户的条件。站户复业是亦集乃路鼓励的,因此在文书中用到了"招诱复业"。黑水城出土《也火汝足立嵬地土案文卷》为一组站户要求复业,归还土地的案件残页。也火汝足立嵬曾祖父石革立嵬,转写石革阿立嵬,原系亦集乃路站户,遇浑都孩军马叛乱后,抛弃土地,全家躲避至西凉州杂木口杜善善社下住坐,佥充永昌路扎刺儿站站户,石革立嵬走后,土地荒闲,亦集乃路将其当作绝户,将荒闲田拨作公地,后由其他人户占种,《签补站户文卷》中有"具实佥□各各村庄花名,攒早俻细文册,呈报在逃人户之事产,召人租赁"。石革立嵬原置土地九段,计十顷多,分布在吾即渠、沙立渠、合即渠等处,文书中保存了大量土地亩数的文字,相比于黑水城文书中的普通民户,石革立嵬的土地还是比较多的,印证了《签补站户文卷》中"验人丁、事产物力高强,依例佥补"的记载。至正十三年(1353年)曾孙也火汝足立嵬前来复业,亦集乃路总管府核实至元二十四年(1287年)地亩册,找到了逃亡站户石革立嵬的土地,准许了也火汝足立嵬复业的请求,

---

[①] 塔拉、杜建录、高国祥编:《中国藏黑水城汉文文献》第一册,北京:国家图书馆出版社,2008年,第39页。

并重新照勘原置土地的位置和亩数,复业的同时,需要重新承担站役,为了"不致重役生受"①,免去永昌路扎剌儿站站役,继续让也火汝足立鬼在亦集乃路当差。《元典章》中有对复业军户的记载,甲寅、乙卯年间签军时,訾德、王仲抛下地产逃役,管民官司令军户宋全、王顺顶替逃户訾德、王仲充军,并将訾德等抛下地产拨到二人名下,官司给到公据,令宋全、王顺永远为主,至丁巳、己未二年查对军时,訾德前来复业,强行争要,双方因此发生纠纷,宋全、王顺将此事上告,鉴于訾德、王仲为逃兵役而抛下地产,并由他人代替服役,中书省并未支持訾德、王仲收回地产,回复:"今后,如有似此于签军时避当军役在逃抛下事产,改除见充军户代当时,所抛事产官司给与宫据,摽拨见充军户为主。本人复业、却行争要元抛事产者,止断付见当军人户为主。如军民在逃抛下事产有他人耕种,若本主复业,照依已降条画,给付本主。"②

二、站户负担

亦集乃路共有站赤八处,分别是在城站、盐池站、普竹站、狼心站、即的站、马兀木南子站、山口站和落卜克站。M1·0014 [F111:W62]《落卜克与赤秃孩站户》中残存有亦集乃路落卜克站三位站户的名字以及亦秃孩站赤四位站户的名字。

落卜克
　　李天保　邓寅孙　罗石花
亦秃孩
　　罗得昔吉　景小厮　任黑子　陈……③

站户一旦定籍,就要承担繁重的站役,包括提供来往人员的祗应(首思),自备本站所需马、驼、车等,如有马驼倒死由站户出钱补买。早在太宗元年(1229年)十一月就对站户的义务及祗应作出了规定,载:"诸牛铺马站,每一百户置汉车一十具。各站俱置米仓,站户每年一牌内纳米一石,令百户一人掌之。北使臣每日支肉一斤、面一斤、米一升,酒一瓶。"④此后在元世祖中统四年(1263年)、至元二十一年(1284年)又有所补充。中统四年三月规定:"中书省定议乘坐驿马,

---

① 塔拉、杜建录、高国祥编:《中国藏黑水城汉文文献》第四册,北京:国家图书馆出版社,2008年,第849页。
② 陈高华等点校:《元典章》卷一七,北京:中华书局,2011年,第608页。
③ 塔拉、杜建录、高国祥编:《中国藏黑水城汉文文献》第一册,北京:国家图书馆出版社,2008年,第51页。
④ [明]宋濂等:《元史》卷一〇一,北京:中华书局,2011年,第2584页。

长行马使臣、从人及下文字曳剌、解子人等分例。乘驿使臣换马处，正使臣支粥食、解渴酒，从人支粥。宿顿处，正使臣白米一升，面一斤，酒一升，油盐杂支钞一十文，冬月一行日支炭五斤，十月一日为始，正月三十日终住支；从人白米一升，面一斤。长行马使臣赍圣旨、令旨及省部文字，干当官事者，其一二居长人员，支宿顿分例，次人与粥饭，仍支给马一匹、草一十二斤、料五升，十月为始，至三月三十日终止，白米一升，面一斤，油盐杂用钞一十文。投呈公文曳剌、解子，依部拟宿顿处批支。"①

M1·0873[F13:W127]《提调站赤文卷》中理问也先、亦集乃路同知不花等官员因急务前往河南，通知站户催赶原派铺马驼只，于二十六日绝早赴府。

> 省堂钧旨，仰理问也先……
> 帖木儿、亦集乃路同知不花……
> 如承一同前去河南，作急……
> 催赶元派铺马驼只□②……
> 廿六日绝早须要赴③

M1·0863[F135:W78]《普竹落卜尅等站赤米面什物羊口文卷》中整点了普竹站、落卜克站的物资，并清点各站当差人员。普竹站和落卜克站均有面二百一十斤、羊十口，羊、面当为来往官员的饮食。两站铺陈什物有绳子、席子、雨衫、鞭子、系、头毡等，当是提供给往来者的用具，以备不时之需。站赤的当差人员有两类，在清点时写在前面的是各站的提领，普竹站的提领为即立鬼，落卜克站的是吾七以真布，写在每一站末尾的是服役的普通站户，普竹站有9人，落卜克站有8人。

> ……大黑奴……
> 帖木儿 任安童 何完者哥
> 教化的 酒真布
> 普竹站

---

① [明]宋濂等：《元史》卷一〇一，北京：中华书局，2011年，第2583页。
② "□"，《黑城出土文书》第172页录为"定"，《中国藏黑水城汉文文献的整理与研究》（中）第815页录为"官"。
③ 塔拉、杜建录、高国祥编：《中国藏黑水城汉文文献》第五册，北京：国家图书馆出版社，2008年，第1095页。"赴"，《黑城出土文书》录为"行"。

面二百一十斤

羊一十口

即立芘

　　绳子一付、席子一领、□□一个

　　雨衫一领、鞭□四个、系一条

段文义　即□束　　□忍你[①]

即立[②]　葛玉　白立春

张[③]真布　丕丑合　苏瓦吾即[④]

落卜尅

面二百一十斤

羊一十口

吾七以真布

　　绳子一付、状□一付、西□一付、头[⑤]毡一个

　　系一条、马鞭一个、□一个、……正

何首下　八朵立只　　□哈即本

答只　即只撒日宝　苏若日

立芘真布　八只朵　吾即答系[⑥]

除此之外，俄藏黑水城文书中 TK204、TK248《甘肃行省宁夏路支面酒肉米钞文书》为祗应亦金只失加普宁肃王、必立杰帖木儿大王、蒙古元帅府、孛罗帖木儿大王、唐兀歹大王、朵立巴太子等诸王或位下使臣饮食的登记簿[⑦]。中国藏黑水城文书 M1·0318 ［F148:W3］《支钱粮账》为祗应甘州官员的文书[⑧]。英藏黑水城文书 OR.8212/811—K.K.0232(w)《元亦集乃路站赤正从人食用账》记载了米、面、

---

① "你"，《黑城出土文书》第173页录为"的"。

② "即"，《黑城出土文书》录为"那"。

③ "张"，《黑城出土文书》录为"强"。

④ "苏瓦吾即"，《黑城出土文书》漏录"瓦"。

⑤ "头"，《黑城出土文书》录为"顶"。

⑥ 塔拉、杜建录、高国祥：《中国藏黑水城汉文文献》第五册，北京：国家图书馆出版社，2008年，第1086页。"吾即"，《黑城出土文书》录为"立即"。

⑦ 俄罗斯科学院东方研究所圣彼得堡分所、中国社会科学院民族研究所、上海古籍出版社编：《俄藏黑水城文献》第四册，上海：上海古籍出版社，1997年，第208、313—314页。

⑧ 塔拉、杜建录、高国祥编：《中国藏黑水城汉文文献》第二册，北京：国家图书馆出版社，2008年，第425页。

肉、杂的供给①。

站户和军户为元朝役使最重的户计,《历代名臣奏议》载:"军、站二户出力最多,每岁支持至甚生受。"②为此,至元二十年(1283年)七月,免站户和雇和买、一切杂泛差役,仍令自备首思③。为免于服役,有的站户事产富足,买驱口代为服役,有的站户只能逃跑,逃跑的站户一旦被抓,需发还继续服役。M1·0819［Y1:W77b］《温古站头目拜颜察立当差》中温古站有包括哈迷失不花在内的四名男子因躲避站役而逃跑,被捉"发回还役当差"。

(2-1)
温古站头目拜颜察立
　今当
　　总府官羁管到官……
……失丹驸马位……

(2-2)
……□□……
……□声息宁息发回还役当差,……
……趋闪逃避。拜颜察立等情愿根□得④……
……更行,甘当羁管罪犯不词。执结是实,今开⑤……
于后:
　男子肆⑥名
　　哈迷失不花……
　　答海□……⑦

《麦足朵立只答站户案文卷》中的告状人麦足朵立只答为站户,家境富足,买驱口李保到站赤服役,李保死后,其子当继承驱口的身份,承担站役,但李保的五

---

① 沙知、吴芳思编:《斯坦因第三次中亚考古所获汉文文献》(非佛经部分)第一册,上海:上海辞书出版社,2005年,第291页。
② [清]黄淮、杨士奇等编撰,吴相湘主编:《历代名臣奏议》卷六七,台北:台湾学生书局,1986年,第952页。
③ [明]宋濂等:《元史》卷一〇一,北京:中华书局,2011年,第2586页。
④ "得",《黑城出土文书》第98页录为"将"。
⑤ "羁管""罪犯""执结""今开",《黑城出土文书》分别录为"羁兴""罪行""据此""坐开"。
⑥ "肆",《黑城出土文书》录为"捌"。
⑦ 塔拉、杜建录、高国祥编:《中国藏黑水城汉文文献》第五册,北京:国家图书馆出版社,2008年,第1050页。

个儿子在继续耕种赡站地的同时,不仅不承认驱口身份,还不再当役,麦足朵立只答为此提交诉状,将其子告上官府。M1·0632 [F116:W242]是其中相对保存完整的一件,共有十个残片。

(10-1)
……向……父……
……男亦称布、沙真①
布、觅兀、答合兀、答干布正立②,也火统布、亦
卜汝中玉、梁瓦散玉等知见,各画手字
分付朵立只答等收执,本躯男居当
役去讫,次后有躯李保并③躯妇单赤
节次病故,抛下躯男亦称布弟兄等伍
名依前,依前④当役节次,年月日期不
等,朵立只答等与弟撒兰伯商议
……以此将□所生的
一十五石……朵立只⑤你自行

(10-2)
刑房
呈据朵立只答状告,年六十八⑥岁
无病,系本路所管在城站户,见在
额迷渠住坐,自朵立只答省事
以来,有故父兴都赤存日常向朵立
只答学说,有你父麦足合干布根脚
……甘或……
……有你故父麦足合□
……间用……

---

① "沙真",《黑城出土文书》第156页、《中国藏黑水城汉文文献的整理与研究》(上)第572页作"汝直"。
② "答干布正立",《黑城出土文书》漏录"干"。
③ "保并",《黑城出土文书》漏录。
④ "依前,依前",《黑城出土文书》漏录一个"依前"。
⑤ "朵立只",《黑城出土文书》《中国藏黑水城汉文文献的整理与研究》(上)作"朵立只答"。
⑥《黑城出土文书》第155页漏录"八"。

……哥财礼钱□

……壹拾伍亩

……嫁

(10-3)

勒名布等向……

将你所造……

站,听此,朵立只答……

出力年深,听从各[①]……

额迷渠……

用价……

次后所生男亦称……

□　答干布于……

弍拾两……

男壹名,唤李保……

又用乳牛一只、土黄马[②]……

忽剌孩钱……

(10-4)

……名,额迷渠地住坐,□□……

……对前人乔昝[③]布等前劝付[④]亦……

……人收管为,应当军站一切……

……亦称布正立……

嵬兀、答合兀[⑤]、答干布同立[⑥],投下官乔

昝布、赵答麻劝和,亦卜汝宋玉、梁瓦……

……答合兀等知见各地土等物……

……为主耕种……

---

① "各",《黑城出土文书》第155页录为"名"。
② "土黄马",《黑城出土文书》第156页未录"马"。
③ "昝",《黑城出土文书》第156页录为"智",下同。
④ "前劝付",《黑城出土文书》漏录"前"。
⑤ "兀"字后,《黑城出土文书》《中国藏黑水城汉文文献的整理与研究》(上)第574页衍"不"。
⑥ "立",《黑城出土文书》录为"在",《中国藏黑水城汉文文献的整理与研究》(上)录为"至"。

(10-5)

卖与各人……至正……

月内有躯亦称布等求令①投下官乔昝

布等,向答②立只答等劝说站役差发

……地土大半硝碱不堪耕

种,当役不前,你每弟兄二人再拨与他

……呵怎生,朵立只答等依从,又令不

……汉儿文字一纸,朵立只

……讫,本躯……

(10-6)

……农忙时月,恐躭③

岁计,又躯亦称布与朵立只答等

当站已久,俱娶良人为妻,各有所

生男女,以此听从各人劝道,令亦

称布、沙④真布、蔑兀等妻男俱各

□良,将元与地土壹拾伍石依旧为

当站役,听此,朵立……

(10-7)

……真布等□⑤下……

……催赶,并不前来应役

……称不系你躯口,与你无相干,因此我

……你每当站喂养官马,以此,答

……蒙省会你

---

① "令",《黑城出土文书》第156页录为"今"。
② "答",《黑城出土文书》录为"朵",根据上下文此字当为"朵"。
③ "月",《黑城出土文书》第156页、《中国藏黑水城汉文文献的整理与研究》(上)第575页录为"分只"。"躭",《黑城出土文书》未录。
④ "沙",《黑城出土文书》《中国藏黑水城汉文文献的整理与研究》(上)录为"汝"。
⑤ "真",《黑城出土文书》第156页未录,"□下"《中国藏黑水城汉文文献的整理与研究》(上)第576页录为"回下"。

是正身，站役你当，你的躯口你去处去者，
听此，朵立只答将本路官给马一匹收管①

(10-8)
病故，有亦称布等三②名依旧当役，不曾
有误，至至正廿年正月内，有本管在城
朵立只答言说，你每如何不行赴站
应役，此时，朵立只答向本人回说，我的
……亦称布等一面替我……

(10-9)
……不知是何情意，言称，我父李保
元系良人，不系你每③躯口，如此不伏及
将元要赡站地土等物亦不回，若便
捉拿称责，切恐因而别生事端，谋赖
昏争不便，今来若不状告，实是情理
难容，今将元买躯④李保文契并李
……答合提……
……于内该写躯李保并同躯男亦……
……称布……本抄……在前

(10-10)
倒死，朵立只答□□、亦称布□□……
伪钞定补买印烙，或有官降马料……
祗应其实……一面支用，如此……
休和，前项词理委系朵立只答并……
……同……等……
……官吏占……

---

① "收管"，《黑城出土文书》录为"□官"。
② "三"，《黑城出土文书》第156页录为"二"。
③ "你每"，《黑城出土文书》第156页漏录。
④ "躯"，《黑城出土文书》第156页漏录。

……或有反拦之人,依……
　　□ 当罪不词,今与劝和人等一同告……
　　施行……麦足朵立只
　　答并被词人亦称布等连名……
　　……府官议得……
　　……续处元躯……
　　……连名告拦人……①

　　第一个残件中出现了李保的五个儿子"男亦称布、沙真布、嵬兀、答合兀、答干布正立"和案件的告状人"朵立只答"即麦足朵立只答,由于驱口李保及驱妇单赤相继病故,之后亦称布等不再服差役。第二件残片交代了告状人麦足朵立只答的身份,年六十八岁,系亦集乃路在城站站户,现在额迷渠住坐,父亲名为麦足合干布,自朵立只答懂事起,他的父亲就跟他说一些事,这些事应该就与驱口服役有关。第三个残片叙述了亦称布等几个孩子的出生。第四、第五、第六个残片出现了投下官乔昝布、赵答麻等人,他们是亦称布请来劝和的,"投下官乔昝布、赵答麻劝和""躯亦称布等求令投下官乔昝布等,向朵立只答等劝说站役差发""以此听从各人劝道",亦称布以原置十五石赡站地土地大半硝碱不堪耕种,当站已久,均娶良人为妻,各生男女等理由请求中间人乔昝布等进行劝说。这是因为《元典章》中规定:"诸人驱口虽与财物同,若驱口宅外另居,自行置到重驱,元买人出放为良者,并从为良,本主底使长不得争理。"②驱口一旦财力达到可以宅外另居、置买重驱的程度,原买人应将其放为良人,驱口的身份就可以改变,亦称布虽然没有置买重驱,但是兄弟几人均结婚生子,且所娶妻子俱为良人,以此可以表明,亦称布等有了一定的财力,因此不愿承认驱口身份,不服站役。即便如此,从国家的规定来看,他们还不符合放良户的条件,所以当麦足朵立只答诉诸官府之后,亦称布请来中间人前去劝说。在第七、第八、第九件残片中亦称布等并不承认自己和父亲李保驱口的身份,"称不系你躯口,与你无相干""我父李保元系良人,不系你每躯口",作为驱口的主人,麦足朵立只答是可以将亦称布等人捉拿追责的,但是考虑到"若便捉拿称责,切恐因而别生事端,谋赖昏争不便,今来若不状告,实是情理难容",麦足朵立只答将其告到官府,等候处理。为了证明亦称布

---

① 塔拉、杜建录、高国祥编:《中国藏黑水城汉文文献》第四册,北京:国家图书馆出版社,2008年,第778—787页。
② 陈高华等点校:《元典章》卷一七,北京:中华书局,2011年,第587页。

等的驱口身份,麦足朵立只答向官府提供了买驱文契,以及李保病故时亦称布等三名依旧当役的证明,"今将元买躯李保文契""病故,有亦称布等三名依旧当役,不曾有误"。第十个残件中的"倒死""伪钞定补买印烙""或有官降马料"等是对站赤马匹等的描述,似乎是由于亦称布等人不服站役,站赤马匹出现了一些问题。

由于站役繁重,所以元朝对站户和军户有同样的优待,有四顷免税地,被称为"赡站地"。中统五年(1264年)八月,诏"站户贫富不等,每户限四顷,除免税石,以供铺马祗应;以上地亩,全纳地税"[①]。《麦足朵立只答站户案卷》中的第五、第六个残件中提到的"地土大半硝碱不堪耕种""地土壹拾伍石"似为元史中的赡站地,同时在黑水城文书 M1·0614[Y1:W37B]《赡站地典押案》、M1·0616[Y1:W64]《赡站地典与阔阔歹耕种案》中也提到了赡站地。

M1·0614[Y1:W37B]:
户房
呈:见行[②]曹阿立鬼告父曹我称布存
已将赡站[③]地廿石作钞八定典与任忍布……[④]

M1·0616[Y1:W64]:
奉
总府官台旨,据撒兰伯告李典病故,伊……抵奴将
赡站地典与阔阔歹耕种,将站……应当事,凭
今发信牌壹面,仰……抵奴,限十一月初九日早赴
　　……奉此
右仰[⑤]
　　　忙不及印
至元三年十一月初七日发行[⑥]

---

① [明]宋濂等:《元史》卷一〇一,北京:中华书局,2011年,第2585页。
② "行",《黑城出土文书》第152页录为"得"。
③ "站",《黑城出土文书》录为"给"。
④ 塔拉、杜建录、高国祥编:《中国藏黑水城汉文文献》第四册,北京:国家图书馆出版社,2008年,第757页。
⑤ "仰",《黑城出土文书》第154页录为"行"。
⑥ 塔拉、杜建录、高国祥编:《中国藏黑水城汉文文献》第四册,北京:国家图书馆出版社,2008年,第759页。

这两件关于赡站地的公文，前件是曹阿立嵬告其父亲曹我称布将赡站地二十石作钞八定典与任忍布，后件是抵奴将赡站地典与阔阔歹耕种，撒兰伯所告之人李典病故，所以凭今发信牌壹面，限抵奴十一月初九绝早赴府。赡站地是元朝政府因体恤站户站役繁重而制定的减免土地税的政策，此件文书中将赡养站户的土地租佃，违反了赡站地的初衷，故而被告上官府。

小 结

黑水城出土赋役文书收录在《俄藏黑水城文献》《中国藏黑水城汉文文献》《斯坦因第三次中亚考古所获汉文文献》(非佛经部分)《英藏黑水城文献》等书中,反映了西夏、元两个时期的赋税和徭役。其中一些内容与传世典籍可以相互印证,但多数内容是史料没有记载的,对于这一地区、这一时期社会历史的研究具有重要意义。

西夏文书反映的赋税有地租、税草、盐酒课、买卖税、人口税、榷场贸易税、耕地水税,徭役有夫役、差役、兵役,由西夏文、汉文两种文字书写而成,既有法律文献又有社会文书。社会文书集中反映了西夏黑水镇燕监军司的赋役。法律文献的内容不仅包括黑水城,还涵盖西夏全境,其中关于地租种类、税额和交纳时间的规定,明确限定在西夏京畿地区,对渠水管理、桥道修护的规定,有的针对唐徕渠、汉延渠,有的适用范围从大都督府至定远县。前文在对西夏赋役分析的过程中,既讨论了黑水镇燕监军司的赋役,也阐述了京畿的赋役,并且比较了它们之间的异同,除此之外还引用敦煌文书,在黄麻、豌豆的征收,渠道夫役等相关问题上进行了比较。

元代文书反映的赋税有税粮、抽分、酒醋课、契本税,徭役有差役、兵役、站役,汉文文书占绝大多数,有政府公文、纳税凭据、税粮账册等,都可以囊括在社会文书的范围之内,反映的问题集中在黑水城,即甘肃行省亦集乃路。前文在讨论亦集乃路赋役情况的同时,将其与元代赋役制度进行比较,提出亦集乃路在税额、征税时限上严格遵守相关规定,同时,通过文书的记载,也发现了正史以外赋税征收的诸多细节。

通过对不同收藏地、不同时期、不同文字、不同类型文书的整理,本文大致勾勒出了黑水城故地包括黑水镇燕监军司、甘肃行省亦集乃路在内的赋役,以此可窥见西夏、元代的赋役制度。在黑水城出土赋税文书中,土地税占相当数量,西夏的盐酒课、买卖税、人口税、耕地水税,元代的抽分、酒醋课、契本税数量少,保存内容有限,反映出土地税在西夏、元代是赋税的大宗,这是由中国古代以农为本的社会特征决定的,各个时期的土地税都是关乎百姓生计、国家民生的大事,在古代赋税诸多税目中占重要地位。黑水城出土西夏文书中的土地税包括地租和税草,前者以粮食为征税对象,后者以草、橡为征税对象。黑水城出土元代文书中的土地税为税粮。元代的税粮相当于西夏时期的地租,土地所有者以土地顷亩数量为依据交纳大、小麦等粮食作物,而西夏时期的税草在黑水城出土元代文书中不见记载。税草并非西夏特有,承自中原王朝,至唐宋时期,税草已经发展成为赋税征收的重要组成部分之一,不仅在正史、法典等传世文献中有所记载,而且在敦煌出土文书中也有相关内容。税草在唐朝前期被认为是义仓税的附加税,建中以后为正税草,属于田亩税的一部分。西夏的税草是土地税的重要组成部分,为基本赋役——租役草的内容之一,在《催缴租门》和《渠水门》中有所记载,前者征麦草、粟草为仓库所用,后者征蒲苇、红柳等用于渠道维护。法律文书中不同的草,所纳税额是有区别的,草捆大小也有差异,一顷五十亩一幅地纳麦草七束、粟草三十束,每束围四尺五寸,束内入麦糠三斛,蒲苇、红柳、梦萝十五亩纳四尺束围一束,其余种种草一律每亩纳五尺围一束。社会文书中不论草的种类、不分捆束大小,每亩纳草一束。

  盐、酒、醋的生产和销售是古代官方严格把控的环节。黑水城出土西夏文书中的盐酒税,元代文书中的酒醋课是专卖税。西夏法律文献中规定了盐的价格,乌池中的盐一斗一百五十钱,其余各池一斗一百钱,并明确表示"当计税实抽纳,不许随意偷税"[1],如有偷税漏税,以偷盗罪论。此外,法律文献中还规定大小麦制曲的比例及酒曲的价格,大麦、麦二斗以十五斤计,一斤计三百钱卖之,西夏都城中兴府每日卖曲所得税钱,于每晚磨勘,其余五州一个月一磨勘。元代文书中不仅记有酒醋课,还记有"酒解""盐引",酒解、盐引有价,在以钱换取酒解、盐引的过程中已经交纳了酒税、盐税,拿到酒解、盐引后才能支酒取盐。

  黑水城出土文书中的商业税,西夏有土地、牲畜、布匹等的买卖税。在土地买卖契约和换畜契的末尾铃盖有上覆荷叶、下托莲花的西夏文买卖税院朱印,表明西夏已经设立有专门管理商业活动的税收机构,铃盖官印,赋税已经交纳完毕,买卖取得了官方的认可,交易受官方保护。此外,黑水城文书中还有很多没有加盖朱印的买卖契约,或许是为了逃避买卖税。元代亦集乃路的商税主要通过出土的契本来反映,契本是商税的附属,交易完成后发给纳税人的纳税凭证,

---

[1] 史金波、聂鸿音、白滨译注:《天盛改旧新定律令》,北京:法律出版社,2000年,第566页。

每道契本本身具有一定的价值,以工本费的名义收取。这样看来,西夏的商税是交给买卖税院一处,而元代的商税除了正常收税外,还需额外交纳契本税。

除了上述赋税,黑水城文书中还有西夏时期的人口税、耕地水税、榷场贸易税,以及元代的抽分。西夏的这三项赋税主要记载在社会文书中。人口税为人头税,不分男女,只论大小,大口纳粮食三斗,小口纳粮一斗半,大口是小口的一倍。耕地水税是用水户按照浇灌土地的顷亩数交纳粮食的税种,类似于金代的水利钱银。榷场贸易税来源于一组西夏大庆三年(1142年)南边榷场使文书,在对金贸易的过程中,西凉府或镇夷郡住户将西夏物产带至榷场交易,完成后博买回货,以一般等价物折算榷场税,税率为3%—5%。元代抽分为牲畜税,按照正史的记载,诸路牧羊及百至三十者,官取其一,不及数者勿取,与黑水城文书中抽分的税率基本相同,不同的是亦集乃路纳钞而非牲畜,而且出现了白帖、未纳勘合等记载。

西夏的夫役主要包括春季开渠清淤,修建宫殿、大城等为官服役的内容,律令和社会文书中有同样的记载,春开渠的天数依农户土地数量的多寡而定,从5日至40日不等。元代的役称为"杂泛",黑水城出土文书中没有发现元代亦集乃路派人工修渠、大兴土木的记载。但是西夏和元代都有为官运输的记载,这部分内容因为资料有限,并没有在文中讨论。俄藏汉文西夏乾祐二年(1171年)材植账中记有"般驮""脚户""脚家"等专业运输人员,以及塑匠胶、胶泥土、木板、圆木、漫土等运输材料,勾勒出从黑水城至怀远县为官运输的过程。元代文书中有"攒运""脚户""脚钱"等记载,M1·0191[F12:W1]《运输黄米文书》从河东攒运黄米至亦集乃路,载有"承揽攒运""孳生羔儿脚户人等""河东米粮叁阡石""运到黄米数目"[①],M1·0175[84H·F116:W163/1335]《支脚钱文书》中记有不斤的脚钱已发放。

黑水城文书中差役服务于基层组织、渠道设施、地方机构。小甲、小监、农迁溜为基层组织的管理者,农业区住户按地缘关系就近结合,以唐宋乡里的编户方式,每十户设一小甲,五小甲置一小监,两小监有一农迁溜,负责编户管理、土地普查、赋税征收等。西夏将渠道分为数段,每段有渠头、渠主、渠水巡检若干,渠头等从沿渠用水户中征调,负责灌水期昼夜巡视、检查渠道、轮流灌水,如有渠破水至或破坏灌水顺序者,迅速上报,及时处理,以保证农业生产的正常进行。元代亦集乃路在城郭设坊、巷,由坊正、巷长管理,黑水城出土失林婚书案中被告人

---

① 塔拉、杜建录、高国祥编:《中国藏黑水城汉文文献》第二册,北京:国家图书馆出版社,2008年,第270页。

之一闫从亮与沈坊正合伙熟造油皮鞴,政府公文中仰唤巷长卜八吉、陈别吉帖木于今月二十五日赴亦集乃路总管府。在村社以渠道为单位,设社长劝农,俵水分俵水利。在分水这一职能上,西夏的渠头与元代的俵水有相似之处,《天盛律令》对渠头因畏惧权贵而不依次放水,或因索贿而失职等有详细的规定,可以作为元代俵水可能出现问题和惩处措施的参照。黑水城出土元代文书中除了城郭、渠社的差役,亦集乃路的司属中也有部分人员并非职官而是服役当差,如牢子、提领所差役等。

黑水城文书中的兵役是西夏、元代沉重的负担。西夏实行全民皆兵的政策,平时为民,不脱离生产,遇战随时点集出征,法律文献中西夏的成丁年龄低于唐宋金朝,满十五岁即服兵役,有正军、负担、辅主等,普通兵士自备粮饷、装备等,达到一定级别之后官方统一配给,在人口、财力有限的情况下,保证了服兵役的人数,减轻了官方养兵支出,却加重了百姓的兵役负担。元代亦集乃路有宿卫军和镇戍军,兵役由军户承担,一旦入籍不得随意更改,政府对士兵只发给口粮、食盐等,衣装、马匹、兵器和其他费用均由军户自备。M1·0982[F13:W130]《至正二十五年十一月初七日大吉合同婚书》中太子位下所管军户脱欢因缺少随军出征盘缠将弟媳巴都麻改嫁给哈立巴台,M1·0978[F255:W35]《至正十一年五月阿的火者借麦契》中军户阿的火者生活窘迫,因短少种子,订立契约借小麦、大麦。由于兵役负担沉重,文书中有军人逃跑的记载,为了减轻负担,元代规定免去汉军军户、蒙古军军户和探马赤军军户四顷土地的赋税。

将黑水城出土文书中的西夏赋役和元代赋役进行比较,可以发现西夏、元代在税目、土地税税额、粮食交纳种类等方面的异同,既体现了中国古代赋役制度的延续性,也反映了每个时期的特殊性,还可以看出政策调整、自然地理环境对黑水城赋役的影响。

第一,从黑水城文书所反映的西夏、元代税目的设置上来看,西夏的人口税、榷场贸易税、元代的站役等是不同时期社会发展的产物,适应了不同政权的需要。

我国古代政府获取赋税最主要的两条途径是按田亩计征的土地税和以人头计征的人口税。人口税早在秦代以前就已经存在,以田亩计税改变了对人头的限制,放松了政府对农民的人身控制。赋税履亩而征还是以人丁为主在唐代发生了重要的变化。唐前期实行的租庸调是以人丁为主的征税制度,所谓"有田则有租,有身则有庸,有户则有调",中后期赋税制度变革之后,转而将财产的多少作为征税的标准,以户等纳钱,以田亩纳粟。宋代基本继承了唐代以来的两税法,人头税在国家税收中渐渐不再占有主要地位。西夏在唐宋之际,政治、文化深受影响，其制度既有顺应历史发展的一面，也有保留旧有制度的一面，体现到黑水城出土西夏赋役文书中就是土地税和人头税均有征纳。依据土地顷亩交纳的租役草是西夏百姓普遍承担的主要义务，在西夏全境推行，不仅法典中有明确记载，而且在社会文书中也有反映。西夏人口税仅见于社会文书，《天盛律令》中没有记录，其适用的范围和实行时间有待进一步讨论，是仅在黑水城地区执行，还是遍及整个西夏辖境？又或是施行时间在《天盛律令》之后，有待更多资料的发现[1]，无论如何，人头税在西夏确有征收，这是不争的事实，多种赋税的叠加加重了百姓的纳税负担。到了元朝，所辖面积扩大，为了适应不同的区域，出现了区分南北的不同赋税制度，北方有科差和税粮两大类，杂泛差役的征调以户主，"诸夫役皆先富强，后贫弱；贫富等者，先多丁，后少丁"[2]。税粮因户计的不同而分为以顷亩数量为据征收的地税和以人丁数量为据征收的丁税。具体到亦集乃路，黑水城文书中以资财作为征税的依据，税粮依地亩纳税，每亩三升，站役、军役虽有户计上的限制，但同样对家中财产有一定的要求，《签补站户文书》更是明确提出站户的签补验人丁、事产，从人力、财力高强者中签充，逃亡贫难户不得签发。

黑水城出土大庆三年（1142年）榷场文卷涉及西夏榷场贸易税。榷场是在宋、辽、西夏、金局势的影响下，在政权边境交接区域设置的用以互通有无的场所。景德四年（1007年），应李德明的请求，宋朝在保安军置榷场，从此开始了与西夏的贸易往来，宋朝以织品、香料、瓷器等交换西夏的牲畜、毛织品、药品等。此后，宋朝还在镇戎军高平寨、延州、麟州等地都曾设榷场。金朝强大后，占领了北宋的大片领土。1127年北宋灭亡，金朝成了与西夏领土相邻的政权，代替北宋、辽与西夏开展榷场贸易。金朝在恢复北宋夏、辽夏榷场的同时又增设了新的榷场，包括云中西北过腰带、上石楞坡及天德军、云内州、银瓮口、东胜州、环州、庆州、兰州、保安州、绥德州等。元代的大一统将原来宋、西夏、金的范围纳入其中，界限的打破、版图的扩大使黑水城从西夏时期的边陲监军司变成一个元代的内陆小城，政治的一体促进了物资、文化的交流，沟通不同政权之间的榷场贸易已然失去了应有的作用，榷场贸易税随之消失。

元朝驿站自蒙古汗国时期设置，随着占领区域的扩大和不断发展，在实现全国统一之后，形成了以大都为中心，东至辽东、高丽，西到西域，南至安南，北达吉

---

[1] 参照史金波《西夏经济文书研究》，第116页。史先生提出西夏黑水城地区的这种人头税是法定以外的临时纳税，还是西夏天盛年间以后另加的赋税尚需进一步研讨。

[2] [明]宋濂等：《元史》卷九三，北京：中华书局，2011年，第2362页。

利吉斯,遍及属国及全国各地的官方交通网络。站役的差发与户计制度息息相关,为了更好地管理境内各个民族、各种不同职业的人,元朝实行"诸色人等,各有定籍"的户计制度,以户计作为征发税役的主要依据。甘肃行省下的亦集乃路是纳怜道上的重要枢纽,设有八大站赤,向北进入漠北草原,向南深入元朝腹地,为物资转运、人员往来提供了便利的条件。黑水城文书中民户、军户、站户占绝大多数,M1·09264［F116:W434］《签补站户文卷》对站户的签补、消乏等有所记载,从物力高强者中签补站户服役,他们不仅需自备本站所需马、牛、车等,而且站赤内往来人员的首思也由服役者承担,站役繁重,M1·0819[Y1:W77b]《温古站头目拜颜察立当差》中有站户逃跑,被抓后发回还役当差。为了减轻负担,元朝规定免去站户的一切杂泛差役,专一服站役,并免去四顷土地的赋税,《麦足朵立只答站户案文卷》《赡站地典押案》和《赡站地典与阔阔歹耕种案》中都提到了赡站地,通过文书的记载我们可以更进一步了解到赡站地不得随意转租他人。

第二,具体到粮食税,受黑水城地区干旱少雨自然环境的影响,从西夏至元代征收的作物品种基本相同,每亩所纳粮食数并没有因为不同的赋税政策而发生大的变化,只是由于元代大力发展农业,每亩所纳小麦数有所增加。

《天盛律令》中规定了西夏京畿地区包括灵武郡在内的七郡县所纳税粮的种类有小麦、大麦、秫、粟、糜、黄麻、豌豆等,具体到黑水城,粮食税多为大麦、小麦、杂,Инв.No.4808《迁溜租粮计账与户租粮账》载"一户罗般若乐大麦一石一斗五升,麦二斗[八升七合半],一户正首领？盛曼大麦四斗三升,麦一斗七合[半],一户叔鬼西九铁大麦六斗七升,麦一斗六升半"①。到了元代,在记录有粮食种类的23件赋税文书中有大麦的20件、小麦的19件、糜子的3件、黄米的1件,交纳税粮时常有两种谷物,大麦、小麦,大麦、糜子或者是小麦、糜子,尽管受到文书数量、完整程度的限制,这些数字不能完全还原元代亦集乃路税粮征收的实际情况,但是自西夏以来,黑水城地区以大、小麦为主交纳粮食税的基本格局不会改变。

赋税的征收反映了农业的种植,这种传统并不会因为政权的更迭而发生大的改变,出现这种情况与当地的自然环境是密不可分的,无论是在文书中还是在正史里,亦集乃路都是一个干旱少雨,依赖人工灌溉,不宜种植之地。黑水城出土元代文书M1·0083[F257:W6]《屯田栽树文书》中说"本处地土多系硝碱沙漠石川,不宜栽种"②,M1·0632［F116:W242]《麦足朵立只答站户案卷》中说"地土

---

① 史金波:《西夏农业租税考——西夏文农业租税文书译释》,《历史研究》2005年第1期。
② 塔拉、杜建录、高国祥编:《中国藏黑水城汉文文献》第一册,北京:国家图书馆出版社,2008年,第123页。

大半硝碱不堪耕种"[1]。《元史》中也有类似的记载,"亦集乃路,下。在甘州北一千五百里,城东北有大泽,西北俱接沙碛"[2],这里的大泽指的就是黑水或弱水(今额济纳河),亦集乃路地处下游的绿洲地带,沿河濒临巴丹吉林沙漠和戈壁滩,维持居民基本生存的经济以农牧业为主,农业依赖河水灌溉,所以亦集乃总管忽都鲁于总管府建立之初就请求开凿渠道,言:"所部有田可以耕作,乞以新军二百人凿合即渠于亦集乃地,并以傍近民西僧余户助其力。"[3]次年八月,又请求"疏浚管内河渠"[4]。黑水城文书M1·0094[F116:W528]《提调农桑文卷》中还有"教民粪种负水浇稼"[5]的说法。由于水资源缺乏,为了灌溉农田还会发生纠纷,如M1·0605[Y1:W66B]《俵水纠纷案》中记:"亦称布、买驴并鬼如法师雇人班的等二十余人,将水搀夺,尽行闸浇讫。"[6]恶劣的自然环境导致亦集乃路的农作物生长力必须很顽强,具有耐旱的特点。小麦是北方旱地作物中食性最好的一种,为须根系,可长期存活并具有吸收功能,较耐旱,大麦性耐干寒,要求土壤耕层深厚,尤为适宜排水良好的砂质土壤,忌潮湿与高温,生长周期较小麦短。大、小麦的习性决定了它在亦集乃路农业种植和赋税征收中的特殊地位。

作为西夏、元代重要的粮食作物之一,黑水城出土社会文书中均无水稻的记载,其原因是黑水城并不种植水稻。李逸友先生认为亦集乃路虽有河水灌溉,又具有夏秋季节气温高等自然条件,但土壤均系风沙土,缺少黏性和有机质,因此不能种植水稻[7],而且指出文书M1·0250[F51:W5]中明确记载"白米本路并无出产"[8]。正史与文书中关于亦集乃路官员俸禄的记载,也可以作为不种水稻的佐证。成宗大德七年(1303年)五月"诏中外官吏无职田者,验俸给米有差,其上都、甘肃、和林诸处非产米地,惟给其价"[9],"上都、大同、隆兴、甘肃等处,素非产米之地,每石权给中统钞二十五两,俸三锭以上者不给"[10]。黑水城文书M1·0402[F79:W46]《俸钱禄米文卷》中记载:"狱典倪文德月支俸钱肆拾伍两,俸钱叁拾两,禄米陆斗折钞壹拾伍两。"[11]M1·0404[F111:W55]《蒙古教授俸禄文书》中记载:"蒙古教

---

[1] 塔拉、杜建录、高国祥编:《中国藏黑水城汉文文献》第四册,北京:国家图书馆出版社,2008年,第782页。
[2] [明]宋濂等:《元史》卷六〇,北京:中华书局,2011年,第1451页。
[3] [明]宋濂等:《元史》卷六〇,北京:中华书局,2011年,第1451页。
[4] [明]宋濂等:《元史》卷一四,北京:中华书局,2011年,第300页。
[5] 塔拉、杜建录、高国祥编:《中国藏黑水城汉文文献》第一册,北京:国家图书馆出版社,2008年,第141页。
[6] 塔拉、杜建录、高国祥编:《中国藏黑水城汉文文献》第四册,北京:国家图书馆出版社,2008年,第749页。
[7] 李逸友:《黑城出土文书》(汉文文书卷),北京:科学出版社,1991年,第20页。
[8] 塔拉、杜建录、高国祥编:《中国藏黑水城汉文文献》第二册,北京:国家图书馆出版社,2008年,第351页。
[9] [明]宋濂等:《元史》卷二一,北京:中华书局,2011年,第451页。
[10] [明]宋濂等:《元史》卷九六,北京:中华书局,2011年,第2450页。
[11] 塔拉、杜建录、高国祥编:《中国藏黑水城汉文文献》第三册,北京:国家图书馆出版社,2008年,第498页。

授月支钞陆十两,禄米一石,每石折钞二十五两计钞八十五两。"[1]可见,无论是狱典还是蒙古教授的俸禄均没有超过三锭,禄米一律折合成钞发放,具体数额为每石折钞二十五两,与正史规定一致,从侧面印证了亦集乃路不产白米的说法。

文书中每亩所纳粮食数依据西夏、元代的赋税政策而有所不同。黑水城出土法律文献中,西夏京畿七郡县税户家主视土地优劣每亩纳地租上等一斗、次等八升、中等六升、下等五升、末等三升等五等。夏苗自七月初一,秋苗自九月初一,至十月底交纳完毕。落实到黑水城,出土文书中每亩土地交纳1.25升,法律文献中的税额是西夏中期的规定,社会文书没有保留具体的年代,将二者每亩所纳粮数相比,发现西夏黑水城地区税额远远低于京畿七郡县五等租的最末等,一方面可能受到不同时期赋税政策的影响,另一方面也体现了地区的差异,是官方在充分考虑到各地自然环境后制定的有针对性的政策。京畿地处兴灵平原,有黄河水灌溉,分布有唐徕、汉渠两大官渠,农业生产条件好,因此税额高,而黑水城文书的出土地黑水镇燕监军司以军事防御为主,农业生产条件落后于京畿,故而税额低。尽管京畿和黑水镇燕监军司的税额有差距,但都是按照西夏官方的标准征收。

同样,黑水城文书中亦集乃路征收税粮的税额和时间完全遵守元代的规定。黑水城出土元代文书中每亩土地纳粮三升,与《元史》至元十七年(1280年)户部大定诸例,地税亩税三升一致,交粮时间,大德十一年税粮文卷中征收的时间自十月初五开始至十二月二十八日为止,与《元史》规定的"输纳之期,分为三限:初限十月,中限十一月,末限十二月"[2]完全吻合。因此,黑水城地区从西夏至元代以粮食为交纳对象的土地税税额和征税时间的变化源于两个时期不同的赋役制度。

将黑水城地区西夏与元代所纳税额进行比较,我们发现尽管政权更迭,赋役制度有变化,但每亩所纳粮食数总体变化不大。西夏时期每亩地交税粮1.25升,纳小麦0.25升,大麦1升,所交大麦数是小麦数的4倍[3];元代每亩地交税粮3升,纳小麦2升,大麦1升,所交大麦数是小麦数的1/2。表面上看,元代每亩所纳的大小麦数要高于西夏时期,但实际上,元代与西夏的税额基本一致,出现这种现象主要是因为二者亩的大小不同。西夏的亩在《文海》中有记载:"一边各五十尺,

---

[1] 塔拉、杜建录、高国祥编:《中国藏黑水城汉文文献》第三册,北京:国家图书馆出版社,2008年,第500页。
[2] [明]宋濂等:《元史》卷九三,北京:中华书局,2011年,第2358页。
[3] 史金波:《西夏农业租税考——西夏文农业租税文书译释》,《历史研究》2005年第1期。

四边二百尺算一亩"①,每亩为100方步,25平方丈,折合243平方米②。元代沿用唐宋亩制,以240步为1亩,约600平方米,合今0.9市亩③。可见,元代1亩约合西夏2.47亩,而元代每亩所纳大小麦总数为西夏的2.4倍,在这种情况下,元代税额与西夏基本一致,不同的是,元代每亩纳小麦数增加了3倍多,而所纳大麦数相应减少。这种变化折射出元代农业种植结构的调整,小麦亩产量的增加主要得益于元代重农政策的影响,在亦集乃路,政府不仅调集大量新附军、西僧、当地官员、百姓进行屯田,而且还利用合即渠、额迷渠、沙立渠、吾即渠、玉朴渠等渠道,改善农业环境,为农作物产量的增加提供了便利的条件。

纳税完毕之后,黑水城出土元代文书中发现有刻本和写本两种纳税凭证,它们有的钤盖朱色官印,有的为一纸仅有官员签字画押没有官印的白帖,有的是广积仓发放的仓抄,有的是官票,并在《中国藏西夏文献》中出土了一张交税内容相同、纸张大小不一、由两纸粘贴在一起的票据,似为一式两份的纳税凭据,将仓票和官票粘贴在一起,表示该户纳税完毕。一式两份的纳税凭据也出现在西夏,武威出土有两件西夏增纳草税的票据,一件写有"官"字,一件写有"户"字,各自分执,只是这两件纳税内容不同,并非对应。而黑水城出土两件元代票据的户主都是台不花,此外还有一件至正十一年仓票和一件没有年代的税粮登记簿,税粮登记簿上记有包括台不花在内的多名纳税户及所纳税粮数,这几件文书中台不花所纳粮数完全一致,可见亦集乃路每户纳税至少有三种相关文书,除了仓票、官票还有税粮登记簿,反映了元代亦集乃路税粮登记、税票发放的过程。

第三,通过文书中的差役——农迁溜、渠社长等的设置,我们发现从西夏至元代黑水城农业区基层组织由以地缘为核心发展到以水源为核心,这种变化是各个时期社会发展、自然环境等多重因素共同作用的结果。

西夏农业区仿照中原乡里设置的小甲、小监、农迁溜由诸多税户家主以地缘为基础组合而成。《天盛律令》规定各税户家主就近结合,十户遣一小甲,五小甲遣一小监,二小监遣一农迁溜,当于附近下臣、官吏、独诱、正军、辅主之胜任、空闲者中遣之。《亥年新法》对《天盛律令》的这条记载进行了修订,将人数减半,从原来的一农迁溜管理一百户减少到一农迁溜管理五十户,但就近原则未做改变,并且对于条文的适用范围有了明确的记载,包括边中和京畿,将黑水城囊括其中。在黑水城出土西夏人口税账、赋税账册中多次提到迁溜,从中可以看到黑水镇

---

① 史金波、白滨、黄振华:《文海研究》,北京:中国社会科学出版社,1993年,第316、534页。
② 史金波:《西夏度量衡刍译》,《固原师专学报》(社会科学版)2002年第3期。
③ 陈贤春:《元代粮食亩产探析》,《历史研究》1995年第4期。

燕监军司赋役差发的真实情况，是官方规定的佐证。

元代在乡里普遍推行村社制度，凡五十家立为一社，不论是何诸色人等，并行入社，令社众推举年高、通晓农事、有兼丁者立为社长。具体到黑水城文书中，在亦集乃路实行渠社制。以吾即渠、本渠、沙立渠等大的渠道为单位，按照渠的大小、长短，每条渠道设有数量不等的社长、俵水。M1·0759［F105:W2］《社长与俵水名录》记有沙立渠社长3名、俵水3名，本渠社长3名、俵水3名。

从西夏时期的农迁溜到元代亦集乃路的渠社长，反映出黑水城不同时期基层组织的设置经历了一个以宗族部落为核心、以地缘为核心到以水源为核心的变化过程。西夏时期的农迁溜由税户家主就近结合，说明在此之前的基层组织不是按地缘关系聚合的，出于对西夏社会发展历程的考虑，在地缘关系之前，基层组织仍具有宗族部落残留。在黑水城出土文书中有一条沿用至元代的西夏渠道——吾即渠，以党项族称命名，可以想象，在西夏时期，这条渠道周围居住有诸多吾即姓氏的百姓，而在西夏中晚期的律令中更多地强调地缘在基层组织中的重要作用，这样的规定更适用于百姓生活相对稳定的农业区，按地缘编户管理，既能保证对人口的控制，也利于税收的征缴，是西夏社会不断发展的体现。到了元代，普遍实行的村社制在黑水城地区变为渠社制，居民凝聚的纽带更加突出了水的作用，当然，并不是说到了元代才出现聚水而居，而是强调基层乡里凝聚核心的变化。究其原因既与西夏至元代社会发展的进程有必然联系，同时也由黑水城特殊的自然环境决定。黑水城是一个典型的绿洲城市，濒临沙漠、引黑河水灌溉，这种特殊环境造就了渠道在人们生产、生活中的重要作用。西夏、元代社会文书中经常出现渠道名称，黑水城出土西夏文书中的渠道被当作土地的坐标，用来标记某块土地的位置，这个时期的渠道与农业灌溉、土地息息相关，户籍账册中登记的土地与渠道相接，买卖契约中所卖耕地为渠尾土地，有渠道灌溉。人们选择邻近水源地居住、耕作，便于引水，但其农业区人口编户的核心是以地缘关系为纽带的农迁溜。到了元代，在靠近渠道生产、生活的同时还将渠道作为基层组织，这个时期的渠道除了与灌溉、土地相关，还是居民的户籍所在地，按渠统计人口、交纳赋税，最终形成了以渠为单位进行编户管理、赋税征收的基层组织。

附 录

黑水城出土赋役文书叙录

一、西夏赋役文书

天盛改旧新定律令

法律文献。西夏文刻本,现藏俄罗斯科学院东方文献研究所。西夏文题"𘓺𘅇𘓺𘏞𘜶𘎀𘓺𘏞𘜶𘎀","𘓺𘅇"(天盛)为律令的颁行时间,西夏中期仁宗天盛年间,"𘓺𘏞𘜶𘎀"(改旧新定)是律令的性质,它是一部在原有法律基础上重新修订和补充的法典。第十五,编号 Инв.No.196 8084в,共十一门,记载了西夏的租役草,其中《催缴租门》《取闲地门》《催租罪功门》《租地门》《纳领谷派遣计量小监门》反映了西夏的土地税,《春开渠事门》《渠水门》《桥道门》侧重于西夏渠道夫役,《地水杂罪门》是对上述两项内容的补充。第十八,编号 Инв.No.199 5040,共九门,其中《缴买卖税门》等内容缺失,《杂曲门》《盐池开闭门》中保存有盐酒税的规定。

图版收录:

《俄藏黑水城文献》第八册,上海:上海古籍出版社,1998年。

翻译研究:

杜建录:《西夏赋役制度》,《中国经济史研究》1998年第4期。

史金波、聂鸿音、白滨译注:《天盛改旧新定律令》,北京:法律出版社,2000年。

史金波:《西夏社会》,上海:上海人民出版社,2007年。

潘洁:《〈天盛律令〉农业门整理研究》,上海:上海古籍出版社,2016年。

潘洁:《西夏租役草考述》,《中国史研究》2018年第1期。

亥年新法

法律文献。西夏文写本,现藏俄罗斯科学院东方文献研究所。西夏文题"𗧊𗖎𘏚𗵮",简称"𘏚𗵮"新法,是西夏晚期光定四年之前修订的法典,与《天盛律令》体例略有不同,不设门,但在每卷下列出该卷分目名称。第十五,编号 Инв. No.748,共有《租地役夫、纳领谷派遣计量小监》《赏唐徕夫役小监》《唐徕等敛条草法》《遣耕价、令上顷亩、粳稻粳米》《纳地租虚杂不入法》五个分目,是对西夏租役草等内容的修订和补充。

图版收录:

《俄藏黑水文献》第九册,上海:上海古籍出版社,1999年。

翻译研究:

赵焕震:《西夏文〈亥年新法〉卷十五"租地夫役"条文释读与研究》,宁夏大学2014年硕士论文。

安北江《西夏文献〈亥年新法〉卷十五(下)释读与相关问题研究》,宁夏大学2017年硕士论文。

户耕地租粮账

西夏文写本,现藏俄罗斯科学院东方文献研究所,编号 Инв.No.1178-2。存"……吉二十八亩税三斗五升,杂二斗八升,麦七升""有七十二亩税九斗,杂七斗二升,麦一斗八升"等,据此推断出每亩地纳杂粮一升,小麦四分之一升。

图版收录:

《俄藏黑水城文献》第十二册,上海:上海古籍出版社,2006年,第211页。

翻译研究:

史金波:《西夏农业租税考——西夏文农业租税文书译释》,《历史研究》2005年第1期。

史金波:《西夏经济文书研究》,北京:社会科学文献出版社,2017年,第90—91、465—466页。

户耕地租粮账

西夏文写本,现藏俄罗斯科学院东方文献研究所,编号 Инв.No.1755-4。存"三十亩税三斗七升半,杂三斗,麦七升半""……吉七十亩税八斗七升半,杂七斗,麦一斗七升半"等,据此推断出每亩地纳杂粮一升,小麦四分之一升。

图版收录:

《俄藏黑水城文献》第十二册,上海:上海古籍出版社,2006年,第306页。

翻译研究：

史金波：《西夏农业租税考——西夏文农业租税文书译释》，《历史研究》2005年第1期。

史金波：《西夏经济文书研究》，北京：社会科学文献出版社，2017年，第88—90、467—469页。

户耕地租役草账

西夏文写本，现藏俄罗斯科学院东方文献研究所，编号 Инв.No.4067。存"一户梁吉祥有？上十亩地？？？税一斗二升半，杂一斗，麦二升半，役五日，草十捆"，据此推断出每亩地纳粮1.25升，草一束，十亩土地服役五日。

图版收录：

《俄藏黑水城文献》第十三册，上海：上海古籍出版社，2007年，第180页。

翻译研究：

史金波：《西夏农业租税考——西夏文农业租税文书译释》，《历史研究》2005年第1期。

史金波：《西夏经济文书研究》，北京：社会科学文献出版社，2017年，第93、470—471页。

迁溜租粮记账与户租粮账

西夏文写本，现藏俄罗斯科学院东方文献研究所，编号 Инв.No.4808（16-6、9、10）。16-6存"一户叔嵬西九铁大麦六斗七升，麦一斗六升半"，16-9、10存"一户地宁吉祥有杂二斗，麦五升""一户嵬口移丑盛杂一斗，麦二升半"，据此推断出杂与麦的比为四比一。

图版收录：

《俄藏黑水城文献》第十三册，上海：上海古籍出版社，2007年，第293—295页。

翻译研究：

史金波：《西夏农业租税考——西夏文农业租税文书译释》，《历史研究》2005年第1期。

史金波：《西夏经济文书研究》，北京：社会科学文献出版社，2017年，第84—88、464—465、469—470页。

户耕地租役草账

西夏文写本，现藏俄罗斯科学院东方文献研究所，编号 Инв.No.5067。存土地顷亩和服役天数，有"一户……七十五亩役二十日""一户……十亩役五日""一户……三十八亩役十五日"等,文书反映的每亩服役天数与《天盛律令》所载一致。

图版收录：

《俄藏黑水城文献》第十四册,上海：上海古籍出版社,2011年,第5—7页。

翻译研究：

史金波：《西夏农业租税考——西夏文农业租税文书译释》,《历史研究》2005年第1期。

史金波：《西夏经济文书研究》,北京：社会科学文献出版社,2017年,第94—96、472—475页。

户耕地租役草账

西夏文写本,现藏俄罗斯科学院东方文献研究所,编号 Инв.No.8372。以迁溜为单位承担租役草,存一迁溜五十四户租役草总数,五十三户租役草总数及一户吾移？奴纳杂、麦、草数,服役天数及土地数。

图版收录：

《俄藏黑水城文献》第十四册,上海：上海古籍出版社,2011年,第262页。

翻译研究：

史金波：《西夏农业租税考——西夏文农业租税文书译释》,《历史研究》2005年第1期。

史金波：《西夏经济文书研究》,北京：社会科学文献出版社,2017年,第99—101、475—477页。

俄藏中尚未汉译研究的西夏租役草文书有：

第十二册：《户耕地租粮账》,编号 Инв.No.19-1;《户耕地租役草账》,编号 Инв.No.23-3、4、5;《户耕地租粮账》,编号 Инв.No.324-6、7;《户耕地租役草账》,编号 Инв.No.1167-5—13;《户耕地租役草账等》,编号 Инв.No.1170-1;《户耕地租役草账》,编号 Инв.No.1170-2;《户耕地租粮账》,编号 Инв.No.1178-1、2、3;《户租粮账》,编号 Инв.No.1222-1;《户租粮账》,编号 Инв.No.1366-4、5;《户租粮账》,编号 Инв.No.1460;《户耕地租粮账》,编号 Инв.No.1755-4;《户租粮账》,编号 Инв.No.1781-4、5;《户耕地租役草账》,编号 Инв.No.1806-1;《户耕地纳粮账》,编号 Инв.No.1886。

第十三册：《户耕地租役草账》,编号 Инв.No.2007-1、2、3、4;《耕地租粮账》,编号 Инв.No.2007-5;《户耕地租粮账》,编号 Инв.No.2036-1、2;《户耕地租粮账》,编号 Инв.No.2040-1、2、3、4;《纳租粮账》,编号 Инв.No.2126-8;《户租粮账》,编号 Инв.No.2161-3、4、5;《户耕地租役草账》,编号 Инв.No.2172-10V;《户租粮账与皇

建辛未年告牒》，编号 Инв.No.2545；《户耕地租役草账》，编号 Инв.No.2868-1—7；《户耕地租役草账》，编号 Инв.No.2872-1—9；《户耕地租役草账》，编号 Инв.No.4067；《户耕地账》，编号 Инв.No.4487；《迁溜粮账》，编号 Инв.No.4762-4、5；《户租粮账》，编号 Инв.No.4762-8；《迁溜租粮计账与户租粮账》，编号 Инв.No.4808；《户纳粮账》，编号 Инв.No.4932。

第十四册：《户耕地租役草账》，编号 Инв.No.5055；《户耕地租役草账》，编号 Инв.No.5067；《耕地纳粮账》，编号 Инв.No.5120-3；《户耕地租役草账》，编号 Инв.No.5252；《户租粮账》，编号 Инв.No.5404-4；《户租粮账》，编号 Инв.No.5404-14；《户纳粮账》，编号 Инв.No.5522-3；《租税告牒》，编号 Инв.No.5919；《户耕地租粮账》，编号 Инв.No.5940；《地税告牒》，编号 Инв.No.5949-9；《户租粮账》，编号 Инв.No.5990-1；《户耕地租役草账》，编号 Инв.No.6090；《户租粮账》，编号 Инв.No.6122-7；《天庆戌年亥年纳税告闻牒》，编号 Инв.No.6373-2；《户耕地租役草账》，编号 Инв.No.7415-1；《纳租粮账》，编号 Инв.No.7880；《迁溜租役草计账》，编号 Инв.No.8082-1；《户耕地租役草账》，编号 Инв.No.8342；《耕地租役草账》，编号 Инв.No.8372；《户耕地租粮账》，编号 Инв.No.W1。

乾定酉年文书

西夏文写本，现藏甘肃省武威市博物馆，编号 G31·05[6730]。正反两面，有楷书印字和手写西夏文，钤盖朱印，为增纳草税的凭证，一式两份，这件为"官"存，正面存"里溜头领没细苗盛""增两捆，一捆麦草、一捆粟草""乾定酉年"及相关职名、画押等，反面存年款及画押。

图版收录：

《中国藏西夏文献》第十六册，兰州：甘肃人民出版社、敦煌文艺出版社，2005年，第390—391页。

翻译研究：

梁继红：《武威藏西夏文乾定酉年增纳草捆文书初探》，《西夏学》第十辑，上海：上海古籍出版社，2014年。

史金波：《西夏经济文书研究》，北京：社会科学文献出版社，2017年，第103—106、479—480页。

文书残页

西夏文写本，现藏甘肃省武威市博物馆，编号 G31·07[6731]。正反两面，有楷书印字和手写西夏文，钤盖朱印，为增纳草税的凭证，一式两份，这件为"户"存，正面存"里溜头领没细苗盛""增两捆，一捆麦草、一捆粟草"及相关职名、画押等,反面存画押。

图版收录:

《中国藏西夏文献》第十六册,兰州:甘肃人民出版社、敦煌文艺出版社,2005年,第393页。

翻译研究:

梁继红:《武威藏西夏文乾定酉年增纳草捆文书初探》,《西夏学》第十辑,上海:上海古籍出版社,2014年。

史金波:《西夏经济文书研究》,北京:社会科学文献出版社,2017年,第103—106页。

西夏纳粮残片

西夏文写本,现藏英国国家图书馆,编号 Or.12380-2586。存"其中一二种在(滞)""住滞时有五斗杂(粮)"等。许生根先生认为它与租税催缴有关,交纳的种类有杂粮,若超过不缴,按超过的日、月给予处罚。

翻译研究:

史金波:《简介英国藏西夏文献》,《国家图书馆学刊》2000年(西夏研究专号)。

许生根:《英藏黑水城出土西夏户籍租税账册文书初探》,《西夏研究》2013年第4期。

买卖税账

西夏文写本,现藏俄罗斯科学院东方文献研究所,编号 Инв.No.4790-2—5。为买骆驼、布、人口等纳税账册,4790-2存"买税麦一升",4790-3存"高吉祥犬买人税一石三斗""买骆驼税麦三斗",4790-4存"麦布税一升",4790-5存"买税麦一斗二升"等。其中4790-4和4790-4上有一方西夏文篆书印章,印文"买卖税院"。

图版收录:

《俄藏黑水城文献》第十三册,上海:上海古籍出版社,2007年,第288页。

翻译研究:

史金波:《西夏经济文书研究》,北京:社会科学文献出版社,2017年,第176—178、521—525页。

买卖税账

西夏文写本,现藏俄罗斯科学院东方文献研究所,编号6377-13。存21行,有买者人名、数量、纳税、记账人等。共分两部分,第一部分存"买二匹布税一斗二升""买三羊税二斗八升""买一羊四殺三斗二升""主簿者嵬移"、大字"官者大人"及画押等,第二部分为六日纳税账,有"羊税二斗""买三羊转二斗八升"等。钤盖一方西夏文篆书印章，印文"买卖税院"。

图版收录：

《俄藏黑水城文献》第十四册，上海：上海古籍出版社，2011年，第144页。

翻译研究：

史金波：《西夏社会》，上海：上海人民出版社，2007年，第180—181页。

史金波：《西夏经济文书研究》，北京：社会科学文献出版社，2017年，第180—181、525—527页。

俄藏中尚未汉译研究的西夏买卖税账有：

第十四册：《买卖税账》，编号 Инв.No.5943；《买卖税账》，编号 Инв.No.5945；《买卖税账等》，编号 Инв.No.6051。

税账

西夏文写本，现藏中国国家图书馆，编号125号(7.17X–43)。存"买一牛？税二斗四升""肉税一斗二升""增一骆驼税三斗"等。

图版收录：

史金波：《西夏经济文书研究》，北京：社会科学文献出版社，2017年，第182页。

翻译研究：

史金波：《国家图书馆藏西夏文社会文书残页考》，《文献》2004年第2期。

史金波：《西夏社会》，上海：上海人民出版社，2007年，第181—183页。

税账

西夏文写本，现藏中国国家图书馆，编号126号(7.17X–44)。存"年三月"、人名、画押及"买奴仆税六斗""肉税二斗"等。

图版收录：

史金波：《西夏经济文书研究》，北京：社会科学文献出版社，2017年，第183页。

翻译研究：

史金波：《国家图书馆藏西夏文社会文书残页考》，《文献》2004年第2期。

史金波：《西夏社会》，上海：上海人民出版社，2007年，第183页。

税账

西夏文写本，现藏中国国家图书馆，编号127号(7.17X–45)。存"一人那征乐肉？税八升杂"。

图版收录：

史金波：《西夏经济文书研究》，北京：社会科学文献出版社，2017年，第183页。

翻译研究：

史金波：《国家图书馆藏西夏文社会文书残页考》，《文献》2004年第2期。

迁溜人口税账

西夏文写本，现藏俄罗斯科学院东方文献研究所，编号 Инв.No.4991-5、6、8。4991-5存三户，有"女二，四斗五升""一户高铁？圆四口，一石五斗""男一高铁？圆三斗""女三，七斗五升""一户嵬移成西南，三口，七斗五升""男二，四斗五升""女大，卜氏显令三斗"；4991-6以迁溜为单位统计五十九户全户及三十九人单身男女大小各自人口税及总数，有"迁溜梁肃寂局分五十九户全户及三十九人单身男女大与小总计二百二十一人之？税粮食五十六石四斗数"；4991-8存单身三十九人人口税及三户人口税等。

图版收录：

《俄藏黑水城文献》第十三册，上海：上海古籍出版社，2007年，第322—324页。

翻译研究：

史金波：《西夏农业租税考——西夏文农业租税文书译释》，《历史研究》2005年第1期。

史金波：《西夏经济文书研究》，北京：社会科学文献出版社，2017年，第108—114、480—487页。

人口税

西夏文写本，现藏俄罗斯科学院东方文献研究所，编号 Инв.No.5223-2。存两户人口税，有"一户普珠十月吉三口七斗五升""男二，四斗五升""大十月吉三斗""小？？ 犬一斗五升"等。

图版收录：

《俄藏黑水城文献》第十四册，上海：上海古籍出版社，2007年，第27页。

翻译研究：

史金波：《西夏经济文书研究》，北京：社会科学文献出版社，2017年，第487—488页。

俄藏中尚未汉译研究的西夏人口税账有：

第十二册：《人口税账》，编号 Инв.No.447。

人口税账[①]

西夏文写本,现藏英国国家图书馆,编号 Or.12380-0324(k.k.Ⅱ.0285b)。存五户人口税,有"一户浪酪犬吉二口大六斗,男犬吉三斗,女女葛玉氏乐？三斗""一户梁恶恶铁三口七斗五升,男二,四斗五升,大恶恶铁三斗"等。

图版收录:

《英藏黑水城文献》第一册,上海:上海古籍出版社,2011年,第130页。

翻译研究:

史金波:《西夏经济文书研究》,北京:社会科学文献出版社,2017年,第489—490页。

人口税账[②]

西夏文写本,现藏英国国家图书馆,编号 Or.12380-0344(k.k.)。存"男七十九人共谷二十二石八斗五升,大七十三人各三斗数共谷二十一石九斗,小六人各一斗五升数共九斗"等。

图版收录:

《英藏黑水城文献》第一册,上海:上海古籍出版社,2011年,第135页。

翻译研究:

史金波:《西夏经济文书研究》,北京:社会科学文献出版社,2017年,第491—492页。

耕地水税账

西夏文写本,现藏俄罗斯科学院东方文献研究所,编号 Инв.No.1454-2V。存"日水税四石""水税一石二斗"等。

图版收录:

《俄藏黑水城文献》第十二册,上海:上海古籍出版社,2006年,第247页。

翻译研究:

史金波:《西夏经济文书研究》,北京:社会科学文献出版社,2017年,第116—118、492—494页。

耕地水税账

西夏文写本,现藏俄罗斯科学院东方文献研究所,编号 Инв.No.1781-1。存"水税一石""半税二石二斗五升"等。

---

① 原定名为《亥年新法》。
② 原定名为《草书写本》。

图版收录：

《俄藏黑水城文献》第十二册，上海：上海古籍出版社，2006年，第313页。

翻译研究：

史金波：《西夏经济文书研究》，北京：社会科学文献出版社，2017年，第118—120、494—495页。

大庆三年榷场文书

汉文写本，收藏于俄罗斯科学院东方文献研究所、英国国家图书馆。共17个编号。俄藏有15个编号，分别是Инв.No.307《呈状》(2-1)、Инв.No.307《呈状》(2-2)、Инв.No.308《收税文书》、Инв.No.313《收姜椒绢等文书》、Инв.No.315《文书》(2-1)、Инв.No.315《文书》(2-2)、Инв.No.316《呈状》、Инв.No.347《榷场使兼拘榷西凉府签判文书》、Инв.No.348《天庆三年呈状》、Инв.No.348V《呈状》、Инв.No.351《文书》、Инв.No.352A《呈状》、Инв.No.352B《榷场使文书》、Инв.No.353《呈状》、Инв.No.354《南边榷场使呈状》。英藏有2个编号，Or12380—3638b(K.K.Ⅱ.0253.bb.ii)《汉文绢褐姜等收支历》和Or12380—3673V(K.K.Ⅱ.0253.w)《残片》。

日本学者佐藤贵保将文书的时间由"天庆三年"订正为"大庆三年"，孙继民、许会玲两位先生发现了英藏黑水城文献中的两件榷场文书。史金波先生认为该组文书"系榷场使兼拘榷西凉签判检验商人货物，依例收税的文书"。杜建录先生引用《潞公文集》中的"官中（宋朝）止量收汉人税钱，西界自收番客税利"来证明这组榷场文书就是西夏征收"番客税利"的真实记录。杨富学、孙继民等先生对榷场税的税率进行了估算。

图版收录：

《俄藏黑水城文献》第六册，上海：上海古籍出版社，2000年，第279—286页。

《英藏黑水城文献》第四册，上海：上海古籍出版社，1997年，第295、315页。

相关研究：

[日]佐藤贵保：《ロシア藏カラホト出土西夏文〈大方広仏华严经〉经帙文书の研究——西夏榷场使关连汉文文书群を中心い》，载《东トルキスタン出土"胡语文书"の综合调查》，2006年。

史金波：《西夏社会》，上海：上海人民出版社，2007年，第154页。

杨富学、陈爱峰：《黑水城出土夏金榷场贸易文书研究》，《中国史研究》2009年第2期。

许会玲：《黑水城所出西夏汉文榷场文书考释》，河北师范大学硕士论文2009年。

赵天英、杨富学：《从朝贡和榷场贸易看西夏物产》，《西北民族大学学报》(哲学社会科学版)2009年第4期。

杜建录:《黑城出土西夏榷场文书考释》,《中国经济史研究》2010年第1期。

孙继民:《西夏汉文乾祐十四年安排官文书考释及意义》,《江汉论坛》2010年第10期。

许会玲、孙继民:《西夏榷场使文书所见西夏尺度关系研究》,《西夏研究》2011年第2期。

孙继民、许会玲:《西夏汉文"南边榷场使文书"再研究》,《历史研究》2011年第4期。

陈瑞青:《略论西夏的三司与榷场——以俄藏Инв.No.348号文书为中心的考察》,《黄河科技大学学报》2013年第5期。

陈瑞青:《从黑水城文献看西夏榷场管理体制》,《宁夏社会科学》2014年第1期。

杜立晖:《黑水城西夏汉文南边榷场使文书补考》,《宁夏社会科学》2014年第1期。

宋坤:《黑水城所出〈西夏榷场使文书〉所见川绢、河北绢问题补释》,《宁夏社会科学》2014年第2期。

郭坤、陈瑞青:《交易有无:宋、夏、金榷场贸易的融通与互动——以黑水城西夏榷场使文书为中心的考察》,《宁夏社会科学》2015年第5期。

陈瑞青:《从黑水城文献看西夏榷场税率》,《西夏学》第十二辑,兰州:甘肃文化出版社,2016年。

杜立晖:《黑水城西夏南边榷场使文书所见"替头"考》,《文献》2017年第3期。

乾祐二年材植账

汉文写本,现藏俄罗斯科学院东方文献研究所。共三件,B61有7块残片,原定名《乾祐二年材植账》,ДХ2828有18块残片,原定名《乾祐二年宁夏路总管府材植账》,ДХ10279有4块残片,原定名《胶泥土账》。

杜建录先生指出在俄藏定名"材植账"以外,还有"漫土账""照会""呈领状",并对文书涉及的脚户、漫土、合同等社会历史问题进行了深入的探讨。张多勇、李并成、戴晓刚三位先生将这组文书定性为脚户运输文献,并将其分为几个部分:发送物资处出具的财务账单以及发遣照会,由般驮或脚户在领到所运财物的账单上签押或背面画押的"领材押契",运输完成后,接受财物人发出的照会;考证了文书中提及的般驮、脚户、脚家等专业运输人员,以及塑匠胶、胶泥土、木板、圆木、漫土等运输材料,合同、胶土泥、漫土等内容;勾勒出一条从黑水城至怀远县的运输通道。

图版收录：

《俄藏黑水城文献》第六册，上海：上海古籍出版社，2000年，第60、150—159、163页。

相关研究：

［俄］孟列夫著、王克孝译：《黑城出土汉文遗书叙录》，银川：宁夏人民出版社，1994年。

俄罗斯科学院东方研究所圣彼得堡分所、中国社会科学院民族研究所、上海古籍出版社编：《俄藏黑水城文献·叙录》第六册，上海：上海古籍出版社，2000年。

孙继民等著：《俄藏黑水城汉文非佛教文献整理与研究》（中），北京：北京师范大学出版社，2012年。

杜建录：《西夏乾祐二年材料文书考释》，《宁夏社会科学》2007年第2期。

张多勇、李并成、戴晓刚：《"西夏乾祐二年（1171）黑水城般驮、脚户运输文契"——汉文文书与西夏交通运输》，《敦煌研究》2012年第2期。

二、元代赋役文书

元至正廿三年（1363）征税册残片

汉文写本，现藏英国国家图书馆，编号KK.0118(aa)（ⅰ-ⅳ）。杨十月狗等诸户土地顷亩、纳粮总数及大小麦数，存"一户吾即完者地柒亩陆分粮叁斗""小麦陆石陆升陆合柒勺""大麦叁斗叁合叁勺""至正廿三年九月"等。

图版收录：

《斯坦因在中亚细亚第三次探险所获中国古文书考释》，英国国家博物馆，1953年，第207页。

元鲁奴等纳田粮税册

汉文写本，现藏英国国家图书馆，编号Or.8212/760K.K.I.0232(a)。鲁奴等诸户土地顷亩、纳粮总数及大小麦数，存"鲁奴地伍拾亩粮壹石陆斗伍升，小麦壹石壹斗，大麦伍斗伍升"等。

图版收录：

《斯坦因第三次中亚考古所获汉文文献》（非佛经部分）第一册，上海：上海辞书出版社，2005年，第230页。

相关研究：

潘洁、陈朝辉：《元代亦集乃路税粮初探》，《内蒙古社会科学》2007年第2期。

经女女等纳税文卷

汉文写本,现藏内蒙古文物考古研究所,编号 M1·0039[F116:W548]。经女女等户顷亩数量、税粮总数及大小麦数。共两个残件,第一件存"地肆拾亩,粮壹石贰斗,小麦捌斗,大麦肆斗""……保地叁拾亩,粮玖斗,小麦陆斗,大麦叁斗"等,第二件存"地壹拾伍亩,粮肆斗伍升""大麦壹斗伍升"等。

图版收录:

《中国藏黑水城汉文文献》第一册,北京:国家图书馆,2008年,第73—76页。

相关研究:

潘洁、陈朝辉:《元代亦集乃路税粮初探》,《内蒙古社会科学》2007年第2期。

马兀木南子杨即合税粮文卷

汉文写本,现藏内蒙古文物考古研究所,编号 M1·0042[F197:W25]。存"税粮壹石伍斗柒升玖勺玖抄""马兀木南子杨即合收税粮大麦叁拾壹石伍斗令伍合"等。

图版收录:

《中国藏黑水城汉文文献》第一册,北京:国家图书馆,2008年,第79页。

管都火儿等户纳粮文卷

汉文写本,现藏内蒙古文物考古研究所,编号 M1·0043[F16:W1]。玉朴渠、沙立渠、吾即渠、耳卜渠等户税粮总数和大小麦数,存"玉朴渠一户管都火儿粮一石五斗,小麦壹石,大麦伍斗"等。

图版收录:

《中国藏黑水城汉文文献》第一册,北京:国家图书馆,2008年,第80页。

吾即玉立蒲等纳粮文卷

汉文写本,现藏内蒙古文物考古研究所,编号 M1·0044[F13:W129]。为左右两面,有记数符号,左面有一个大大的"X",表示该内容作废,写有"弟不颜帖木""吾即斡赤屈""廿八日收小麦二石八斗""廿一年十二月十日算计定欠小麦三石"等。右面为十二日、廿六日等收糜子、小麦数,存吾即玉立蒲、托真布、吾即帖木不花等姓名,以及"小麦三石""糜子六石""十二日收本人糜子二石七斗""八月廿六日收本人小麦五石"等。

图版收录:

《中国藏黑水城汉文文献》第一册,北京:国家图书馆,2008年,第81页。

相关研究:

潘洁:《黑水城出土文书中的记数符号初探》,《宁夏社会科学》2008年第2期。

哈只吉你等交纳大小麦文书

汉文写本，现藏内蒙古文物考古研究所，编号M1·0045[F97:W5]。存哈立撒耳立□、哈只吉你等户土地数、税粮数及大小麦数。

图版收录：

《中国藏黑水城汉文文献》第一册，北京：国家图书馆，2008年，第82页。

相关研究：

潘洁、陈朝辉：《元代亦集乃路税粮初探》，《内蒙古社会科学》2007年第2期。

贺古剌纳粮文书

汉文写本，现藏内蒙古文物考古研究所，编号M1·0048[84H·F68:W5/0911]。为纳税粮残片，存"一户贺古剌地式拾亩，粮陆斗，小麦肆斗，大麦式斗"。

图版收录：

《中国藏黑水城汉文文献》第一册，北京：国家图书馆，2008年，第84页。

相关研究：

潘洁：《黑水城出土元代税粮文书研究》，《西夏学》第四辑，银川：宁夏人民出版社，2009年。

合只嵬纳粮文书

汉文写本，现藏内蒙古文物考古研究所，编号M1·0049[84东南墙角A]。共两件残片，第一件存"巡检司""河渠司"，第二件存"合只嵬地四十五亩""小麦九斗，大麦四斗五"。

图版收录：

《中国藏黑水城汉文文献》第一册，北京：国家图书馆，2008年，第85页。

相关研究：

潘洁：《黑水城出土元代税粮文书研究》，《西夏学》第四辑，银川：宁夏人民出版社，2009年。

文书残件

汉文写本，现藏内蒙古文物考古研究所，编号M1·0050[84H·F116:W430/1602]。共六件残片，其中一件存税粮征收期限，有"十月终，中限十一月终，末限"。

图版收录：

《中国藏黑水城汉文文献》第一册，北京：国家图书馆，2008年，第86—87页。

地税仓官文书

汉文写本，现藏内蒙古文物考古研究所，编号M1·0051[84H·F116:W324]。共两件残片，第二件存"右下地税仓官也火钦义秃即兀奴都"。

图版收录：

《中国藏黑水城汉文文献》第一册，北京：国家图书馆，2008年，第88页。

耕地纳税

汉文写本，现藏内蒙古文物考古研究所，编号M1·0062［84H·F20:W55/0704］。存土地四至及"每年交纳税"等。

图版收录：

《中国藏黑水城汉文文献》第一册，北京：国家图书馆，2008年，第99页。

催粮文书

汉文写本，现藏内蒙古文物考古研究所，编号M1·0064［F177:W5a］。亦集乃路总管府承奉甘肃行省剳付差同知即立嵬奴等去催粮事。

图版收录：

《中国藏黑水城汉文文献》第一册，北京：国家图书馆，2008年，第100页。

海答立迷失等户纳税文书

汉文写本，现藏内蒙古文物考古研究所，编号M1·0072［F50:W4］。存三户土地、大小麦数，有"一户海答立迷失地贰""小麦陆升陆合""大麦叁升叁合"等。每亩所纳税粮数高于黑水城出土其他税粮账册。

图版收录：

《中国藏黑水城汉文文献》第一册，北京：国家图书馆，2008年，第108页。

相关研究：

潘洁、陈朝辉：《元代亦集乃路税粮初探》，《内蒙古社会科学》2007年第2期。

大德十一年税粮文卷

汉文写本，现藏内蒙古文物考古研究所，共15件，编号M1·0196［F116:W313］、M1·0197［F116:W616］、M1·0198［F116:W617］、M1·0199［F116:W201］、M1·0200［F116:W618］、M1·0201［F116:W549］、M1·0202［F116:W614］、M1·0203［F116:W462］、M1·0204［F116:W463］、M1·0205［F116:W465］、M1·0206［F116:W197］、M1·0207［F116:W351］、M1·0208［F116:W471a］、M1·0209［F116:W471b］、M1·0210［F116:W539］。

为元至大元年照勘大德十一年税粮文卷，存"十月初五日开仓收至十二月二十八日""大德十一年人户合纳税粮""大德十一年税粮实征数目，本职与本路同知小云赤卜花一同催部"等，所涉文书集中反映了两个问题，一是照勘大德十一年实征税粮总数，二是开坐大德十一年各色税目及开仓收足月日，整个环节关系到甘肃行省、亦集乃路总管府、钱粮房以及地税仓官也火苟站秃、首领官提控案牍罗孝祥、同知小云失不花、钱粮司吏徐友义、河渠官答合玉阿都赤等。文卷中缀合的税粮催缴时限与元史所载一致。

图版收录：

《中国藏黑水城汉文文献》第二册，北京：国家图书馆，2008年，第277—296页。

相关研究：

潘洁：《黑水城出土元代税粮文书研究》，《西夏学》第四辑，银川：宁夏人民出版社，2009年。

张淮智：《黑水城所出〈大德十一年税粮文卷〉整理与复原》，《西夏学》第十二辑，兰州：甘肃文化出版社，2016年。

票据

汉文印本，现藏内蒙古文物考古研究所，编号M1·0945[F193:W13]。一大一小两纸粘贴。大纸写有一个大大的"官"字，前半部分印有官府征税公文，后半部分写有沙立渠薛怯丹一户太不花土地顷亩、税粮总数、大小麦数等，末尾有官员签名、押印。小纸钤盖官印，印有广积仓、至正十三年、右给付本人、准此等，留空处填写太不花、税粮总数等，与大纸的纳税内容完全一致。

图版收录：

《中国藏黑水城汉文文献》第六册，北京：国家图书馆，2008年，第1215页。

相关研究：

潘洁：《元代亦集乃路赋税考——黑水城出土税票考释》，《中国经济史研究》2011年第1期。

吴超：《亦集乃路税务管理初探》，《阴山学刊》2008年第5期。

广积仓收据

汉文印本，现藏内蒙古文物考古研究所，编号M1·0946[F146:W9]。票据残尾，存"□□十年十一月廿七日""广积仓付使""广积仓大使钱""广积仓监支纳"及仓官姓名等。

图版收录：

《中国藏黑水城汉文文献》第六册，北京：国家图书馆，2008年，第1216页。

相关研究：

潘洁：《元代亦集乃路赋税考——黑水城出土税票考释》，《中国经济史研究》2011年第1期。

广积仓收到大不花下徐大纳大小麦凭据

汉文写本,现藏内蒙古文物考古研究所,编号M1·0948[F135:W72]。广积仓白帖,为元统三年广积仓收到大不花下徐大所纳税粮总数及大小麦数开具的票据,末尾有付使、大使、监支纳的签名、押印。

图版收录：

《中国藏黑水城汉文文献》第六册,北京:国家图书馆,2008年,第1217页。

相关研究：

潘洁:《元代亦集乃路赋税考——黑水城出土税票考释》,《中国经济史研究》2011年第1期。

刘广瑞:《黑水城所出元代"白帖"文书初探》,《内蒙古农业大学学报》(社会科学版)2012年第2期。

广积仓收到大不花下徐五纳大小麦凭据

汉文写本,现藏内蒙古文物考古研究所,编号M1·0949[F135:W71]。广积仓白帖,与M1·0948[F135:W72]《广积仓收到大不花下徐大纳大小麦凭据》格式基本一致,为元统三年广积仓收到大不花下徐五所纳税粮总数及大小麦数开具的票据,末尾有付使、大使、监支纳的签名、押印。

图版收录：

《中国藏黑水城汉文文献》第六册,国家图书馆,2008年,第1218页。

相关研究：

潘洁:《元代亦集乃路赋税考——黑水城出土税票考释》,《中国经济史研究》2011年第1期。

刘广瑞:《黑水城所出元代"白帖"文书初探》,《内蒙古农业大学学报》(社会科学版)2012年第2期。

广积仓收到沙立渠台不花税粮票据

汉文印本,现藏内蒙古文物考古研究所,编号M1·950[F270:W6]。印有一个大大的"仓"字,为至正十一年广积仓收到沙立渠一户台不花所纳税粮总数及大小麦数开具的票据,末尾有付使、大使、监支纳的签名、押印。钤盖官印,朱笔写"销讫"二字。

图版收录：

《中国藏黑水城汉文文献》第六册,北京:国家图书馆,2008年,第1219页。

相关研究：

潘洁:《元代亦集乃路赋税考——黑水城出土税票考释》,《中国经济史研究》

2011年第1期。

广积仓票据

汉文印本，现藏内蒙古文物考古研究所，编号M1·0951[F105:W5]。印有大大的"仓抄"二字，为至正十年广积仓收到税粮总数及大小麦数开具的票据，末尾有付使、大使、监支纳的签名、押印。钤盖官印四方。存"除免外实□壹□□升玖合肆勺柒抄捌作"，说明有蠲免税粮的部分。

图版收录：

《中国藏黑水城汉文文献》第六册，北京：国家图书馆，2008年，第1220页。

相关研究：

潘洁：《元代亦集乃路赋税考——黑水城出土税票考释》，《中国经济史研究》2011年第1期。

广积仓收到本渠马军吾即阿剌小麦凭据

汉文写本，现藏内蒙古文物考古研究所，编号M1·0952[F166:W9]。存"广积仓今收到本渠马军一户吾即阿剌小麦柒斗、大麦壹斗外，黄米捌升叁角，折大麦式斗，依数收足，凭此照用""不"等。

图版收录：

《中国藏黑水城汉文文献》第六册，北京：国家图书馆，2008年，第1221页。

相关研究：

潘洁：《元代亦集乃路赋税考——黑水城出土税票考释》，《中国经济史研究》2011年第1期。

广积仓票据

汉文印本，现藏内蒙古文物考古研究所，编号M1·0953[F97:W3]。为广积仓收到耳宜法师税粮数，尾存攒典、广积仓付使、大使、监支纳等姓名、押印。

图版收录：

《中国藏黑水城汉文文献》第六册，北京：国家图书馆，2008年，第1222页。

相关研究：

潘洁：《元代亦集乃路赋税考——黑水城出土税票考释》，《中国经济史研究》2011年第1期。

广积仓票据

汉文印本，现藏内蒙古文物考古研究所，编号M1·0954[F64:W5]。印有大大的"仓"字，为票据残尾，存攒典、广积仓付使、大使、监支纳等姓名、押印。

图版收录：

《中国藏黑水城汉文文献》第六册,北京:国家图书馆,2008年,第1223页。

马旺等请示状

汉文写本,现藏俄罗斯科学院东方文献研究所,编号TK193。为催促佃户庞吉等送纳籽粒告谕,存"籽粒佃户关白、庞吉等合纳"等,其中籽粒合纳似指税粮,孙继民先生等将其定名为《元亦集乃路总管府河渠司为催籽粒佃户起纳税粮事》,暂列于此。

图版收录:

《俄藏黑水城文献》第四册,上海:上海古籍出版社,1997年,第195页。

相关研究:

孙继民等著:《俄藏黑水城汉文非佛教文献整理与研究》(中),北京:北京师范大学出版社,2012年,第402页。

魏得又典地契[①]

汉文写本,现藏俄罗斯科学院东方文献研究所,编号TK200。魏得又与额迷渠住人徐天具签订的典地契约,其中提到除典钱外,"每年承地税小麦二斗,杂物一斗,水□□"。

图版收录:

《俄藏黑水城文献》第四册,上海:上海古籍出版社,1997年,第203页。

申亦集乃路总管府验粮文

汉文写本,现藏俄罗斯科学院东方文献研究所,编号B53。存"今申二十九日实收粮叁拾弍石柒斗,小麦弍拾壹石捌斗,大麦壹拾石令玖斗",马彩霞据背面文书所存"宣光二年",推测该件为至正廿四年前后文书,并提出小麦与大麦比为1:2。

图版收录:

《俄藏黑水城文献》第六册,上海:上海古籍出版社,2000年,第15页。

相关研究:

马彩霞:《关于黑水城所出一件元代社会经济文书的考释》,《西域研究》2004年第4期。

元至元六年(1340)纳税粮凭

汉文写本,现藏英国国家图书馆,编号Or.8212/759K.K.0117(d)(i)。前部为纳税公文,存"是何诸色人等""纳税粮钦此""实有□顷□税粮开立于后",后部为勒俺布土地顷亩、纳粮总数及大小麦数,尾存"右给付""至元六年九月 日"。

---

① 《俄藏黑水城文献》第四册目录中定名为《魏得义典地契》。

图版收录：

《斯坦因第三次中亚考古所获汉文文献》（非佛经部分）第一册，上海：上海辞书出版社，2005年，第229页。

相关研究：

潘洁、陈朝辉：《元代亦集乃路税粮初探》，《内蒙古社会科学》2007年第2期。

天字号抽分文卷

汉文写本，现藏内蒙古文物考古研究所，编号M1·0065［F111:W72］。存鲁即卓立温布、红头和尚、也火耳立义等羊口及抽分数，及天字一百号、未照勘合、未发勘合等。有多处勾画及小字加注。

图版收录：

《中国藏黑水城汉文文献》第一册，北京：国家图书馆，2008年，第101页。

相关研究：

潘洁：《黑水城出土元代税粮文书研究》，《西夏学》第四辑，银川：宁夏人民出版社，2009年。

抽分文卷

汉文写本，现藏内蒙古文物考古研究所，编号M1·0066［Y5:W11a］、M1·0067［Y5:W11b］、M1·0068［Y5:W11c］。共三件残片，第一件存"等处行中书省据肃州路申""棚落状告""一切和雇和买仓粮、杂泛差役、抽分羊畜俱隶本□□管应纳，至今不曾有阙，与亦集乃路并无干涉"等，第二件存"抽分""照得"等，第三件为年款戳印及押印。

图版收录：

《中国藏黑水城汉文文献》第一册，北京：国家图书馆，2008年，第102—104页。

抽分文书

汉文写本，现藏内蒙古文物考古研究所，编号M1·0069［F111:W58］。存"取责人蒲文路""今当""官责领到抽分至元三年羊""勘合式拾道"等。

图版收录：

《中国藏黑水城汉文文献》第一册，北京：国家图书馆，2008年，第105页。

至元三十一年酒醋课文卷

汉文写本，现藏内蒙古文物考古研究所，编号M1·0038［F116:W562］，存"酒醋等课，系周的吉认办""税课中统钞柒定""速赴行中书省丰备总库，解纳了当"等。

图版收录：

《中国藏黑水城汉文文献》第一册，北京：国家图书馆，2008年，第69—72页。

相关研究：

吴超：《亦集乃路税务管理初探》，《阴山学刊》2008年第5期。

潘洁：《黑水城出土元代税粮文书研究》，《西夏学》第四辑，银川：宁夏人民出版社，2009年。

酒课文书

汉文写本，现藏内蒙古文物考古研究所，编号M1·0055[F270:W7]。存"贰拾伍两陆钱陆分肆厘酒解，呈乞照验""得此，除将见解课程钞定，另行起解外，总府合下仰照验，即将……季分依期起解施行"。

图版收录：

《中国藏黑水城汉文文献》第一册，北京：国家图书馆，2008年，第92页。

相关研究：

杜立晖：《黑水城文献所见元代税使司的几个问题》，《西夏学》第十辑，上海：上海古籍出版社，2013年。

契本

汉文印本，现藏内蒙古文物考古研究所，编号M1·0959[F1:W94正]。基本完整，有朱印，存"匿税者，其匿税之物一半没官，于没官物内一半付告人充赏。犯人仍笞五十。其回回通事并使官银买卖人等，入门不吊引者，同匿税法"等。M1·0955[F245:W12]、M1·0956[F13:W85]、M1·0961[F13:W86A]、M1·0962[F150:W1]、M1·0963[F245:W13]、M1·0964[F140:W2]、M1·0965[F13:W125]、M1·0967[F245:W14]与本件契本版式完全相同，内容有不同程度的残损。

图版收录：

《中国藏黑水城汉文文献》第六册，北京：国家图书馆，2008年，第1224、1226、1228、1229、1230、1231、1233页。

相关研究：

孟繁清：《元代的契本》，《元史论丛》第十辑，北京：中国广播电视出版社，2005年。

潘洁：《黑水城出土元代税粮文书研究》，《西夏学》第四辑，银川：宁夏人民出版社，2009年。

课税文书

汉文写本，现藏内蒙古文物考古研究所，编号M1·0071[84H·F41:W9/0780]。

存"正月""脱儿欠一口""税羊三口""羊二口""酒课四两"等。

图版收录：

《中国藏黑水城汉文文献》第一册，北京：国家图书馆，2008年，第107页。

至顺元年课税文书

汉文写本，现藏内蒙古文物考古研究所，编号M1·0040[F270:W11]。存公文末尾，有"呈""秋季课粮"及"至顺元年"及提控案牍兼照磨承发架阁司吏、知事、经历的签名画押。

图版收录：

《中国藏黑水城汉文文献》第一册，北京：国家图书馆，2008年，第77页。

泰定二年税使司文书

汉文写本，现藏内蒙古文物考古研究所，编号M1·0056[F274:W1]。存"税使司来呈解到泰定二年六月课程钱中统钞"等。

图版收录：

《中国藏黑水城汉文文献》第一册，北京：国家图书馆2008年，第93页。

至正廿七年税使司文书

汉文写本，现藏内蒙古文物考古研究所，编号M1·0057[F20:W16]。存"税使司""本司依例收税外"及司吏押印，或为税使司官吏保结公文。

图版收录：

《中国藏黑水城汉文文献》第一册，北京：国家图书馆，2008年，第94页。

至正十七年税使司文书

汉文写本，现藏额济纳旗文物管理所，编号M3·0001[AE197 ZHi36]。存"税使司谨呈至正十七年正月至三月终春季三个□□月"等。

图版收录：

《中国藏黑水城汉文文献》第一册，北京：国家图书馆，2008年，第95页。

课税文书

汉文写本，现藏内蒙古文物考古研究所，编号M1·0061[Y1:W108]。存"右下支持库""起解正月分课程"等。

图版收录：

《中国藏黑水城汉文文献》第一册，北京：国家图书馆，2008年，第98页。

元岁课程钱文书

汉文写本，现藏英国国家图书馆，编号Or.8212/768K.K.ⅳ.04(h)，存"每年课程钱""中统钞陆定""二月分课程"等。

图版收录：

《斯坦因第三次中亚考古所获汉文文献》（非佛经部分）第一册，上海：上海辞书出版社，2005年，第244页。

元岁课程钱文书残片

汉文写本，现藏英国国家图书馆，编号 Or.8212/768K.K.ⅳ.04(j)，存"课程"等。

图版收录：

《斯坦因第三次中亚考古所获汉文文献》（非佛经部分）第一册，上海：上海辞书出版社，2005年，第245页。

元至正十九年(1359)六月岁课程钱文书

汉文写本，现藏英国国家图书馆，编号 Or.8212/768K.K.ⅳ.04(R)，存"使司课程钱""至正十九年六月初四日认课程"等。

图版收录：

《斯坦因第三次中亚考古所获汉文文献》（非佛经部分）第一册，上海：上海辞书出版社，2005年，第245页。

木匠张二哥计料文书

汉文写本，现藏内蒙古文物考古研究所，编号 M1·0263[F15:W3]。存"木匠张二哥计料到偏斜面见库舍"等。

图版收录：

《中国藏黑水城汉文文献》第二册，北京：国家图书馆，2008年，第363页。

失林婚书案卷

汉文写本，现藏内蒙古文物考古研究所，编号 M1·0677[F116:W185]。共两件残片，为徐典取状，文中提到徐典名明善，年二十岁，无病，系亦集乃路仓官身役。

图版收录：

《中国藏黑水城汉文文献》第四册，北京：国家图书馆，2008年，第895—896页。

相关研究：

侯爱梅：《〈失林婚书案文卷〉初探》，《宁夏社会科学》2007年第2期。

麦足朵立只答站户案卷

汉文写本，现藏内蒙古文物考古研究所，共五件，编号 M1·0631[F116:W467]、M1·0632[F116:W242]、M1·0633[F116:W237]、M1·0634[F116:W501]、M1·0635

[F116:W502]。站户麦足朵立只答之父买李保为驱口,李保之子亦称布等也应为驱口,继续代朵立只答充站役,但亦称布等已娶良人,仍旧耕种赡站地,却不承认驱口身份,不愿服役,朵立只答将其告上官府。

图版收录:

《中国藏黑水城汉文文献》第四册,北京:国家图书馆,2008年,第775—791页。

相关研究:

王盼:《麦足朵立只答站户案文卷》,《西夏学》第四辑,银川:宁夏人民出版社,2009年。

朱建路:《黑水城文献〈麦足朵立只答站户案卷〉再研究》,《西夏学》第十辑,上海:上海古籍出版社,2013年。

也火汝足立鬼地土案卷

汉文写本,现藏内蒙古文物考古研究所,共二十八件,编号M1·0636[F116:W186a]、M1·0637[84H·F116:W366/1538]、M1·0638[F116:W186c]、M1·0639[F116:W186d]、M1·0640[F116:W186e]、M1·0641[F116:W186f]、M1·0642[F116:W541]、M1·0643[F116:W116a]、M1·0644[F116:W116b]、M1·0645[F116:W479]、M1·0646[F116:W474]、M1·0647、M1·0648、M1·0649、M1·0650[F116:W27]、M1·0651[F116:W93]、M1·0652[84H·F116:W213/1385]、M1·0653[84H·F116:W214/1386]、M1·0654[F116:W24]、M1·0655[F116:W25]、M1·0656[F116:W97]、M1·0657[84H·Y1采:W99/2769]、M1·0658、M1·0659[F116:W231]、M1·0660[84H·F116:W231/1403]、M1·0661[F116:W23]、M1·0662[84H·F116:W227/1399]、M1·0663[84H·F116:W259/1431]。也火汝足立鬼的曾祖父也火石革阿立鬼原为亦集乃路站户,后因战乱逃至永昌路充当站户,至正十三年曾孙也火汝足立鬼请求复业,经查阅至元二十四年地亩册,核实原置土地的位置、亩数后,准许其返回亦集乃路服站役,同时免去永昌路站役。

图版收录:

《中国藏黑水城汉文文献》第四册,北京:国家图书馆,2008年,第795—868页。

相关研究:

张重艳:《也火汝足立鬼地土案文卷初探》,《西夏学》第六辑,上海:上海古籍出版社,2010年。

文书残件

汉文写本,现藏内蒙古文物考古研究所,编号M1·0725[84H·Y5采:W9/2972]。存"当役昔宝赤"等文字。

图版收录：

《中国藏黑水城汉文文献》第四册,北京:国家图书馆,2008年,第945页。

刘住哥籍贯与祖孙三代历仕状

汉文写本,现藏内蒙古文物考古研究所,编号M1·0755[F131:W1]。为元代解由,存刘住哥"见年卅二岁""系寄受路庠序坊住贯平凉府民籍,自来不曾更名",现为"提领所民户差役"等。

图版收录：

《中国藏黑水城汉文文献》第五册,北京:国家图书馆,2008年,第982页。

相关研究：

潘洁、陈朝辉:《黑水城出土元代亦集乃路选官文书》,《宁夏社会科学》2009年第3期。

吴超:《黑水城出土文书所见人事变化初探》,《吉林师范大学学报》(人文社会科学版)2011年第2期。

朵立只巴充栏头状

汉文写本,现藏内蒙古文物考古研究所,编号M1·0773[F131:W7]。为元代付身文书,存"朵立只巴充栏头"等。

图版收录：

《中国藏黑水城汉文文献》第五册,北京:国家图书馆,2008年,第998页。

相关研究：

杜立晖:《黑水城文献所见元代税使司的几个问题》,《西夏学》第十辑,上海:上海古籍出版社,2013年。

黄木匠赍什物家事赴府整治楼子状

汉文写本,现藏内蒙古文物考古研究所,编号M1·0796[F111:W29]。存"仰黄木匠……亲赍什物家事赴府整治楼子,毋得违治"等。

图版收录：

《中国藏黑水城汉文文献》第五册,北京:国家图书馆,2008年,第1025页。

温古站头目拜颜察立当差

汉文写本,现藏内蒙古文物考古研究所,编号M1·0819[Y1:W77b]。存"发回还役当差""躲闪逃避"等。

图版收录：

《中国藏黑水城汉文文献》第五册，北京：国家图书馆，2008年，第1050页。

至元五年军政文卷

汉文写本，现藏内蒙古文物考古研究所，编号M1·0778[F197:W33]。亦集乃路总管府公文，末尾有年代，司吏、提控案牍兼照磨承发架阁、知事、经历等官员的签名画押，存"许顺和等告擅放军役"等。

图版收录：

《中国藏黑水城汉文文献》第五册，北京：国家图书馆，2008年，第998页。

相关研究：

杜立晖：《黑水城文献所见元代税使司的几个问题》，《西夏学》第十辑，上海：上海古籍出版社，2013年。

提调站赤文卷

汉文写本，现藏内蒙古文物考古研究所，编号M1·0865[F62:W12a]。站户公文残件，存"不当差役"等。

图版收录：

《中国藏黑水城汉文文献》第五册，北京：国家图书馆，2008年，第1088页。

提调站赤文卷

汉文写本，现藏内蒙古文物考古研究所，编号M1·0872[84H·F51:W11/0836]。公文残件，存"五站差役""当役便益"等。

图版收录：

《中国藏黑水城汉文文献》第五册，北京：国家图书馆，2008年，第1094页。

文书残件

汉文写本，现藏内蒙古文物考古研究所，编号M1·0892[84H·F116:W123/1295]。共六件残片，存"廿六日通该大麦贰伯""……站官马弌""一十五日计支料""至正八年征收税粮"等。

图版收录：

《中国藏黑水城汉文文献》第五册，北京：国家图书馆，2008年，第1110页。

签补站户文书

汉文写本，现藏内蒙古文物考古研究所，共八件，编号M1·0923[F116:W433]、M1·0924、M1·0925、M1·0926[F116:W434]、M1·0927[F116:W543]、M1·0928、M1·0929[84H·F116:W216/1388]、M1·0930[F116:W5]。站户无力承担站役多有消乏，官方命令各地验人丁、事产签补站户。存"随即典卖田宅应当站役""当役品答高

低""如有消乏不勘当役,可合并者""复业存恤限□一户既是见行当役"等。

图版收录:

《中国藏黑水城汉文文献》第五册,北京:国家图书馆,2008年,第1137—1146页。

相关研究:

王亚莉:《黑城出土元代签补站户文书F116:W543考释》,《宁夏社会科学》2009年第3期。

杜立晖:《黑水城F116:W434元末签补站户文书试探》,《宁夏社会科学》2010年第4期。

支脚钱文书

汉文写本,现藏内蒙古文物考古研究所,编号M1·0175[84H·F116:W163/1335]。存"不斤脚钱于已发"等。

图版收录:

《中国藏黑水城汉文文献》第二册,北京:国家图书馆,2008年,第257页。

运输黄米文书

汉文写本,现藏内蒙古文物考古研究所,编号M1·0191[F12:W1]。为运粮公文残件,存"承揽攒运""孳生羔儿脚户人等""河东米粮叁阡石"等与脚户运粮有关的内容。

图版收录:

《中国藏黑水城汉文文献》第二册,北京:国家图书馆,2008年,第270页。

支钞与脚钱文书残件

汉文写本,现藏内蒙古文物考古研究所,编号M1·0389[84H·F17:W8/0531]。为两件不同的文书残件,其中一件存"无许准带收脚钱""合下仰照"等。

图版收录:

《中国藏黑水城汉文文献》第二册,北京:国家图书馆,2008年,第474页。

参考文献

一、古代典籍

[东汉]班固:《汉书》,北京:中华书局,1983年。
[南朝·宋]范晔:《后汉书》,北京:中华书局,2000年。
[隋]夏侯阳:《夏侯阳算经》,载《丛书集成初编》,北京:中华书局,1985年。
[唐]李吉甫撰,贺次君点校:《元和郡县图志》,北京:中华书局,1983年。
[唐]李淳风:《孙子算经》,载《丛书集成初编》,北京:中华书局,1985年。
[唐]魏征:《隋书》,北京:中华书局,1997年。
[唐]长孙无忌等撰,刘俊文点校:《唐律疏议》,北京:法律出版社,1999年。
[后晋]刘昫:《旧唐书》,北京:中华书局,1995年。
[宋]洪皓:《松漠纪闻》(国库文学第四编),1933年重印。
[宋]宋敏求编:《唐大诏令集》,上海:商务印书馆,1959年。
[宋]王溥:《唐会要》,北京:中华书局,1960年。
[宋]欧阳修:《新唐书》,北京:中华书局,1987年。
[宋]薛居正:《旧五代史》,北京:中华书局,1987年。
[宋]高承撰,[明]李果订、金圆、许沛藻点校:《事物纪原》,北京:中华书局,1989年。
[宋]李焘:《续资治通鉴长编》,北京:中华书局,1992年。
[宋]欧阳修:《新五代史》,北京:中华书局,1992年。
[宋]庄绰撰,萧鲁阳点校:《鸡肋编》,北京:中华书局,1997年。
[宋]王溥:《五代会要》,北京:中华书局,1998年。
[宋]窦仪等撰,薛梅卿点校:《宋刑统》,北京:法律出版社,1999年。
[宋]沈伦等撰:《宋太宗实录》,兰州:甘肃人民出版社,2005年。
[宋]王钦若等编纂,周勋初等校订:《册府元龟》,南京:凤凰出版社,2006年。

［宋］文彦博著,申利校注:《潞公文集》,北京:中华书局,2016年。
［宋］曾巩撰,王瑞来校证:《隆平集校证》,北京:中华书局,2012年。
《元朝秘史》,载《四部丛刊》,上海:上海书店,1985年。
［元］马端临:《文献通考》,北京:中华书局,1986年。
［元］苏天爵编:《元文类》,载《四库文学总集选刊》,上海:上海古籍出版社,1993年。
［元］脱脱:《金史》,北京:中华书局,2013年。
［元］脱脱:《宋史》,北京:中华书局,2014年。
［元］脱脱:《辽史》,北京:中华书局,2016年。
《明太祖实录》,台北:台湾"中央研究院"历史语言研究所,1962年。
［明］宋濂等:《元史》,北京:中华书局,2011年。
［清］厉鹗:《辽史拾遗》,载《丛书集成初编》,上海:商务印书馆,1936年。
［清］张廷玉:《明史》,北京:中华书局,1974年。
［清］董诰等编:《全唐文》,北京:中华书局,1983年。
［清］黄淮、杨士奇编撰,吴相湘主编:《历代名臣奏议》,台北:台湾学生书局,1986年。
［清］戴锡章编撰,罗矛昆校点:《西夏纪》,银川:宁夏人民出版社,1988年。
［清］吴广成撰,龚世俊等校:《西夏书事校证》,兰州:甘肃文化出版社,1995年。
［清］徐松、刘琳、刁忠民等校点:《宋会要辑稿》,上海:上海古籍出版社,2014年。
郭成伟点校:《大元通制条格》,北京:法律出版社,2000年。
方龄贵校注:《通制条格校注》,北京:中华书局,2001年。
戴建国点校:《庆元条法事类》,载杨一凡、田涛主编《中国珍稀法律典籍续编》,哈尔滨:黑龙江人民出版社,2002年。
天一阁博物馆、中国社会科学院历史研究所天圣令整理课题组校证:《天一阁藏明钞本天圣令校证:附唐令复原研究》,北京:中华书局,2006年。
陈高华等点校:《元典章》,天津:天津古籍出版社、北京:中华书局,2011年。

二、出土文献

国家文物局古文献研究室、新疆维吾尔自治区博物馆、武汉大学历史系编:

《吐鲁番出土文书》(1—10册),北京:文物出版社,1981—1991年。

唐耕耦、陆宏基编:《敦煌社会经济文献真迹释录》(第一辑),北京:书目文献出版社,1986年。

[俄]克恰诺夫译著:《天盛改旧新定律令(1149—1169年)》,莫斯科:莫斯科科学出版社,1987—1989年。

唐耕耦、陆宏基编:《敦煌社会经济文献真迹释录》(第二至五辑),北京:全国图书馆文献微缩复制中心,1990年。

李逸友:《黑城出土文书》(汉文文书卷),北京:科学出版社,1991年。

[俄]孟列夫著,王克孝译:《黑城出土汉文遗书叙录》,银川:宁夏人民出版社,1994年。

俄罗斯科学院东方研究所圣彼得堡分所、中国社会科学院民族研究所、上海古籍出版社:《俄藏黑水城文献》(1—13册),上海:上海古籍出版社,1996—2007年。

睡虎地秦墓竹简整理小组:《睡虎地秦墓竹简》,北京:文物出版社,2001年。

郝春文:《英藏敦煌社会历史文献释录》(3),北京:社会科学文献出版社,2003年。

西北第二民族学院、上海古籍出版社、英国国家图书馆:《英藏黑水城文献》(1—5册),上海:上海古籍出版社,2005—2010年。

沙知、吴芳思编:《斯坦因第三次中亚考古所获汉文文献》(非佛经部分),上海:上海辞书出版社,2005年。

宁夏大学西夏学研究中心、国家图书馆、甘肃省古籍文献整理编译中心编:《中国藏西夏文献》(16),兰州:甘肃人民出版社、敦煌文艺出版社,2005年。

塔拉、杜建录、高国祥编:《中国藏黑水城汉文文献》,北京:国家图书馆出版社,2008年。

孙继民等著:《俄藏黑水城汉文非佛教文献整理与研究》,北京:北京师范大学出版社,2012年,

杜建录主编:《中国藏黑水城汉文文献释录》,北京:中华书局、天津:天津古籍出版社,2016年。

孙继民、宋坤、陈瑞青、杜立晖等著:《中国藏黑水城汉文文献的整理与研究》,北京:中国社会科学出版社,2016年。

三、著作

张泽咸:《唐五代赋役史草》,北京:中华书局,1986年。

李范文:《同音研究》,银川:宁夏人民出版社,1986年。

韩国磐主编:《敦煌吐鲁番出土经济文书研究》,厦门:厦门大学出版社,1986年。

克恰诺夫俄译、李仲三汉译,罗矛昆校订:《西夏法典——天盛年改旧定新律令》(1—7章),银川:宁夏人民出版社,1988年。

史金波、黄振华、聂鸿音:《类林研究》,银川:宁夏人民出版社,1993年。

梁方仲:《中国历代户口、田地、田赋统计》,上海:上海人民出版社,1993年。

史金波、白滨、黄振华:《文海研究》,北京:中国社会科学出版社,1993年。

陈炳应:《西夏谚语》,太原:山西人民出版社,1993年。

漆侠、乔幼梅:《辽夏金经济史》,保定:河北大学出版社,1994年。

史金波、聂鸿音、白滨译:《西夏天盛律令》,北京:科学出版社,1994年。

王永兴:《敦煌经济文书导论》,台北:新文丰出版股份有限公司,1994年。

郑学檬主编:《中国赋役制度史》,福建:厦门大学出版社,1994年。

李锦绣:《唐代财政史稿》,北京:北京大学出版社,1995年。

克恰诺夫、李范文、罗矛昆著:《圣立义海研究》,银川:宁夏人民出版社,1995年。

高树林:《元代赋役制度研究》,保定:河北大学出版社,1997年。

李范文、中岛干起:《电脑处理西夏文杂字研究》,东京:日本国立亚非语言文化研究所,1997年。

沙知:《敦煌契约文书辑校》,南京:江苏古籍出版社,1998年。

雷绍锋:《归义军赋役制度初探》,台湾:洪叶文化事业有限公司,2000年。

史金波、聂鸿音、白滨译注:《天盛改旧新定律令》,北京:法律出版社,2000年。

包伟民:《宋代地方财政史研究》,上海:上海古籍出版社,2001年。

杜建录:《西夏经济史》,北京:中国社会科学出版社,2002年。

李锡厚、白滨:《辽金西夏史》,上海:上海人民出版社,2003年。

吴天墀:《西夏史稿》,桂林:广西师范大学出版社,2006年。

史金波:《西夏社会》,上海:上海人民出版社,2007年。

刘进宝:《唐宋之际归义军经济史研究》,北京:中国社会科学出版社,2007年。

杨蕤：《西夏地理研究》，上海：人民出版社，2008年。
漆侠：《宋代经济史》，北京：中华书局，2009年。
杜建录、史金波：《西夏社会文书研究》，上海：上海古籍出版社，2010年。
李治安：《元代行省制度》，北京：中华书局，2011年。
彭向前：《西夏文〈孟子〉整理研究》，上海：上海古籍出版社，2012年。
杜建录、波波娃：《〈天盛律令〉研究》，上海：上海古籍出版社，2014年。
郦家驹：《宋代土地制度史》，北京：中国社会科学出版社，2015年。
潘洁：《〈天盛律令〉农业门整理研究》，上海：上海古籍出版社，2016年。
史金波：《西夏经济文书研究》，北京：社会科学文献出版社，2017年。

四、论文

罗福成校录：《重修护国寺感应塔碑铭》，载《国立北平图书馆馆刊》第四卷第三号（西夏文专号），北平：京华印书局，1932年。
王永兴：《敦煌唐代差科簿考释》，《历史研究》1957年第12期。
陈高华：《论元代的军户》，《元史论丛》第一辑，北京：中华书局，1982年。
陈高华：《元代税粮制度初探》，载《元史论集》，北京：人民出版社，1984年。
黄振华：《西夏天盛廿二年卖地文契考释》，载白滨主编《西夏史论文集》，银川：宁夏人民出版社，1984年。
韩儒林：《元代阔端赤考》，载《韩儒林文集》，南京：江苏古籍出版社，1985年。
程喜霖：《吐鲁番文书所见的麴氏高昌的计田输租与计田承役》，载文化部文物局古文献研究室编《出土文献研究》，北京：文物出版社，1985年。
杨际平：《现存我国四柱结算法的最早实例——吐蕃时期沙州仓曹状上勾覆所牒研究》，载韩国磐主编《敦煌吐鲁番出土经济文书研究》，厦门：厦门大学出版社，1986年。
杨际平：《吐蕃时期沙洲社会经济研究》，载韩国磐主编《敦煌吐鲁番出土经济文书研究》，厦门：厦门大学出版社，1986年。
韩国磐：《也谈四柱结账法》，载韩国磐主编《敦煌吐鲁番出土经济文书研究》，厦门：厦门大学出版社，1986年。
郑学檬：《从敦煌文书看唐代河西地区的商品货币经济》，载韩国磐主编《敦煌吐鲁番出土经济文书研究》，厦门：厦门大学出版社，1986年。
李蔚：《西夏"建官置兵不用禄食"弁析》，《宁夏大学学报》（社会科学版）1987

年第1期。

郝春文:《敦煌的渠人和渠社》,《北京师范学院学报》(社会科学版)1990年第1期。

李锦绣:《唐前期的附加税》,载《中国唐史学会论文集》,西安:三秦出版社,1993年。

聂鸿音、史金波:《西夏文本〈碎金〉研究》,《宁夏大学学报》1995年第2期。

陈贤春:《元代粮食亩产探析》,《历史研究》1995年第4期。

刘浦江:《金代杂税论略》,《中国社会经济史研究》1996年第3期。

张沛:《出土算筹考略》,《文博》1996年第4期。

[日]松井太:《カラホト出土蒙汉合璧税粮纳入簿断简》,《待兼山论丛》1997年第31号。

李并成:《"西桐"地望考——附论明安定卫城》,《西北民族研究》1998年第1期。

陈高华:《元朝的土地登记和土地籍册》,《历史研究》1998年第1期。

雷绍锋:《P.3418〈唐沙州诸乡欠枝夫人户名目〉研究》,《敦煌研究》1998年第2期。

杜建录:《西夏赋役制度》,《中国经济史研究》1998年第4期。

聂鸿音:《西夏水利制度》,《民族研究》1998年第6期。

陈国灿:《略论唐五代的各类"地子"及其演变》,载《中国古代社会研究——庆祝韩国磐先生八十华诞纪念论文集》,厦门:厦门大学出版社,1998年。

邓小南:《六至八世纪的吐鲁番妇女——特别是她们在家庭以外的活动》,《敦煌吐鲁番研究》1999年第4期。

郑炳林:《唐五代敦煌粟特人与归义军政权》,载陈国灿、陆庆夫《中国敦煌学百年文库》(历史卷2),兰州:甘肃文化出版社,1999年。

唐耕耦:《8—10世纪敦煌的物价》,载陈国灿、陆庆夫《中国敦煌学百年文库》(历史卷2),兰州:甘肃文化出版社,1999年。

雷绍锋:《唐末宋初归义军时期之"地子"、"地税"浅论》,载《中国敦煌学百年文库》,兰州:甘肃文化出版社,1999年。

李蔚:《略论西夏的小农土地所有制》,《中国经济史研究》2000年第2期。

杨际平:《〈唐令·田令〉的完整复原与今后均田制的研究》,《中国史研究》2002年第2期。

杜建录:《论西夏的土地制度》,《中国农史》2000年第3期。

朱雷:《论麴氏高昌时期的"作人"》,载《敦煌吐鲁番文书论丛》,兰州:甘肃人民出版社,2000年。

朱雷:《唐代"乡帐"与"计帐"制度初探》,载《敦煌吐鲁番文书论丛》,兰州:甘肃人民出版社,2000年。

朱雷:《唐代"手实"制度杂识》,载《敦煌吐鲁番文书论丛》,兰州:甘肃人民出版社,2000年。

史金波:《西夏度量衡刍译》,《固原师专学报》(社会科学版)2002年第3期。

陈国灿:《从敦煌吐鲁番文书看唐五代地子的演变》,载《敦煌学史事新证》,兰州:甘肃教育出版社,2002年。

刘进宝:《唐五代"税草"所用计量单位考释》,《中国史研究》2003年第1期。

景永时:《俄国西夏学研究述评》,《西北第二民族学院学报》2003年第4期。

马彩霞:《关于黑水城所出一件元代经济文书的考释》,《西域研究》2004年第4期。

史金波:《西夏户籍初探——4件西夏文草书户籍文书译释研究》,《民族研究》2004年第5期。

史金波:《西夏贷粮契约简论》,载林英津等编《汉藏语研究:龚煌城先生七秩寿庆论文集》,台北:"中央研究院"语言学研究所,2004年。

史金波:《西夏农业租税考——西夏文农业租税文书译释》,《历史研究》2005年第1期。

葛金芳:《西夏水利役中"计田出丁"法的实施概况及相关问题》,《民族研究》2005年第3期

刘进宝:《唐五代敦煌种植"红蓝"研究》,《中华文史论丛》2006年第3辑。

[日]佐藤贵保:《ロシア藏カラホト出土西夏文〈大方广仏华严经〉经帙文书の研究——西夏権场使关连汉文文书群を中心い》,载《东トルキスタン出土"胡语文书"の综合调查》,2006年。

杜建录:《西夏乾祐二年材料文书考释》,《宁夏社会科学》2007年第2期。

崔红芬:《西夏寺院僧人赋役问题初探》,《首都师范大学学报》(社会科学版)2008年第1期。

杨富学、陈爱峰:《黑水城出土夏金榷场贸易文书考释》,《中国史研究》2009年第2期。

赵天英、杨富学:《从朝贡和榷场贸易看西夏物产》,《西北民族大学学报》(哲学社会科学版)2009年第4期。

苏建文:《西夏文〈大方广毕严经普贤行愿品释〉释文》,宁夏大学硕士论文,2009年。

许会玲:《黑水城所出西夏榷场文书考释》,河北师范大学硕士论文,2009年。

杜建录:《黑城出土西夏榷场文书考释》,《中国经济史研究》2010年第1期。

李艳、谢继忠:《从黑城文书看元代亦集乃路的水利管理和纠纷》,《边疆经济与文化》2010年第1期。

李治安:《元巩昌汪总帅府二十四城考》,《南开学报》2010年第2期。

孙继民:《西夏汉文乾祐十四年安排官文书考释及意义》,《江汉论坛》2010年第10期。

史金波:《〈英藏黑水城文献〉定名刍议及补正》,《西夏学》第五辑,上海:上海古籍出版社,2010年。

许会玲、孙继民:《西夏榷场使文书所见西夏尺度关系研究》,《西夏研究》2011年第2期。

孙继民、许会玲:《西夏汉文"南边榷场使文书"再研究》,《历史研究》2011年第4期。

李华瑞:《西夏社会文书补释》,《西夏学》第八辑,上海:上海古籍出版社,2011年。

郝二旭:《唐五代敦煌农业专题研究》,兰州大学博士学位论文,2011年。

史金波:《黑水城出土西夏文卖地契研究》,《历史研究》2012年第2期。

潘洁:《黑水城文献中的豌豆小考》,《西夏学》第八辑,上海:上海古籍出版社,2011年。

张多勇、李并成、戴晓刚:《"西夏乾祐二年(1171)黑水城般驮、脚户运输契"——汉文文书与西夏交通运输》,《敦煌研究》2012年第2期。

潘洁:《西夏地理区划考论——以《〈天盛改旧新定律令〉中的方位词为中心》,《西夏研究》2012年第4期。

潘洁:《〈天盛改旧新定律令·催缴租门〉一段西夏文缀合》,《宁夏社会科学》2012年第6期。

陈瑞青:《黑水城元代文献中的"安定王"及其部队》,《南京师大学报》(社会科学版)2012年第5期。

张可辉:《官法私契与西夏地权流转研究》,《中国农史》2013年第3期。

许生根:《英藏黑水城出土西夏户籍租税账册文书初探》,《西夏研究》2013年第4期。

陈瑞青:《略论西夏的三司与榷场——以俄藏 Инв.No.348 号文书为中心的考察》,《黄河科技大学学报》2013年第5期。

杨清越:《唐〈仓库令〉与隋唐仓窖的粮食保存方法》,《中国国家博物馆馆刊》2013年第12期。

史金波:《黑水城出土西夏文租地契研究》,载《吴天墀教授百年诞辰纪念文集》,成都:四川人民出版社,2013年。

陈瑞青:《从黑水城文献看西夏榷场管理体制》,《宁夏社会科学》2014年第1期。

杜立晖:《黑水城西夏汉文南边榷场使文书补考》,《宁夏社会科学》2014年第1期。

李根蟠:《官田民田并立　公权私权叠压——简论秦汉以后封建土地制度的形成及特点》,《中国经济史研究》2014年第2期。

宋坤:《黑水城所出〈西夏榷场使文书〉所见川绢、河北绢问题补释》,《宁夏社会科学》2014年第2期。

杨际平:《论唐代手实、户籍、计帐三者的关系》,《中国经济史研究》2014年第3期。

孙继民:《俄藏黑水城TK27P西夏文佛经背裱补字纸残片性质辨析——西夏乾祐年间材植文书再研究之二》,《西夏学》第十辑,上海:上海古籍出版社,2014年。

梁继红:《武威藏西夏文乾定酉年增纳草捆文书初探》,《西夏学》第十辑,上海:上海古籍出版社,2014年。

赵焕震:《西夏文〈亥年新法〉卷十五"租地夫役"条文释读与研究》,宁夏大学硕士学位论文,2014年。

骆详译:《从〈天盛律令〉看西夏水利法与中原法的制度渊源关系——兼论西夏计田出役的制度渊源》,《中国农史》2015年第5期。

陈茜:《唐五代税草问题述论》,青海师范大学硕士毕业论文,2015年。

潘洁:《税户家主考》,《宁夏社会科学》2016年第2期。

骆详译、李天石:《从〈天盛律令〉看西夏转运司与地方财政制度——兼与宋代地方财政制度比较》,《中国经济史研究》2016年第3期。

刘志月:《莫高窟北区B59窟出土〈西夏嵬名法宝达卖地帐〉研究——兼论西夏土地买卖中的优先权》,《河西学院学报》2016年第4期。

陈瑞青:《从黑水城文献看西夏榷场税率》,《西夏学》第十二辑,兰州:甘肃文化出版社,2016年。

安北江:《西夏文献〈亥年新法〉卷十五(下)释读与相关问题研究》,宁夏大学硕士学位论文,2017年。

杜立晖:《黑水城西夏南边榷场使文书所见"替头"考》,《文献》2017年第3期。